匈牙利文化教程

王会花　宋　霞　编著

上海外语教育出版社
SHANGHAI FOREIGN LANGUAGE EDUCATION PRESS

图书在版编目（CIP）数据

匈牙利文化教程 / 王会花，宋霞编著. -- 上海：
上海外语教育出版社，2023
ISBN 978-7-5446-7831-5

Ⅰ.①匈… Ⅱ.①王… ②宋… Ⅲ.①文化史—匈牙
利—高等学校—教材 Ⅳ.①K515.03

中国国家版本馆CIP数据核字(2023)第131184号

出版发行：**上海外语教育出版社**
　　　　　（上海外国语大学内）邮编：200083
电　　话：021-65425300 (总机)
电子邮箱：bookinfo@sflep.com.cn
网　　址：http://www.sflep.com
责任编辑：岳永红

印　　刷：苏州市古得堡数码印刷有限公司
开　　本：787×1092　1/16　印张16.25　字数286千字
版　　次：2023年10月第1版　2023年10月第1次印刷

书　　号：ISBN 978-7-5446-7831-5
定　　价：49.00元

本版图书如有印装质量问题，可向本社调换
质量服务热线：4008-213-263

当今世界正经历百年未有之大变局。面向未来，提高人才培养的质量是我国迈向社会主义现代化强国的迫切任务。党的二十大提出了深入实施"科教兴国"战略，强化现代化建设人才支撑，并将"培养德才兼备的高素质人才"作为实施该战略的目标之一。人才培养的质量在很大程度上取决于教材，外语专业教材在建设具有中国特色的世界一流大学中发挥着积极的作用。学好外语有助于讲好中国故事，传播好中国声音，提升国际传播效能，推动中华文化更好地走向世界。

新时代背景下，为推进文化自信自强，铸就社会主义文化新辉煌，进一步加强国际传播能力建设，形成同我国综合国力和国际地位相匹配的国际话语权，党和国家对外语教育、外语人才的培养提出了新的要求。习近平总书记在党的二十大报告中真诚呼吁"尊重世界文明多样性，以文明交流超越文明隔阂、文明互鉴超越文明冲突、文明共存超越文明优越"。世界各国人民的相互了解基于不同语言的转换，只有在高校外语教学中加大、夯实、深化对外国语言从结构到认知、从习俗到经典的全方位理解，才能使学生系统全面地了解世界文明的多样性，超越隔阂做到真正的文明互鉴。

为了落实好党的二十大精神，加快构建新发展格局，着力推动高校外语教育高质量的发展，上海外语教育出版社罗致我国外语界的精英编写"新世纪高等学校外语专业本科生系列教材"，这对于促进高校外语课程改革、国际化人才培养，以及推动我国外语教育事业进一步向前发展至关重要。

"新世纪高等学校外语专业本科生系列教材"涵盖了除英语以外的日语、俄语、法语、德语、西班牙语、韩国语、葡萄牙语、意大利语、阿拉伯语、匈牙利语等十余个语种。系列外语教材的编写要全面、深入地贯彻党的二十大精神，在语料、内容的选择上坚持立德树人、培根铸魂的根本任务，秉持"回应新时代，适应新要求，服务国家发展战略，培养知中国、爱中国、兼具家国情怀与国际视野的青年人才，引导青年学子成为堪当民族复兴重任的'复兴栋梁、强国先锋'"的指导原则，立足文化自信自强，引领高等外语教育高质量发展。本套教材的编写必须有新的理念、新的指导思想。新教材的指导思想是教材成败的关键。

系列外语教材的编写要劳师动众，精益求精，但又不可能一劳永逸。教材的生命力主要取决于质量。质量不佳者，问世不久便夭折，从此在课堂上销声匿迹；质量良好者，可能会寿终正寝；质量即使属于上乘者，也不可能长命百岁。教材经过一段时间的使用，须小修一次；时间长了，须大修一次。因为外语教材的内容（其语言及课文所反映的时代特征和价值观念）往往跟不上时代的发展变化和知识创新的速度。在当今信息爆炸的时代，这种现象尤其突出。所以，外语教材必须与时俱进，随着时间的推移要反复修订，根据新的形式、新的情况和新的要求编出新意来。

凡事预则立。本套教材在开编之前，出版社先对目前通用的各种外语教材进行了一次充分而详尽的调查，然后邀请我国各高校外语专业的负责人、教学第一线的教师和资深教授为编写之事出谋划策，并充分地讨论了系列教材的编写原则和指导思想。

本套系列教材的指导思想和基本理念是博采国外外语教学各流派之长，集我国高校外语教育半个多世纪来的经验之大成。两者的有机结合，既可借鉴国外先进的外语教育思想和方法，又能传承和弘扬本国的外语教育的优秀传统。本套系列教材走的是综合各家之长为我所用的路子，并配以现代化的教学手段，还充分考虑到我国外语教育的现状和我国外语专业学生目前的实际接受能力。教材的编排和体例也都有所突破。系列教材的各种教科书在这方面都尽量根据各自的结构、内容的特点与使用者的方便进行了编排。体例突出重点，编排尽量醒目。值得一提的是，本套系列教材的部分教科书配有教师手册。教师手册不仅提供练习答案，还包含指导性的备课提纲、参考书目，以及该教科书在理论和实践上从深度和广度方面拓展的内容。这样可让教师根据学生水平的不同作灵活处理。

有党的二十大精神的指引，有新的指导思想和编写理念，有"豪华"的编

者阵容，有现代化的教学手段等新意，期盼这些新意能够充分体现在该系列教材中，期盼新教材能为广大使用者所接受、所肯定。同时，对于新教材中难免存在的不足之处，热切希望使用者予以批评指正。

吴克礼

2023.6

"文化"无疑是一个复杂的概念。1952年，美国人类学家阿尔弗雷德·克鲁伯（Alfred Kroeber，1876—1960）和克莱德·克拉克洪（Clyde Kluckhohn，1905—1960）合著的《文化：概念和定义批判分析》一书中列举了多达164条不同的文化定义。据统计，迄今为止中外学者基于不同的思考逻辑提出的关于文化的概念已达数百种。在具体使用中，文化的概念则更加多元和广泛。

德国社会学家格奥尔格·齐美尔（Georg Simmel，1858—1918）从文化在社会中作用的角度将文化分为客观文化和主观文化：客观文化指的是人类所积累的一切价值，无论是否被利用；主观文化则指特定社会的社区和个人在特定时期学习、接受和实践的东西。国学大师季羡林（1911—2009）曾经把文化分为狭义和广义两类：狭义上的文化指的是哲学、宗教、文学、艺术、政治、经济、伦理、道德等，广义则指包括精神文明和物质文明所创造的一切东西。历史学家周一良（1913—2001）认为，在广义狭义之外还有一个更深的层次，是指对狭义文化和广义文化进一步综合、提炼、升华所得出的一种较普遍存在的共同东西，是一个民族文化中最为本质的东西。这种认识与匈牙利现代语言学家克韦切什·佐尔坦（Kövecses Zoltán，1946— ）不谋而合，克韦切什把文化的深层意义归结为"或大或小群体的一种共同理解"。

文化概念和内涵的复杂性也正印证了文化的多元性与独特性。这些特征在将文化作为划分依据和研究对象的国别文化中体现得尤为明显。可以说，文化是一个国家和民族的精神标识。因此，国别文化就成为外语学习者、国别研究者的一门必修课。

匈牙利国家的历史传统、发展阶段以及基本国情的独特性决定了其文化的独特样貌。《匈牙利文化教程》尝试采用历史思维与文化学视角开展国别研究，从两个层面解读匈牙利文化。第一个层面，是物质上的、客观存在的匈牙利历史、文学、艺术、教育、风俗等以及与之相关的文化产品，也就是在国家历史生活、政治生活和社会生活发展过程中所包含的文化要素形态。第二个层面是精神层面的思维和观念化的文化意识，是在总结梳理历史进程、政治变迁、社会发展的过程中所体现出来的匈牙利人在历史、政治和社会方面的文化发展与传承，也可以称之为一个国家和民族发展延续的精神基因。

遵循以上认知，《匈牙利文化教程》在编写理念上以《外国语言文学类教学质量国家标准》为依据，遵循外语学科人才培养基本规律，顺应外语专业文化教学改革的要求，致力于构建融"学科知识、思辨能力、文化素养"三位一体的匈牙利文化课程教材体系，促进文化类课程教与学方法的转变。在内容上以匈牙利文化为叙事主线，在全面介绍匈牙利历史文化、政治文化和社会文化的基础上，用跨学科的视角解读匈牙利历史、政治和社会文化现象，剖析不同层面、不同阶段的文化现象所折射的文化特征，勾连起匈牙利国家民族独特的文化品格。

《匈牙利文化教程》的编写主要体现出以下3个特点：

（1）注重知识性和可读性，提升学习者学习自觉。本教材充分考虑学生的学习需求，在编写过程中融入"以学生为中心"的理念。在教材结构上，每一篇、每一章、每一节之间体现严密的逻辑关系；每一章的开头都设有导入式、开放性的"课前思考"题目，吸引学生从文化概念层面关注该章的学习重点，做好课前预习；每一章的结尾设置"课后练习"，设置填空、判断、简答、拓展等主客观题目，及时检测学习效果。在内容上，力求避免概况式的信息资料堆砌，采用把知识点融入文化现象、文化事件中的处理方法，增加可读性，调动学习者的积极性和主动性。如将"匈牙利语"这个知识点放到"语言地位的发展与民族文化的复兴"这一节来讲，不仅有对于语言基本概况的介绍，也梳理展示语言发展演化的历史及其对文学艺术的重要推动意义。此外，对地名、人名、节日等术语作了汉语和匈牙利语对照，适度加入与前期课程学习内容有一定关联的内容；通过文化标志物、历史事件场景化等方式加强文化叙事，让学习者有一定的代入感。

（2）注重科学性和思想性，引导学习者深入探究。本教材在内容上既考虑知识结构的系统性，又紧跟学术前沿，大量引入匈牙利文化最新研究成果，既

有知识广度，又体现思考深度。教材编写坚持遵循历史唯物主义和辩证唯物主义的研究方法，将研究性学习作为基本内容的呈现方式，贯穿于教材编写的全过程，引发学生产生问题、促进学生思考和探究。遵循文化知识类课程的特点，不仅关注历史纵向发展的逻辑，还注重从国际国内两个角度描述文化环境，挖掘文化现象背后的思想观点和思维方法，帮助学生提升对于文化差异的敏感度，建构起对于文化的空间思维能力。

（3）采用专题式编写方法，为教学提供灵活性选择。本教材总体上分为历史文化、政治文化、社会文化3部分。每部分既各自独立，又互相联系、相互照应，在内容上逐步深入，时间上相互接续。教师和学习者可根据教学需要灵活选择教学内容。"历史文化篇"主要介绍第二次世界大战结束之前的匈牙利延绵曲折的历史文化脉络。这一部分的作用有两个：一是要从跌宕起伏的历史进程中寻找匈牙利的文化渊源和文化传统；二是为后面两部分的内容做好历史知识铺垫。"政治文化篇"侧重于介绍第二次世界大战之后匈牙利政治生活形态的变迁，在时间上与第一部分的内容有一个衔接，在内容上从内政和外交两个方面考察匈牙利中西文明交融的民族性，并从中揭示在大国夹缝中生存的中欧小国的独特政治文化。"社会文化篇"更关注匈牙利传统文化的现代化发展以及当下的现状，各章节仍然以时间为线，从文化形态、文化服务、文化保护以及对外传播等多个层面考察匈牙利社会文化图景，从中展望匈牙利文化的未来发展。

总体而言，本教程从历史、政治、社会3个视角展现和解读匈牙利千年文化的基本内容和独有特质，力图带领学习者走进匈牙利民族的精神世界，从而真正成为中匈文化交流、民心交融、文明互鉴的传播者、实践者和推动者。

本教程的前言、序章以及第四到第十章由王会花编写，第一到第三章主要由宋霞编写。本教程可以作为匈牙利语专业本科二年级（第四学期）或三年级（第五学期）相应课程的专业课教材，也可作为以匈牙利语授课的文化文学类课程的辅助教材，以及国际关系等专业开展区域国别研究的研究生和对匈牙利文化感兴趣的读者的拓展性学习用书。

编者

2023年6月于上海

历史文化篇

一、自然地理

匈牙利（Magyarország）位于欧洲中部，是一个内陆国家。在地理上北接斯洛伐克；南连巴尔干半岛，与克罗地亚、塞尔维亚接壤；西靠奥地利、斯洛文尼亚；东临罗马尼亚，在东北部与乌克兰交界。国土总面积为9.303万平方公里，边界线全长2 246公里。

匈牙利境内大部分地区为地势较低的平原和丘陵地带，2/3的地理区域海拔不到200米。平原面积十分辽阔，多瑙河以东约有5万平方公里平坦而肥沃的平原地带，被称为匈牙利大平原（Alföld）；西北部有绵延几千平方公里的平原，对应称之为匈牙利小平原（Kisalföld）。东部的霍尔托巴吉（Hortobágy）国家公园占地800平方公里，是匈牙利最大的自然保护区，也是欧洲最大的天然草原。辽阔的平原和丘陵地带土壤肥沃，气候温和湿润，十分适宜小麦、玉米、土豆、向日葵、葡萄等农作物生长，也利于牛羊和家禽的养殖。因此，匈牙利种植业和畜牧业十分发达。

匈牙利西部是阿尔卑斯山脉，东北部是喀尔巴阡山。山地地带主要位于北部和西部，占国土面积不到20%。北部山地为喀尔巴阡山的一部分，西部外多瑙河山地为阿尔卑斯山的余脉。最高峰是位于北部马特劳山（Mátra）的凯凯什峰（Kékestető），海拔1 014米。山区森林茂密，是许多珍稀动植物物种的家园。

地处多瑙河中游平原（喀尔巴阡盆地）的匈牙利虽为内陆国家，但境内水资源十

分丰富。发源于德国南部山地的多瑙河纵贯匈牙利南北全境，将匈牙利分成东西两个部分：西部面积较小，约3.6万平方公里，以山地和高地为主，被称为外多瑙河地区（Dunántúl）；东部面积较为辽阔，多是平原。匈牙利东部也有一条重要的河流——蒂萨河（Tisza），发源于东边的喀尔巴阡山脉，在匈牙利境内与多瑙河并行，到塞尔维亚境内汇入多瑙河。此外，位于匈牙利中部的巴拉顿湖（Balaton）是中欧地区最大的淡水湖，水域面积达598平方公里，湖区风光秀美，有"匈牙利海"之称，是世界闻名的游览胜地。在巴拉顿湖西岸不远的黑维兹小镇，有欧洲最大、世界第二大温泉湖——黑维兹湖（Hévíz），水域面积4.4公顷，冬季水温也能达到23℃—25℃。

匈牙利境内矿产资源相对缺乏，最为丰富的是铝土矿，主要分布在外多瑙河地带。此外还有少量褐煤、铀、铁、锰等矿藏。石油和天然气储量远不能满足国内需求，大部分能源依赖进口。

匈牙利国土大致位于北纬45—49度、东经16—23度，总体上属大陆性温带阔叶林气候。四季气候变化较大，夏季平均气温21.7℃，冬季平均气温-1.2℃。东北部地区夏季高温多雨，冬季寒冷干燥。西部地区受地中海式气候影响，冬季相对温暖。

二、国情概貌

据匈牙利统计局2023年统计数据，匈牙利常住人口有959.708 5万，其中男性461.876 4万，女性497.832 1万。匈牙利人自称为"马扎尔人"，在匈牙利语中，匈牙利人（magyar）的读音即为"马扎尔"。马扎尔族是匈牙利的主体民族，占全国总人口的92%以上。另外有13个官方认可的少数民族，分别是罗姆人（吉卜赛人）、德意志人、斯洛伐克人、罗马尼亚人、塞尔维亚人、克罗地亚人、鲁塞尼亚人、波兰人、希腊人、保加利亚人、亚美尼亚人、乌克兰人、斯洛文尼亚人，占全国总人口的6%左右。其中，人口最多的两个少数民族是罗姆人和德意志人。

匈牙利首都布达佩斯（Budapest）是全国最大的城市，也是全国的政治、经济、文化和交通运输中心。国内其他大城市主要有德布勒森（Debrecen）、塞格德（Szeged）、米什科尔茨（Miskolc）、佩奇（Pécs）、杰尔（Győr）等。

世界银行数据显示，2022年匈牙利国内生产总值（GDP）为1 787.885 7亿美元；人均GDP 18 463.2美元，位列世界第51位。匈牙利流通的官方货币是福林（forint），由匈牙利国家银行发行。

匈牙利采用国际时区东一区时间，比北京时间慢7个小时，夏令时（每年3月最后一个星期日至10月最后一个星期日）比北京时间慢6个小时。国家电话区号为"+36"。

匈牙利现行的宪法为《匈牙利基本法》（Magyarország Alaptörvénye），于2011年4月25日经国会通过，是匈牙利法律制度的基础。

匈牙利国歌为颂歌《赞美诗》（Himnusz），歌词来源于诗人克尔切伊·费伦茨（Kölcsey Ferenc，1790—1838）1823年创作的一首长诗的一个段落，由著名作曲家埃尔凯尔·费伦茨（Erkel Ferenc，1810—1893）在1844年完成谱曲。1903年，被正式确定为匈牙利国歌。

匈牙利国徽是一个盾牌之上托举着王冠的盾形纹章。王冠的原型是匈牙利历任国王加冕时所使用的王冠，称为"匈牙利圣冠"，被赋予代表统治者合法性的意义。王冠下方的盾牌则代表着牢固的统治基础。

匈牙利国旗由红色、白色和绿色三道宽度相等的横条纹组成，红色代表力量，白色代表忠诚，绿色代表希望。

匈牙利官方语言为匈牙利语（magyar），不属于欧洲地区绝大多数语言所属的印欧语系，而是乌拉尔语系的一支，属芬兰-乌戈尔语族，乌戈尔语支。这种语言与北欧的芬兰语同属一个语族，在匈牙利周边国家没有相近语言。

自公元9世纪马扎尔人定居喀尔巴阡山盆地算起，匈牙利文化已有1 000多年的历史。匈牙利文化与东方文化和西方文化都有着深厚的渊源，在千余年跌宕起伏的发展过程中形成了鲜明的民族特色，是人类文明和文化宝库中的一件瑰宝。

第一章
从游牧迁徙到立足欧洲
（古匈牙利—1526年）

第一节
定居喀尔巴阡山盆地

> 课前思考：你知道哪些匈牙利人起源的说法？从建国到中世纪结束，匈牙利王国在发展过程中面临的最大挑战有哪些？

一、游牧迁徙与大定居

关于匈牙利民族的来源，学术界存在着匈奴起源说、斯基泰起源说、喀尔巴阡起源说、高地起源说等多种说法，至今未有定论。其中，比较有代表性且在历史学、语言学、考古学上得到相互印证的说法是芬兰-乌戈尔起源说。

据考，匈牙利语所属的乌拉尔语系起源于6 000多前年的乌拉尔山脉地区，最早的使用者是当地的渔猎人群。公元前3000年左右分化出芬兰-乌戈尔语支与萨摩耶德语支，其中芬兰-乌戈尔语支又随着人口迁徙在公元前2000年左右分化出乌戈尔等语言。在之后的1000年里，乌戈尔人分布在乌拉尔山脉东侧西伯利亚树木繁茂的平原一带，形成了半农半牧的生活形态。公元前1000年到公元前500年之间，乌戈尔族群发生分化，从中独立出一部分人向南落脚至水草更为丰茂的伏尔加河中部地区。在地理环境和周边民族的影响下，他们彻底放弃了农耕，专以游牧为生。正是在这段时期，匈牙利人产生了自然意义上的民族意识，开始使用"匈牙利"（magyar，音同"马扎尔"）这个名称。伏尔加河中部地区也被称为匈牙利人的"早期故乡"（őshaza），即马格纳匈牙利（Magna Hungaria）。公元350年至400年间，来自内亚的突厥部落经过马格纳匈牙利地区进入欧洲四处征战。自此开始，匈牙利人与突厥部落发生民族融合，不仅在生活方式和语言文化上受到突厥人的强势影响，迁徙轨迹也跟随突厥部落进一步向西。

公元8世纪左右，匈牙利各部落定居在顿涅茨河与亚速海北部的平原，与可萨汗国军事结盟来换取莱韦迪亚（Levédia）地区的牧场资源。9世纪初，匈牙利人与可萨人的关系恶化，遂向西迁移以寻求更加安全的居住地，在公元850年前后抵达第聂伯河和多瑙河下游一带的平原埃泰克兹（Etelköz）。埃泰克兹水草丰茂适宜放牧，但地势易攻难守，匈牙利人经常遭到其他游牧民族的攻击。为了增强军事实力，匈牙利人学习可萨汗国"双君主制公国"（kettős fejedelemség）的社会组织形态，建立了匈牙利人首个政治共同体——由7个部落联盟而成的匈牙利公国。阿尔默什（Álmos，819—895）成为大公国的第一任首领。

部落是草原民族中常见的组织形式，各部落联盟推举选出大首领，其他部落和部落首领将永久效忠于他。据书面记载，当时匈牙利的7个部落分别是涅克（Nyék）、麦扎尔（Megyer）、居特焦尔马特（Kürtgyarmat）、陶尔扬（Tarján）、耶诺（Jenő）、凯尔（Kér）和凯西（Keszi）。推选出的第一任大首领阿尔默什是麦扎尔部落的首领。

在双君主制公国中，君主肯代（Kende）只是人民权利的象征，实际掌权并负责战事的是君主久洛（Gyula）。大首领阿尔默什是匈牙利大公国的首任久洛。

公元895年起，第二任大公国首领久洛阿尔帕德（Árpád，845—907）带领部落继续向西寻求更安全的家园，他们离开埃泰克兹，迁徙进入喀尔巴阡山盆地。公元907年，匈牙利人完成最后一次大规模游牧迁徙，完全占领了喀尔巴阡山盆地。这一进程在匈牙利历史上被称为"大定居"（honfoglalás）。而大定居之前的历史，被称为匈牙利史前时代（őstörténet）。

匈牙利人定居至喀尔巴阡山盆地之前，已经有多个民族试图在此建立政权。公元前35年前后，罗马帝国的版图扩张至此，并建立了城市。公元4—5世纪，匈奴人占领罗马帝国的潘诺尼亚省（Pannonia），喀尔巴阡山盆地成为匈奴帝国的政治经济中心。匈奴大帝阿提拉（Attila，约410—453）统治时期四处征战，给邻近的欧洲国家带来了沉重的压力。匈奴帝国灭亡后，盆地领土被哥特、赫卢利、隆巴德等部落统治了近一个世纪，最后在6世纪末被游牧的阿瓦人接管。阿瓦人在此建立的阿瓦尔汗国在9世纪初被法兰克帝国打败而消亡。公元895年，阿尔帕德带领匈牙利人进入喀尔巴阡山盆地时，盆地西部属东法兰克帝国，多瑙河以北属于摩拉维亚帝国，大平原与特兰西瓦尼亚地区被保加利亚帝国统治，南部则属克罗地亚公国。

阿昆库姆（Aquincum）遗迹

今天匈牙利版图内的多瑙河以西地区曾属罗马帝国的潘诺尼亚省。潘诺尼亚的主要城镇阿昆库姆遗迹今位于布达佩斯第三区。

大定居后，匈牙利人在当地农耕民族的影响下开始学习农耕技能，但没有完全放弃游牧的生活方式。据史料记载，公元899年至955年之间，匈牙利各部落首领频繁领兵向西欧国家发动掠夺进攻30余次，在欧洲国家中造成了极大的恐慌。直至955年，日耳曼皇帝奥托一世在奥格斯堡（Augsburg）附近重创了匈牙利军队，此后，匈牙利公国放弃了游牧劫掠的生活模式，逐步适应并建立起与欧洲邻国相似的定居农业生活方式。

二、匈牙利王国的建立

955年奥格斯堡战役不仅打击了匈牙利军队的实力，还在一定程度上瓦解了他们的作战意志。与此同时，拜占庭帝国征服了匈牙利公国南部的保加利亚，并与匈牙利西邻的神圣罗马帝国皇帝奥托一世结盟，这导致了10世纪的最后几十年里，匈牙利公国处于两个大国的夹缝之中。

10世纪后半叶，阿尔帕德的后代盖佐（Géza fejedelem，945—997，在位：972—997）大公选择以皈依基督教融入欧洲封建社会框架的方式来换取周边的稳定。盖佐请求罗马帝国皇帝奥托二世向匈牙利差遣传教士，并镇压了反对基督教的匈牙利部落首领，为基督教在匈牙利的传播扫平道路。995年，盖佐促成其子伊斯特万（István，975—1038）与神圣罗马帝国巴伐利亚选侯国的公主政治联姻，为匈牙利进一步发展带来资源。盖佐大公的一系列举措让匈牙利公国具备了在欧洲立足的可能性，由此开启了国家的转型之路。997年，伊斯特万（在位：997—1000）继位成为大公国首领，他延续了父亲的治理方向，镇压了叛乱势力，并向教皇请求加冕。公元1000年12月25日，伊斯特万（I.（Szent）István，在位：1000—1038）被正式加冕为匈牙利国王，匈牙利王国（Magyar Királyság）正式成立。匈牙利在社会文化和政治形态上完成了国家转型，正式成为了封建欧洲国家的一员。

匈牙利货币10 000福林上的伊斯特万国王

第二节
跻身欧洲大国之列

一、阿尔帕德王朝的统治

伊斯特万国王的加冕标志着匈牙利王国进入了历时300余年阿尔帕德王朝统治时代。这期间共产生了20多位君主。

建国国王伊斯特万在位时期为匈牙利奠定了封建国家的发展基础。他建立以城堡为中心的州治制度，在提升管理效率的同时，把人口稠密的地区置于王室的控制之下，以保证王室收入。在教皇的授权下，匈牙利设立了埃斯泰尔戈姆（Esztergom）大主教管区与其他10个主教辖区。埃斯泰尔戈姆是罗马天主教会中心，由埃斯泰尔戈姆大主教负责在首都塞凯什费赫尔堡（Székesfehérvár）为国王加冕。在王室和教会的推动下，各地相继兴建了许多教堂建筑。伊斯特万颁布法律，加强教会特权与利于王权的土地制度，以此保障了国家新秩序有效运行。匈牙利稳固的国家秩序得到欧洲世界的认可，1018年，基督教朝圣路线匈牙利路段开通，这条路线为匈牙利的对外交往注入了活力，极大地促进了匈牙利与欧洲其他国家之间的商贸与文化交流。

城堡州治制度下，每个州的大部分土地属于王室，其余部分分给教会和领主，作为土地和自由民的居住地。各州的王室领地负责宫廷开支以及军事开支。城堡是每个州的经济与军事中心，城堡的经济和军事开支由隶属城堡的农奴承担。因此，为王室服务的系统以及州中心的城堡相互独立。

匈牙利奉行对外友好的外交政策，大部分时间与拜占庭帝国和神圣罗马帝国保持着良好关系。匈牙利军事实力也得到了长足的发展，一度能与强大的邻国相匹敌。1030年，匈牙利成功击退了进犯的神圣罗马帝国皇帝孔拉德二世的军队。1038年伊斯特万去世时，匈牙利已经发展成为一个强大的、西方式的基督教国家。

伊斯特万国王去世后，阿尔帕德家族内部为了争夺统治权而内斗不断。1038年至1077年近40年间先后产生了7位国王。持续不断的动荡与战乱给根基还未稳固的社会制度带来了严重负面影响。

在拉斯洛一世［I.（Szent）László，1040—1095，在位：1077—1095］和卡尔曼国王（Könyves Kálmán，1074—1116，在位：1096—1116）两位强权统治者的先后执政下，匈牙利国家权力方得以巩固。为了恢复国家秩序，拉斯洛一世和卡尔曼颁布了极为严格的法律，尤其对偷盗与藐视基督教习俗的行为施以重刑。

拉斯洛一世颁布的法律规定，若偷窃价值超过一只鸡，或者多于10第纳尔（denár，当时的货币），则处以死刑绞刑。卡尔曼继位后，针对偷窃的死刑标准放宽为价值超过一头牛。这表明随着政权的稳固，法律量刑也在逐步放松。

及至11世纪末12世纪初，匈牙利的封建社会制度与宗教生活秩序重新趋于稳定。在此期间匈牙利第一批初等教育机构建成，由神职人员用拉丁语进行教学，这也为匈牙利国内扫盲和传播拉丁文化起到了关键作用。到卡尔曼治理时期，匈牙利社会以封建领主和农民/农奴为基本阶层的封建制度结构已基本形成。在对外交往上，拉斯洛一世和卡尔曼采取了强硬的外交政策，并开始领土扩张。1091年，拉斯洛一世带兵占领了克罗地亚，首次将匈牙利的疆域扩延至海岸线；卡尔曼国王继位后进一步确保了对克罗地亚的统治。1083年，在拉斯洛一世的推动下，伊斯特万国王、伊姆雷王子（Szent Imre herceg，1000～1007—1031）、盖雷尔特大主教（Szent Gellért püspök，977—1046）等匈牙利基督教代表人物被教会封圣，进一步巩固了匈牙利在欧洲基督教世界的地位。

部分有权势的领主对拉斯洛一世与卡尔曼的统治政策不满，在1116年卡尔曼死后，他们煽动了新的继承斗争。此后的50年里，阿尔帕德王朝更迭了6任君王。匈牙利也与拜占庭帝国发生了长期战争，匈牙利南部的克罗地亚、达尔马提亚（Dalmácia，现属克罗地亚）等大片领土接连落入拜占庭帝国之手。贝拉三世（III. Béla，1148—1196，在位：1172—1196）继位后再次平定内乱，重新稳固了王权。

阿尔帕德王朝在贝拉三世统治时期迎来巅峰。这一时期的匈牙利在经济、外交与文化等方面都取得了很高的成就。匈牙利大部分土地归王室所有，财富可与英法王室匹敌。贝拉三世通过与拜占庭交好的外交政策换取了国家稳定，并亲自出征收复了南部失地。在国家行政管理过程中的一个巨大进步是首次实行书面行政制度，替代了以往的口头相传。行政书写的需求进一步推动了教育与文化的发展。这段时期的匈牙利成为当时欧洲最为强盛的国家政权之一。

1181年，匈牙利成立王室总理府（királyi kancellária），专门负责记录国家行政内容，包括国王出席活动、王室财产、审判记录等。行政书写使用狗皮纸（kutyabőr）或

羊皮纸（pergamen），中国的造纸术16世纪才在匈牙利发展起来。王室总理府的书记官都受过良好的教育，他们在文学发展上也起到了推动作用。如该时期的书记官无名氏（Anonymus）创作了匈牙利第一本拉丁文著作《匈牙利事迹》（Gesta Hungarorum）。

安德拉什二世（II. András，1176—1235，在位：1205—1235）延续了贝拉三世积极扩张的外交策略。1217年至1218年，在教皇的敦促下，安德拉什二世率军发动了第五次十字军东征。他也是匈牙利历史上唯一一位参与十字军东征的统治者，虽无功而返，但仍被授予"耶路撒冷国王"的称号。

自13世纪起，由于王室过度分地，建立在土地所有制度上的国家权力逐步从王室让渡到领主们的手上。随着领主势力的不断壮大，匈牙利出现了一个具备政治影响力的大贵族阶层，威胁到原本各州服务于王室的中小地主的社会地位。安德拉什二世为避免受到大贵族势力的掣肘，将行政要职分配给了日耳曼王后的外国亲信，并给予跟随王后而来的日耳曼骑兵许多特权。安德拉什二世的统治引起国内各阶层的不满，1222年，大贵族与中小地主联合，胁迫国王签署颁布了《黄金诏书》（Aranybulla），主要内容包括停止向外国人分配土地、允许贵族参政、贵族免税、贵族产业为永久产业、贵族无境外作战义务等。《黄金诏书》全文共31条，前30条中的大部分内容主要为了巩固中小地主的利益，因此随着《黄金诏书》的颁布，匈牙利形成了中小贵族特权阶层；最后一条是"抵抗权条款"，该条内容称，如果国王违背前30条内容，拥有政治权利的贵族则有权违抗国王。抵抗权条款奠定了贵族斗争的意识形态基础，成为贵族阶层制衡封建王权的法理依据。《黄金诏书》颁布后，匈牙利贵族范围扩大，王室权力进一步被削弱，匈牙利阿尔帕德王朝自此逐步走向衰落。

在中世纪，获得土地分配是成为贵族的一个途径。匈牙利人获得贵族头衔同时意味着为王室服务。对内对外快速发展的匈牙利王国常因国家需求进行分地，因此在匈牙利获得贵族头衔相较其他国家更加容易。另外，匈牙利国内多民族人口特点使得匈牙利贵族的民族构成十分多元化。

贝拉四世（IV. Béla，1206—1270，在位：1235—1270）继位后试图收回领地加强王权，但此时的匈牙利遭遇了前所未有的外部威胁。来自东方的蒙古帝国在攻陷基辅罗斯后，于1241年冬越过喀尔巴阡山，直逼匈牙利北部和东部边境，并在春天进入了匈牙利平原北部。1241年4月，蒙古军队在木黑（Muhi）地区大败匈牙利，并于第二年冬天越过多瑙河。奥地利巴本堡王朝的腓特烈一世趁机大举入侵匈牙利西部数州，成功获取了该地区的所有权。一时间，匈牙利王国腹背受敌，贝拉四世逃往达尔马提亚的小岛避难。幸而1242年春，蒙古军队突然撤离，但蒙古人的入侵使匈牙利失去了几乎一半的人口，全境成为废墟。历史上将这一事件记载为"鞑靼人入侵"（tatárjárás）。

蒙古军队撤离后，贝拉四世夺回了西部失地，并致力于重建国家，恢复经济。为了抵御外敌入侵，他通过土地奖励的方式鼓励贵族修建城堡要塞，加强军事力量，构筑起一个新的城堡防御网络。代价则是王权的进一步削减，以城堡为中心的王室州治制逐渐瓦解，转而被贵族州治制取代。

自安德拉什二世时期起，王室州治制已经濒临瓦解。各州中小贵族为了抗衡大领主势力，发展起了州内贵族自治。中小贵族为自己选出法官处理诉讼、以及履行保护贵族权益、政府赋税、审判农奴、组织勤王军队的职能。根据1232年的文献，佐洛（Zala）地区最先在州的框架内发展出贵族州。"鞑靼人入侵"事件之后，到了13世纪后半期至14世纪初，全国各地已经出现了大量贵族城堡州。

1267年，法律将中小贵族纳入国家管理体系中，承认了贵族自治州的合法性。国王委派亲信前往各贵族自治州担任州督，这些州督往往都是大贵族。尽管中小贵族在州内具备一定的治理权，但他们作为统治阶级下层无法对大贵族执行决定，因此贵族州未能达到抗衡大贵族势力的目的，反而使大贵族势力在13世纪迅速扩张。

贝拉四世死后，后人在他重建的国家基础上继续发展，他也因此被称作"国家的第二个缔造者"（a második honalapító）。国家重建过程中各方势力重新界定，大领主的权力继续扩大。到了13世纪，第二代和第三代贵族不再依赖王室的恩惠，他们借助自己的庄园和强大的亲属网络得以发展，甚至利用王室成为他们加强权力和获得新庄园的工具。贝拉四世之后相继继位的伊斯特万五世（V. István，1239—1272，在位：1270—1271）、拉斯洛四世（IV. László，1262—1290，在位：1272—1290）和安德拉什三世（III. András，1265—1301，在位：1290—1301）没能再扭转王权衰落的局势。1301年，阿尔帕德王朝最后一位国王安德拉什三世去世，因其无嗣而王位旁落。至此，统治匈牙利王国300年之久的阿尔帕德王朝宣告结束。

二、安茹王朝的统治

安德拉什三世去世后，大贵族阶层控制了匈牙利的大部分地区，匈牙利内部经历

了好几年的王位争夺战。直到1307年，法国安茹家族在教皇的支持下获得匈牙利王位，匈牙利自此进入了外国君主统治时期。安茹王朝的两任君主卡罗伊·罗伯特（即查理·罗伯特，Károly Róbert，1288—1342，在位：1308—1342）与劳约什一世（即路易一世，I.（Nagy）Lajos，1326—1382，在位：1342—1382）共掌权约70年。安茹王朝执政时期的匈牙利得到进一步发展，重新成为欧洲强国。

安茹王朝时期的两位君主通过经济与财政改革推动国家经济发展。王室积极推动商品生产与进出口贸易，并统一了混乱的货币制度。匈牙利铸造了价值稳定的货币福林，有效抑制了通货膨胀。王室设立各种名目的税收以充盈国库。这一系列措施不仅使得匈牙利王室成为周边国家中最富有的王室，也为匈牙利随后几十年的城市发展和文化发展提供了土壤。

安茹王朝时期设立的税收名目五花八门，包括"1/30关税"，商人在过境时必须支付货物价值的1/30；"门税"，向农奴征收，但凡过"大门"（kapu）就需要缴税；"地块税"（cenzus），只要是耕地的农民就需要缴税，无论该地属于王室、领主或个人；甚至教皇也需要向国王缴纳一定名目的税。

安茹王朝时期的匈牙利以组建训练骑兵而闻名，军事实力日益增加。在中央财政逐渐充实后，匈牙利开始对外扩张。卡罗伊国王在向巴尔干扩张过程中遭遇失败，转而选择与波希米亚王国以及波兰王国结盟。1335年，三位国王在维谢格拉德王宫缔结三国同盟友好关系，在军事、政治、经济上开始合作关系。劳约什一世继位后继续对外扩张征战，从1342年至其去世，他至少主动发起了35次战争。匈牙利的疆域一再扩张，劳约什一世成功在巴尔干半岛建立了霸权，并于1370年获取波兰王位。

安茹王朝时期，大贵族阶层依旧是王室的一大威胁。卡罗伊·罗伯特获得王位后陆续治服了各地大领主，并将回收的土地重新封赏出去，形成了一个效忠于安茹王朝的新的大领主阶层。到了劳约什一世时期，新的大领主阶层到了第二、第三代不再俯首帖耳。劳约什一世转而谋求中小贵族的支持，颁布《1351年法令》，进一步提升了中小贵族的权力与地位。尽管如此，大贵族的地位仍然无法撼动。

1351年颁布的法令在《黄金诏书》的基础上进一步扩大了中小贵族的特权。法令宣布匈牙利国内所有贵族享有同样的自由。因此在法律意义上，匈牙利产生了统一的一般贵族阶层。同时，为了保障财产不外落到其他势力手中，法令规定贵族不可出卖、转让世袭的封地。

维谢格拉德城堡古迹

三、卢森堡家族的统治

劳约什一世膝下无子，他的女婿，卢森堡家族的日格蒙德（Luxemburgi Zsigmond，1368—1437，在位：1387—1437）在经过将近两年的内战后获得了匈牙利王位。

日格蒙德在位的50年间，通过发展服从于国王的王室城市来建立自己的政权。他颁布了一系列措施增强城市的政治与经济实力，使得王室城市有了飞速发展。1405年颁布的《城市法令》强化了城市及其公民的地位，匈牙利内部形成了一个新的"市民"（polgárság）群体，他们在政治上的影响力也日渐增大。

等级制度（rendiség）是封建时期欧洲的普遍现象。社会上特权相近的各个阶层为巩固和发展自己的特权形成不同"等级"，向统治者表达各自阶层的需求。至15世纪40年代末，匈牙利政权内部形成了大主教、大贵族、中小贵族、市民4个等级。等级制度下，市民的权利比较低微，而农奴/农民则完全被排斥在国家政权之外，成为被剥削和压迫的对象。1437年，等级制度的重要参政机构——等级议会（rendi országgyűlés）建立，各等级选派出代表在等级议会上审议法律、税收、军事等议案。

日格蒙德统治时期，拥有领地的大贵族阶层势力继续扩张。1400年，日格蒙德甚至遭到大贵族数月的监禁。贵族与农奴/农民之间的阶级矛盾也日益增加。1437年，国家东部埃尔代伊地区（Erdély，现罗马尼亚特兰西瓦尼亚）爆发了匈牙利历史上第一次大规模农民起义。布达伊·纳吉·安道尔（Budai Nagy Antal，? —1437）领导的农民起义军奋起反抗统治阶层的压迫和剥削。起义很快被镇压了下去，但国家也因此陷入动荡的

局势，并持续恶化。

14世纪40年代起，信奉伊斯兰教的奥斯曼帝国发动对基督教世界的攻击，入侵巴尔干地区后，直逼匈牙利南部。1396年，日格蒙德率领多国军队在尼科堡（Nikápoly）向奥斯曼土耳其军队发起进攻，但以全军覆没告终。随后，匈牙利放弃主动进攻战略，转而开始修建防御工程。自鞑靼人入侵以来，匈牙利又一次成为欧洲基督教世界最前线的防御堡垒。

第三节
"欧洲之盾"匈牙利

一、胡尼奥迪·亚诺什摄政

15世纪30年代，匈牙利南部已多次遭到土耳其军队突袭。日格蒙德死后，趁着新国王哈布斯堡家族的阿尔伯特（Habsburg Albert，1397—1439，在位：1437—1439）登基之际，奥斯曼帝国对匈牙利发起一次大规模进攻。阿尔伯特国王在战争中死于匈牙利边境，匈牙利贵族和教会推举波兰国王乌拉斯洛一世（即瓦迪斯瓦夫三世，I. Ulászló，1424—1444，在位：1440—1444）成为匈牙利国王，由大贵族胡尼奥迪·亚诺什（Hunyadi János，1406—1456）辅佐执政。胡尼奥迪主张积极防御的作战策略，战势一度朝着有利于匈牙利的方向转变。匈牙利军队在久洛费赫尔堡（Gyulafehérvár，现罗马尼亚阿尔巴尤利亚）击退了侵略军，并于1443年向被奥斯曼帝国军队占领的巴尔干地区发起进攻，解放了保加利亚的大部分国土。1444年，奥斯曼帝国与匈牙利在塞格德签署了10年停战协议。但欧洲诸国始终将日渐强大的奥斯曼帝国视为心腹大患，在教皇的劝说下，乌拉斯洛一世选择撕毁协议，并征集发动十字军攻打奥斯曼帝国。结果于1444年11月瓦尔纳战役中大败于土耳其军队，乌拉斯洛一世在此次战役中罹难。

胡尼奥迪·亚诺什起初是罗马尼亚族的匈牙利小贵族，原是日格蒙德王室的一位侍卫官，因为抗击土耳其有功获得分封，成了匈牙利最富有的领主之一。他将财富用于建立国家防御系统，并组建了一支先进的雇佣军，成功阻挡了奥斯曼土耳其军队的多次进攻，被誉为"土耳其人的克星"。

为了打破无政府状态的困境，胡尼奥迪·亚诺什被选为摄政王（1446—1452）。胡尼奥迪执政稳定了民心，虽然他未能改变国内大贵族地方割据的局面，但大领主们忌惮于他的军事实力不再频繁挑起内战，国内局势逐渐趋于稳定。这为他主动进攻土耳其创造了条件。1448年，胡尼奥迪军队联合阿尔巴尼亚军队向奥斯曼土耳其军队发起进攻，然而再次以失败告终。战败回国后，胡尼奥迪已无力重新巩固政权。1452年，阿尔伯特国王的遗腹子拉斯洛五世（V. László，1440—1457，在位：1444—1457）回到匈牙利，胡尼奥迪便辞去执政职务。匈牙利王室保留了胡尼奥迪军事首领的职位，他便继续投入抗击土耳其的战斗。

1456年，奥斯曼土耳其军队包围了匈牙利的门户城市南多费赫尔堡（Nándorfehérvár，现塞尔维亚贝尔格莱德），胡尼奥迪以不到5万的兵力击退了15万奥斯曼土耳其大军。匈牙利作为欧洲基督教对抗伊斯兰世界的前线，此次战争的胜利不仅意味着匈牙利领土完整免受侵害，也意味着伊斯兰世界对于欧洲的入侵止步于此，保全了欧洲基督教世界的利益。因此，罗马教皇命令所有欧洲基督教国家在正午时分敲响教堂的钟声，纪念南多费赫尔堡战役的胜利。

二、马加什国王的统治

南多费赫尔堡战役后不久，胡尼奥迪死于鼠疫，贵族之间为争权夺势再次挑起内战，国王拉斯洛五世出逃后没多久便死于布拉格。胡尼奥迪之子胡尼奥迪·马加什（Hunyadi Mátyás，1443—1490，在位：1458—1490）获得中小贵族阶层的拥戴，在他们的推举下，1458年，胡尼奥迪·马加什成为匈牙利国王。他成为阿尔帕德王朝后的首位匈牙利本土国王，也是第一位非王室血统的匈牙利统治者。

马加什在位时期通过强大的中央集权终结了各地大贵族之间无休止的冲突，并组建雇佣军（zsoldossereg）——黑军（fekete sereg）稳固了王权。马加什通过发展城市来为中央集权提供经济基础，同时城市发展促进了匈牙利的社会文化水平的快速提升，文艺复兴与人文主义思想传遍匈牙利。

面对奥斯曼土耳其军队来犯，马加什国王采取防守战略，把战火控制在匈牙利中心

地区之外。他加固并扩建了日格蒙德时期修建的南部防御工程。这条防线有效发挥了抵御作用，1479年成功阻挡了奥斯曼土耳其军队的大规模进攻。由于马加什国王时期强大的军事实力，匈牙利的国土面积一再扩张。面对攻防都非常强势的匈牙利军队，奥斯曼帝国为了保全其在巴尔干的统治权，在1483年与匈牙利缔结了为期10年的和平条约。

马加什国王时期，匈牙利领土面积空前广阔，获得了波希米亚的西里西亚、摩拉维亚和卢萨蒂亚地区，并多次向奥地利发起进攻。1485年，匈牙利军队占领了维也纳城堡，马加什国王也因此将王室转移至维也纳。1490年，马加什国王在维也纳城堡逝世时，匈牙利已经成为欧洲的一个主要权力中心，经济、文化水平高度发展，几近欧洲最发达国家的水平。

马加什统治时期，大贵族阶层对于国王重用中小贵族、征收重税等政策十分不满，他们与埃斯泰尔戈姆主教多次密谋策反未果。马加什去世后，其后的继任者都无力继续巩固马加什国王所建立的国家制度，大贵族阶层再次凌驾于王权之上。

三、匈牙利王国走向衰落

雅盖隆家族两位国王乌拉斯洛二世（II. Ulászló，1456—1516，在位：1490—1516）和其子劳约什二世（II. Lajos，1506—1526，在位：1516—1526）统治期间，几乎被大贵族阶层牢牢控制。持不同政见的贵族派别之间纷争不断，国家行政管理受到重重阻碍；而贵族为获得更高的农业贸易利润，压榨农民劳动力，限制其自由迁居权，贵族与农民的矛盾不断加深。国内形势的混乱随着1514年农民起义爆发达到高潮。

雅盖隆王朝的乌拉斯洛二世同时是波希米亚国王。他在任期间，王室大权几乎由大贵族掌管，面对大贵族提出的要求，他都会用捷克语回答"多不热"（Dobzse），意思是"可以"。因此他又被戏称为"多不热·拉斯洛国王"。

1514年4月，大量农民和无地产的小贵族响应主教号召，参与十字军抗击奥斯曼土耳其军队。主要原因是农民获得士兵身份可以在法律上获得更高的社会地位。但大贵族因为需要劳动力而拒绝农民参加十字军。1514年5月底，在小贵族多热·久尔吉（Dózsa György，1470—1514）的领导下，匈牙利爆发历史上最大规模的农民起义，要求建立一个没有贵族的自由农民国家。农民军在起义4个月后被残暴镇压。同年10月，议会针对农民撰写了名为《三章法》（Hármaskönyv）的文件，进一步限制了农民权利：禁止农民自由迁居，农民只得从事徭役，为贵族提供免费劳动力。

《三章法》没有被批准形成正式的法典，但是它在接下来的几个世纪成为贵族奴役农民的纲领文件，法官也将此作为审判依据。

软弱的中央权力和持续不断的内讧使匈牙利王国迅速走向衰弱。与此同时，匈牙利需要面对更大的外部危机——奥斯曼帝国的扩张。这段时期匈牙利的国防政策几乎没有抵御奥斯曼土耳其入侵的可能性：南部防御工程已年久失修，国库无力承担修缮费用；此外，匈牙利也没有可共同抗击奥斯曼土耳其军队的外交盟友。1521年，奥斯曼帝国苏丹苏莱曼一世带兵进攻匈牙利，奥斯曼土耳其军队突破了匈牙利南部的防御工程，相继攻占了匈牙利南部的重要城镇。1526年，奥斯曼土耳其军队再次发起进攻。8月29日，两军在莫哈奇（Mohács）附近打响决定性战役，匈牙利全军覆没，国王劳约什二世也在逃跑时溺水身亡。莫哈奇战役两周后，奥斯曼土耳其军队占领布达。至此，日格蒙德时期与马加什时期所构筑的防线城堡大多已经落入奥斯曼帝国手中。莫哈奇战役的失败致使匈牙利进入早期历史上最动荡的时代，匈牙利沦为两个强大邻国——奥斯曼帝国与哈布斯堡王朝——争斗的舞台，在两大帝国的争斗中艰难地维系着国家的生存。

课后练习

一、填空题

1. 匈牙利语所属的＿＿＿＿＿＿＿＿＿＿语系起源于6 000多年前的乌拉尔山脉地区。

2. 公元850年左右，匈牙利人抵达第聂伯河和多瑙河下游一带的平原＿＿＿＿＿＿＿＿＿，并为了增强军事实力成立了匈牙利人首个政治共同体＿＿＿＿＿＿＿＿＿＿，由＿＿＿＿＿＿＿＿＿担任第一任首领。

3. 匈牙利王国成立于＿＿＿＿＿年，＿＿＿＿＿＿＿＿＿＿是匈牙利第一任国王，他为匈牙利奠定了封建国家的发展基础。

4. 1222年，＿＿＿＿＿＿＿＿＿＿国王受贵族胁迫，签署颁布了《黄金诏书》。内容包括＿＿＿＿＿＿＿＿＿，＿＿＿＿＿＿＿＿＿，＿＿＿＿＿＿＿＿＿等，主要保障了＿＿＿＿＿＿＿＿＿的利益。《黄金诏书》最后一条为抵抗权条款，该条内容称＿＿＿＿＿

_____。

5. 安茹王朝时期的_____和_____两位君主主要通过_____推动国家经济发展，其措施包括_____、_____、_____等。

6. _____统治时期，王室城市迅速发展，匈牙利内部出现了一个"市民"群体，他们在政治上的作用也越发重要。

7. 14世纪40年代起，信奉伊斯兰教的奥斯曼帝国持续不断地向基督教世界发起攻击。1456年，奥斯曼土耳其军队包围了匈牙利的门户城市_____，匈牙利军队在_____的带领下以不到5万的兵力击退15万土耳其大军。

8. 面对土耳其军队来犯，马加什国王采取的战略是_____，成功抵御了奥斯曼帝国军队的大规模进攻。

9. 1514年农民起义被镇压后，匈牙利议会针对农民撰写了名为_____的文件。

10. _____战役之后，匈牙利进入了早期历史上最动荡的时代，沦为两个强大邻国奥斯曼帝国与哈布斯堡王朝争斗的舞台，在两大帝国的争斗中艰难维系国家的生存。

二、判断题

1. 匈牙利民族的来源十分明确，他们是匈奴人的后裔。 （　　）

2. 公元895—907年间，匈牙利人在阿尔帕德的带领下逐步占领了喀尔巴阡山盆地，这一进程被称作"大定居"。 （　　）

3. 匈牙利王国阿尔帕德王朝时期，开国国王伊斯特万奠定了封建国家的发展基础，拉斯洛一世和卡尔曼国王进一步巩固了封建制度，贝拉三世时期迎来了匈牙利王国的发展巅峰。 （　　）

4. 1241年蒙古军队入侵匈牙利，1242年离开。由于蒙古人停留时间并不长，"鞑靼人入侵"并未给匈牙利带来多大损失。 （　　）

5. 匈牙利王室受制于大贵族阶层，劳约什一世时期颁布《1351年法令》提升小贵族的权利与地位后，大贵族的地位依旧无法撼动。 （　　）

6. 日格蒙德国王在尼科堡战役失败后，放弃主动向奥斯曼土耳其进攻的战略，转而

修建防御工程。　　　　　　　　　　　　　　　　　　　　　　　（　　）

　　7. 胡尼奥迪·马加什在中小贵族阶层的支持下成为匈牙利国王，他是阿尔帕德王朝后的首位匈牙利本土国王，也是第一位非王室血统的匈牙利统治者。　　（　　）

　　8. 1490年马加什国王逝世时，匈牙利已经成为欧洲的一个主要权力中心。（　　）

　　9. 15世纪末16世纪初，雅盖隆家族的两位国王成功平定了贵族纷争，农民在贵族治下相对自由。　　　　　　　　　　　　　　　　　　　　　　　　（　　）

　　10. 1437年，匈牙利王国东部埃尔代伊地区爆发了匈牙利历史上第一次大规模农民起义；1514年，匈牙利爆发了历史上最大规模的农民起义。　　　　　（　　）

三、简答题

　　1. 简述匈牙利民族从游牧民族到建立匈牙利王国的过程。
　　2. 简述匈牙利王国从建国到中世纪结束的国家发展情况。
　　3. 简述匈牙利王国在中世纪结束前如何应对奥斯曼帝国的进犯。
　　4. 简要分析16世纪初匈牙利王国走向衰落的原因。

四、拓展题

　　1222年匈牙利《黄金诏书》与1215年英国《大宪章》都是中世纪封建社会中的政治实践，通过颁布此类宪法性文件，国王的权力受到了贵族的限制，一旦国王侵犯既有的封建特权，贵族则随时有可能叛变。请查阅相关资料，说明为何《大宪章》在英国创造了自由与繁荣，而《黄金诏书》却在匈牙利王国招致了动荡与衰亡。

第二章

从国土三分到哈布斯堡王朝统治（1526—1867）

第一节
国土三分的150年

课前思考：国土分裂给匈牙利文化带来哪些影响？哪些因素促成匈牙利从分裂走向统一？

一、从国土二分到国土三分

　　莫哈奇战役后，奥斯曼帝国军队在秋天结束军事活动后离开了布达。匈牙利国内贵族分裂为两派：一派推举出匈牙利最大的地主萨博亚伊·亚诺什（即亚诺什一世，Szapolyai János，1487—1540，在位：1526—1540）为国王，另一派则拥立哈布斯堡王朝的费迪南一世（I. Ferdinánd，1503—1564，在位：1526—1564）为国王。其中，亚诺什一世的势力覆盖了国家东部地区，费迪南一世则控制与奥地利接壤的西部地区。两派势力为争夺完整的国家统治权而纷争不已。亚诺什一世在 1529 年与 1532 年两次向奥斯曼帝国敞开由匈牙利通往维也纳的通道，支持奥斯曼土耳其进攻哈布斯堡王朝。此举导致匈牙利内部多处发生暴乱。1538 年，亚诺什一世与费迪南一世签署和平条约，国内的混乱局面得到一定程度的缓和。亚诺什一世去世后，哈布斯堡王朝与奥斯曼帝国先后围攻布达城。1541 年 8 月，奥斯曼土耳其军队击退奥地利军队再次占领布达，掌控了布达的中部地区。自此开始，匈牙利国家被一分为三：西部与北部的匈牙利王国统治者来自哈布斯堡王朝，定都波若尼（Pozsony，现斯洛伐克首都布拉迪斯拉发）；国家东部由亚诺什一世之子亚诺什·日格蒙德（即亚诺什二世，Szapolyai János Zsigmond，1540—1571，1556—1570 年为匈牙利国王，1570—1571 年为埃尔代伊大公国大公）统治，后发展为埃尔代伊大公国（Erdélyi Fejedelemség，现罗马尼亚特兰西瓦尼亚地区）；匈牙利王国的中部和南部则被奥斯曼帝国占领，被称作"中部占领地"（hódoltság）。

布达城堡被占领后的几十年里，中部占领地不断向外扩大，重要的王室城市（如埃斯泰尔戈姆、维谢格拉德等）先后被奥斯曼土耳其占领。面对奥斯曼帝国势力的扩张，

建于日格蒙德国王时期的陶陶城堡（Tatai vár）古迹

东部特兰西瓦尼亚地区曾谋求向西部匈牙利王国交出领土以实现东西领土统一，但最终未能实现；16世纪中叶，西部匈牙利王国开始修筑边防城堡（végvár）系统，边防城堡在面对土耳其的进攻过程中承受了巨大压力，但驻守城堡的将士英勇捍卫阵地，使奥斯曼土耳其无法突破匈牙利进一步向西进攻。

边防城堡系统由克罗地亚向西北方向呈扇形延伸至埃尔代伊大公国边界。防线上的城堡城墙较矮，设有炮台，同时墙体较厚，可有效防御敌人的炮轰。为了防止敌人快速靠近，城堡四周布以插满尖桩的沼泽或湿地。

1552年，泰迈什堡（Temesvár）、德雷格伊（Drégely）、爱盖尔（Eger）等多处城堡遭到奥斯曼土耳其军队进攻，匈牙利人英勇抵抗，但除爱盖尔之外的堡垒全部沦陷。1566年，外多瑙河的要塞西盖特堡（Szigetvár）受到10万奥斯曼土耳其军队围困。在哈布斯堡王朝援军迟迟不到的情况下，克罗地亚总督兹里尼·米克洛什（Zrínyi Miklós，1508—1566）率军顽强坚守1个月之久。尽管西盖特堡最后被攻陷，但奥斯曼帝国的领袖苏莱曼二世在1个月的围攻期间逝世，奥斯曼土耳其因此暂时放弃了向西进攻的计划。

二、国土三分时期的匈牙利

土耳其占领地区

奥斯曼帝国在占领了匈牙利中部地区后重新进行了行政划分，在各级省份（vilajet）设置帕夏（pasa，相当于省长），实行全面军事管理。帕夏治理期间，对农奴课以重税，对农业用地进行掠夺式的开发与利用，禁止除宣礼塔（minaret）和公共浴池（fürdő）以外的任何建造活动。

在帕夏严苛的治理之下，匈牙利城市发展停滞，农业用地枯竭，大量人口出逃。部分匈牙利人逃到空旷的平原地区，放弃原来的农业耕地，转而从事粗放的畜牧业，这些被称作"豪伊杜"（hajdú）的牧人饲养牛马，并徒步将它们赶往威尼斯、维也纳等地，作为商品买卖。这一时期的匈牙利出现了第一批农业城市，并成为一个重要的社会阶层——农商阶层。随着农业城市的发展，当地人在政府事务上获得更多自主权，除了拥有内部的选举权外，纳税事务上也仅需一年一次向奥斯曼帝国缴纳总额。

埃尔代伊大公国

埃尔代伊大公国成立于1570年，亚诺什二世与哈布斯堡王朝达成协议，放弃国王头衔，以大公身份统治特兰西瓦尼亚地区。第二任大公巴托里·伊斯特万（Báthori István，1553—1586，1571—1586）通过外交手段使欧洲承认了埃尔代伊大公国的地位，他于1576年获取波兰王位，为大公国调取了更多的发展资源。

埃尔代伊大公国作为缓冲国，哈布斯堡王朝和奥斯曼帝国都将其视作自己的属地，因此埃尔代伊的对外活动受到了双重限制。1606年《维也纳和平条约》（Bécsi béke）签订后，哈布斯堡王朝承认埃尔代伊大公国是一个独立的国家，但奥斯曼帝国始终对其行使上级管理的权力。埃尔代伊大公国的统治者不仅每年需要向苏丹纳税，统治者选举也需经过苏丹同意。

17世纪初至17世纪中叶，埃尔代伊大公国在贝特伦·加博尔（Bethlen Gábor，1580—1629，在位：1613—1629）和拉科齐·久尔吉一世（I. Rákóczi György，1593—1648，在位：1630—1648）的统治下进入发展黄金期。日渐强大的军事实力保障了埃尔代伊大公国国内几十年的和平，内政与外交政策都保持相对的独立，经济高速发展。各地建立起印刷厂与图书馆，1622年，建立了埃尔代伊大公国首座大学久洛费赫尔堡学院（Gyulafehérvári Főiskola），文化和教育发展也迎来高峰期。

埃尔代伊大公国自17世纪60年代开始走向衰弱。1660年，拉科齐·久尔吉二世（II. Rákóczi György，1621—1660，在位：1648—1660）与瑞典国王结盟向波兰发起军事行动。战争失败后，埃尔代伊大公国不仅失去了盟友，也因"军事行动未经苏丹许可"而遭到奥斯曼帝国的进攻。1661年，奥斯曼帝国选中阿帕非·米哈伊一世（I. Apafi Mihály，1632—1690，在位：1661—1690）成为傀儡大公，埃尔代伊大公国自此成了奥斯曼帝国的附庸。

16世纪30年代末40年代初，宗教改革理念从德语世界传入匈牙利，新教理念吸引了大量农民。支持宗教改革的匈牙利人在哈布斯堡王朝统治地区遭到残酷镇压，不少人逃到支持新教的埃尔代伊大公国。1575年，新教在埃尔代伊大公国取得合法地位。传教士们用匈牙利语进行传教，将《圣经》翻译成匈牙利语，促进了该地区匈牙利语言文学与文化的发展。

匈牙利国家三分的这段时期里，埃尔代伊大公国从未放弃为恢复匈牙利主权王国而

斗争。1604年至1606年，受哈布斯堡王朝迫害的博赤卡伊·伊斯特万（Bocskai István，1557—1606，1605—1606年为埃尔代伊大公国大公）集结匈牙利王国的流亡之士成立豪伊杜军队，从特兰西瓦尼亚地区出发向哈布斯堡王朝宣战，并很快占领了匈牙利王国北部与特兰西瓦尼亚地区。1605年，博赤卡伊被选为匈牙利大公与埃尔代伊大公国大公。博赤卡伊发起的独立战争在他1606年死后被哈布斯堡王朝镇压，其所作的努力被扼杀在萌芽状态。贝特伦·加博尔延续了斗争，他组织匈牙利军队，在匈牙利北部大贵族的支持下向哈布斯堡王朝发起进攻。贝特伦一度占领了波若尼，并与波希米亚和摩拉维亚军队联合围攻维也纳。尽管贝特伦最终没有获得成功，但双方在1621年缔结了和平条约，为埃尔代伊大公国赢得了与哈布斯堡王朝的和平关系。

博赤卡伊在战争获得胜利后，将一批豪伊杜将士提升为贵族，他们不需要再为大贵族服务，仅需服兵役。由于居无定所的豪伊杜不利于社会稳定，博赤卡伊将蒂萨河东地区的土地分配给他们作为安置地。该地区逐渐发展形成了豪伊杜城市（hajdúvárosok）。

匈牙利王国

西部和北部由国王统治的匈牙利延续了中世纪的匈牙利王室制度。议会先后从哈布斯堡家族的神圣罗马帝国选帝侯中选出匈牙利国王，从而建立匈牙利与神圣罗马帝国的联盟。与强势政权联盟并未使匈牙利得到发展，相反却在方方面面受到遏制。费迪南一世将匈牙利军事和财政并入哈布斯堡王朝进行集中化管理，米克绍二世（II. Miksa，1527—1576，在位：1563—1576）与鲁道夫一世（I. Rudolf，1552—1612，在位：1576—1608）统治期间进一步加大了哈布斯堡王朝的集权力度。16世纪末，哈布斯堡王室的债权人富格尔家族宣告破产，匈牙利王室的财政也随之崩溃。此外，匈牙利王国内部涌现了大量冤假错案，不少大贵族以"叛徒"罪名被判以死刑，被哈布斯堡王朝收回所有财产用作军事支出，而中小贵族与农奴因支持新教宗教改革遭到暴力迫害。匈牙利人对哈布斯堡王朝的统治越发不满。在王国混乱的社会环境下，爆发了多次反哈布斯堡战争。1665年，结束奥土战争的《沃什堡和约》（Vasvári béke）损害了匈牙利的利益。该和约由哈布斯堡王朝与奥斯曼帝国代表在匈牙利沃什堡签署。尽管兹里尼·米克洛什（Zrínyi Miklós，1620—1664）带领匈牙利军队在土耳其占领地取得军事成功（1664），但根据和约，匈牙利已占领的诺格拉德（Nógrád）、瓦拉德（Várad）、乌伊堡（Újvár），以及匈牙利北部的4个城堡州仍归奥斯曼帝国所有。哈布斯堡王朝以此换取奥斯曼土耳其军队撤出埃尔代伊大公国。和约的签署彻底激怒了为数不多依旧忠于哈布斯堡王室的匈牙利上层人物。

三、国土三分时代结束

17世纪中后期，土耳其在旷日持久的奥土争霸中逐渐式微，遂利用匈牙利对哈布斯堡王朝的不满，试图联合匈牙利反对哈布斯堡王朝。1665年，匈牙利王国大贵族韦塞雷尼·费伦茨（Wesselényi Ferenc，1605—1667）等人密谋依靠奥斯曼土耳其和法国的帮助赶走哈布斯堡王朝。在秘密武装起义失败后，遭到哈布斯堡王朝清算，大量贵族、士兵、农奴逃亡至埃尔代伊大公国与匈牙利王国的边境接壤地区。1682年，得到奥斯曼土耳其支持的特克伊·伊姆雷（Thököly Imre，1657—1705，在位：1682—1685）领导的库鲁兹军（kurucok）快速占领了匈牙利王国的大部分地区，建立了北匈牙利（Felső-Magyarország）政权。匈牙利国家一度陷入一分为四的状态。

"库鲁兹"一词原指1514年多热·久尔吉领导下的农民军，17至18世纪期间用以指代反哈布斯堡王朝的匈牙利军队。

1683年，奥斯曼土耳其围攻维也纳，奥土战争爆发。正值强盛的哈布斯堡王朝与波兰王国、威尼斯共和国、俄国建立神圣同盟，多国联军攻占布达与外多瑙河的大部分地区，匈牙利部分贵族联合哈布斯堡王朝共同对抗奥斯曼帝国。1685年，为了换取与哈布斯堡王朝之间的和平关系，奥斯曼帝国将特克伊抓获为人质，北匈牙利政权同时宣告失败。然而哈布斯堡王朝拒绝接受谈判条件，并在1686年的决定性战役中获胜，重新夺回布达城。接下来的几年里，哈布斯堡王朝的神圣罗马帝国皇帝，同时也是匈牙利国王的利奥波德一世（I. Lipót，1640—1705，在位：1657—1705）率军将奥斯曼土耳其赶出了匈牙利西部和中部。1687年11月，匈牙利贵族在波若尼议会上宣布放弃《黄金诏书》中的抵抗权条款，并放弃选举国王的权利，承认哈布斯堡家族拥有匈牙利王位的世袭权力。匈牙利成为哈布斯堡王朝的世袭省份。1699年，奥斯曼帝国与欧洲各国签订《卡洛维茨和约》（Karlócai béke），奥斯曼帝国在匈牙利的势力全部瓦解，匈牙利大部分地区划归哈布斯堡王朝管辖。匈牙利终于结束了持续一个半世纪之久的动荡混乱的国家分裂状态。

特兰西瓦尼亚地区自1690年被占领后，该地区的统治者由哈布斯堡君主兼任。特兰西瓦尼亚地区在哈布斯堡王朝框架内保持了一定程度的独立地位，直到18世纪开始接受统一管理。

第二节
哈布斯堡王朝统治下的匈牙利

一、拉科齐二世的自由战争

　　哈布斯堡王朝将匈牙利作为世袭省份管辖，根据这一定位，哈布斯堡土地分配委员会为匈牙利制定了十分严苛的殖民政策：解放后土地不能归还给原地主，而是分配给军队供应商、将领和大臣；无人区不可让匈牙利人落脚，而是吸引塞尔维亚人、斯洛伐克人和日耳曼人前来定居。这种践踏匈牙利主权的殖民方式激起了匈牙利人的强烈不满。1703年，匈牙利最大的领主拉科齐·费伦茨二世（II. Rákóczi Ferenc，1676—1735）领导发动了大规模民族独立运动。拉科齐和他的助手贝尔切尼·米克洛什（Bercsényi Miklós，1665—1725）领导的库鲁兹起义军坚持抗战8年，最终在1711年被哈布斯堡王朝镇压。1711年4月30日，起义军与奥匈帝国签署了《萨特玛尔和约》（Szatmári béke）。和约承诺匈牙利在哈布斯堡王朝统治范围内的相对独立、维护匈牙利等级制宪法与宗教自由权。也就是说，匈牙利归属哈布斯堡王朝管辖，匈牙利政治机构只拥有十分有限的自治权。

　　拉科齐的库鲁兹军队以农民为主要成员。拉科齐许诺农民参军可以免除徭役和赋税。1703—1704年，随着拉科齐的队伍屡屡得胜，库鲁兹队伍愈发壮大，不少贵族也加入其中。拉科齐十分注重将领的选拔，军队的将领多是贵族出身，但小贵族与平民也有机会成为军官。1704年，起义的匈牙利人选举拉科齐成为埃尔代伊大公，并在1705年按照波兰人的做法成立等级联盟，参加联盟的匈牙利等级推选拉科齐为匈牙利总大公（Magyarország vezérlő fejedelme），意图建立独立自主的埃尔代伊大公国。

　　库鲁兹起义军队人数在自由战争发展最高峰时期超过10万，但由于欠发达的匈牙利手工业无法保障庞大的军需，且到了战争后期，拉科齐打造流通程度尚低的铜币（rézpénz）作为士兵薪酬，导致了军队士气低迷，人数不断减少至3万人左右。同时，大贵族不满农奴参军并向其施压，最终导致起义走向失败。

二、哈布斯堡王朝的统治

为了巩固在匈牙利的统治，哈布斯堡王朝的统治者卡罗伊三世（III. Károly，1685—1740，在位：1711—1740）通过组织大规模移民来完成匈牙利的战后重建。移民政策使匈牙利地区人口激增，至18世纪末，匈牙利人口翻倍，在一定程度上刺激了国家经济的恢复；同时，大规模移民使得匈牙利人口的民族组成发生改变，匈牙利主体民族马扎尔族所占比例明显下降。15世纪时马扎尔族人口约占匈牙利王国总人口的3/4，但在奥斯曼帝国占领匈牙利中部地区之后下降到王国总人口的50%以下。在卡罗伊三世实施移民政策后，继续下降至41%左右。

匈牙利自阿尔帕德王朝以来即为多民族国家，王国内除了马扎尔族外，还有克罗地亚人、斯洛伐克人、日耳曼人、罗马尼亚人、塞尔维亚人等多个民族。卡罗伊三世时期的移民政策进一步丰富了匈牙利王国的民族构成。这一时期迁入的日耳曼天主教移民约有40万人，他们在匈牙利多地建立了日耳曼村庄和社区。17世纪末，共4万个塞尔维亚家庭在东正教神父的带领下逃难至匈牙利做边防卫士。此外还有大量罗马尼亚牧民和农民迁至匈牙利。斯洛伐克人也在佩斯和贝凯什地区形成了聚集区。

卡罗伊三世逝世后，新的世袭制度宣布由其女玛利亚·特蕾莎（Mária Terézia，1717—1780，在位：1740—1780）继位。新世袭制度引发了奥地利王位继承争夺战（1740—1748），玛利亚·特蕾莎在匈牙利贵族的支持下保住了帝位。作为回应，玛利亚·特蕾莎撤销部分原有的镇压措施，例如取消土地分配委员会，并在1745年哈布斯堡对战普鲁士的用兵之际，遣返了驻守在匈牙利的哈布斯堡军队等。在此背景下，匈牙利获得了短暂的喘息机会，民族文化余烬复燃，各民族的新移民也将匈牙利语作为统一用语，并在生活方式上积极融入匈牙利社会。

到了18世纪，匈牙利几乎每20个人中就有一位贵族。尽管贵族群体庞大，但他们的生活方式存在明显差异，还远没有形成特定的社会群体。权贵多从大贵族中产生，他们拥有豪华的巴洛克式宫殿，经常举办盛大的舞会。中等贵族的生活方式则相对简单，他们热衷于宴请、打猎和参加政治活动。而小贵族祖业单薄，财产经不起耗散，可能几代过后就转为从事手工业，或服务于王室与教会。

特蕾莎及其后继统治者——她的长子约瑟夫二世（II. József，1741—1790，在位：1780—1790）受到西欧开明思想的影响，统治呈现出开明的专制主义的特点。两位统治

者颁布了一系列具有启蒙精神的法律来缓和阶级矛盾，加强帝国统治。1767年颁布《农奴法令》（Úrbéri rendelet），通过规定农奴的负担范围和最低薪酬所得，限制了地主的无度剥削，一定程度上平复了农奴日益增长的不满情绪。1777年颁布《教育法令》（Ratio Educationis），规定由国家负责并管理各个教育学科，将教育的重要性升级至国家层面。1781年颁布的《宽容条例》（Türelmi rendelet）保障了新教和犹太教的信仰自由。这些受启蒙运动影响而颁布的条例与法令在国家层面保障了农奴与宗教人士的权益，在改善阶级矛盾的同时，也促进了国家公共事业以及教育事业的发展。

约瑟夫二世的执政目标是将帝国建造为统一的中央集权制国家。他继承帝位后，为了避免受到匈牙利法律的约束，并未接受匈牙利王冠加冕。代表匈牙利王权的匈牙利王冠被运至维也纳后，只是作为普通帽子一样放在国库里，因此，同时代的人戏称约瑟夫二世为"帽子国王"。

18世纪，以农业为主的匈牙利经济进入繁荣时期。农业继续在经济生活中发挥主导作用。由于种植业的技术升级，农作物的产量超出了国内的需求量，剩余部分开始向外出口至哈布斯堡王朝其他省份。家庭手工业的发展能够满足农业需求，并为有限的本地市场提供工业产品。到18世纪的最后30年，匈牙利建成了一些小型工厂。18世纪末，匈牙利南部地区因农业发展而成为国家经济中心之一。但与此同时，在《海关条例》（Vámrendelet）的影响下，匈牙利工业发展严重滞后于哈布斯堡王朝的其他省份，经济发展主要依靠农业。

在哈布斯堡王朝统一的框架下，为了推动奥地利与捷克的工业发展，同时保障匈牙利农产品的市场，玛利亚·特蕾莎在1754年颁布了《海关条例》。根据该条例，匈牙利和其他世袭省份之间设有一条单独的关税线，从匈牙利出口工业产品将征以高额关税，而匈牙利出口农产品，或从其他地区进口工业品，则关税较低。

18世纪末，轰轰烈烈的法国大革命对匈牙利产生了巨大影响。约瑟夫二世死后，在匈牙利贵族阶层的强烈要求下，1791年，利奥波德二世（II. Lipót，1747—1792，在位：1790—1792）颁布《十号法令》，声明匈牙利在哈布斯堡王朝的统治下是一个"独立、不受其他国家约束"的国家，匈牙利可按本国法律通过独立的国家行政机构进行管理。然而一年后费伦茨一世（I. Ferenc，1768—1835，在位：1792—1835）继位，恢复了旧有的专制治理模式。1794年，以马特诺维奇·伊格纳茨（Martinovics Ignác，1755—1795）为首的匈牙利知识分子秘密组织了雅各宾运动，试图建立资产阶级共和国，维护匈牙利独立。由于缺乏坚固的社会基础等原因，雅各宾运动很快被统治阶级镇压，但国内一系列政治运动也在一定程度上打击了哈布斯堡王朝的专制统治，为后续匈牙利改革奠定了一定的基础。

第三节
改良与革命

一、改良时代

　　拿破仑战争的爆发在一定程度上促进了匈牙利封建社会最后的发展，匈牙利领主通过出口销售农产品而获得了一定量的财富。战争结束后，农作物出口需求骤降，另一方面，维也纳宫廷通过货币贬值与提高关税的方式将战争损耗转嫁到匈牙利，致使匈牙利面临严重的经济危机，与哈布斯堡王朝的矛盾进一步激化。匈牙利选择通过发展本国文化来表现对于国家独立和社会进步的追求。匈牙利文学、艺术、音乐在这一时期开始发轫。剧院、出版社、报纸、文学期刊纷纷开始运营。部分匈牙利贵族注意到旧制度的缺陷，他们活跃在政治舞台上，期望借助合法途径对匈牙利经济和社会进行改造，从而达致改革的目标。1825年议会上，匈牙利大贵族塞切尼·伊斯特万（Széchenyi István，1791—1860）出于"促进民族发展，加强匈牙利语言传播"的目的，捐献全年收入，出资建设匈牙利科学院，开启了匈牙利历史上著名的改良时代（reformkor）。

　　塞切尼·伊斯特万认为，匈牙利19世纪上半叶的发展关键是农业现代化，他在论著《信贷》（Hitel，1830）一书中提到，《1351年法令》中"世袭土地不得交易"的条例限制了农业发展，战后陷入财务危机的地主无法抵押庄园获得贷款，阻碍了现代化机械介入生产过程；而不合理的农奴负担使得农业生产效率低下。因此，塞切尼提倡废除封建法律，同时提倡废除农奴制，使用雇佣劳动来提升农业生产力。该书的出版直接吹响了匈牙利经济与政治改革的号角。

　　支持改革的政治家内部存在两种不同的立场。以大贵族塞切尼为代表的改良派敦促

"匈牙利民族保持耐心"（《塞切尼1842年学术演讲》），他们认为，短期内匈牙利在哈布斯堡王朝统治的框架里才能有更好的发展，应避免与哈布斯堡王朝冲突，通过平缓推进资产阶级改革来实现经济现代化。另一派代表中小贵族与农民利益的科苏特·劳约什（Kossuth Lajos，1802—1894）等人则更为激进，他们支持改良派倡导经济与社会改革的主张，同时要求将社会经济转型与民族自决相结合，加快转型速度，以建成一个独立的资产阶级民族国家。

匈牙利现代政党制度发展始于1846年成立的保守党（Konzervatív Párt）和1847年的反对党（Ellenzéki Párt）。保守党认为需要在保护封建主义秩序的前提下对国家进行适度改良。他们支持信贷，但是反对公共负担等其他损害贵族利益的改革。他们坚持通过与维也纳宫廷合作获取匈牙利利益。保守党由一群匈牙利年轻的大贵族组成，戴谢维夫·埃米尔（Dessewffy Emil，1814—1866）担任主席。反对党则提出应快速改变现有的社会制度，他们在党派纲领《反对党声明》（Ellenzéki Nyilatkozat）中阐述了具体主张，包括农奴解放、平等选举权、实施公共负担等。反对党由鲍詹尼·劳约什伯爵（Batthány Lajos gróf，1807—1849）担任主席，主要代表成员包括科苏特、戴阿克·费伦茨（Deák Ferenc，1803—1876）、韦塞雷尼·米克洛什（Wesselényi Miklós，1796—1850）等。

尽管自一开始就遭到了国内保守派的反对以及哈布斯堡王朝的百般阻挠，匈牙利改革依旧在文化、经济、交通等多方面取得了一定的进展。1830—1848年期间召开的等级议会通过了多项改良提案。1830年，匈牙利语作为行政语言纳入法律，并在1844年正式成为官方语言。1836年通过《交通法案》，规定了河流航道与铁路路线的修建方向，并为承担基建的公司提供免税政策。1840年通过《本票法案》，提升了债权人与投资者的安全系数。随着上述重要法案的颁布，匈牙利工业、农业、运输交通、金融等领域发生了巨大变化。现代化技术引用到农业生产过程中，机器的介入扩大了耕地面积并提升了种植效率。工业发展最为瞩目，1840—1845年间，从事铁矿加工的人数翻番；地处老布达的船厂是当时匈牙利最大的工业厂区，其雇佣工人规模超过千人；纺织业、机器加工与食品加工业都出现了不同程度的繁荣。第一列长途蒸汽火车与蒸汽轮船的出现标志着运输方式的转变；1846年，通往波若尼和维也纳铁路中的佩斯到瓦茨（Vác）路段投入使用；1847年，通往德布勒森铁路中的佩斯到索尔诺克（Szolnok）路段、肖普朗与维也纳互通的路段投入使用；1848年，匈牙利公路路段从1 700公里修筑至4 000公里。交通发展带来了贸易繁荣，杰尔、科马隆（Komárom）、兹蒙尼（Zimony，现塞尔维亚贝尔格莱德一部分）、包姚（Baja）等进出口途经城市高速发展。传统的支付方式已无法满足大量货物交易以及工业与基础建设投资的资金需求，1816年，由奥地利国家银行（Österreichische National-Bank）开始负责发行福林纸币；为保障经济信贷需求，匈牙利出现了多家金融机构，首先在布拉索夫（Brassó，现罗马尼亚布拉索夫）（1835）、佩斯（1840）、科洛什堡（Kolozsvár，现罗马尼亚克卢日-纳波卡）（1841）等城市成立了储蓄银行；1841年，第一家匈牙利商业银行——佩斯匈牙利商业银行（Pesti Magyar Kereskedelmi Bank）开始营业。到了19世纪40年代，匈牙利的经济发展水平与欧洲基本齐平，资产阶级这一阶层在匈牙利初具雏形。

19世纪的匈牙利议会实行两院制，分为上议院和下议院。下议院成员是郡县代表，上议院成员是贵族和主教，上议院由总督（nádor）主持。上下议院分别开会讨论，如果两个议会意见一致，就以公文上书（felirat）的形式发给国王。因为下议院的提议经常被上议院否决，国会效率十分低下，于是形成了谈判协商制度。统治者有权否决国民议会的联合提案。根据立法秩序，统治者接受并签署的倡议，即成圣（szentesített）的倡议，才能成为法律。

布达佩斯链子桥

链子桥是布达佩斯的标志性建筑之一，改良时期由塞切尼伯爵发起建立。链子桥自1839年开始施工，1849年落成。第二次世界大战中，德军在1945年炸毁了链子桥，今日所见的链子桥是1949年重建的。

二、1848 年革命和独立战争

1847 年，一个名为"年轻的匈牙利"（Fiatal Magyarország）的团体登上匈牙利政治舞台。他们主要由匈牙利大学生与青年人组成，反对温和改良，要求匈牙利进行彻底的革命，该组织的领袖人物是匈牙利著名诗人裴多菲·山多尔（Petőfi Sándor，1823—1849）、青年大学生沃什瓦尔·帕尔（Vasvári Pál，1826—1849）、小说家约卡伊·莫尔（Jókai Mór，1825—1904）。他们常常聚集在佩斯的皮尔瓦克斯咖啡馆（Pilvax）谈论世界各国的革命进展。

1848 年 3 月初，巴黎革命爆发的消息传至波若尼与佩斯。3 月 3 日，反对党议员科苏特向波若尼议会提交了一份改革议案，要求将匈牙利改造成一个工业化社会，并成立独立的匈牙利责任内阁。青年律师伊里尼·约瑟夫（Irinyi József，1822—1859）将科苏特的议案浓缩为革命口号，撰写了《十二点要求》（12 pont），内容包括废除新闻审查制度，成立匈牙利责任内阁，每年在佩斯举行议会，成立国家银行，要求法律公正等。3 月 15 日，匈牙利佩斯革命爆发，佩斯青年无视哈布斯堡王朝的审查制度，印刷并分发了代表匈牙利民族要求的《十二点要求》与裴多菲呼吁匈牙利人反抗的诗歌《民族之歌》（Nemzeti dal）。哈布斯堡王朝设立在布达的匈牙利政府（Helytartótanács）被上万民众包围，立刻同意了《十二点要求》。严峻的形势下，维也纳宫廷不得已接受了由科苏特等人在匈牙利议会上提出的大部分立法要求，作出如下让步：在匈牙利实行君主立宪制，在保留君主制的情况下，由匈牙利人自主治理国家内部事务，但外交与军事事务仍由君主处理。匈牙利国王费迪南五世（V. Ferdinánd，1793—1875，在位：1835—1848）任命反对党主席鲍詹尼·劳约什组建政府。3 月 23 日，第一届匈牙利责任内阁宣布成立，由鲍詹尼·劳约什领导。为了巩固革命成果，匈牙利议会在 3 月间通过了包括废除农奴制、普遍选举权、宗教与法律平等、每年召开佩斯议会等一系列法律。这些法案在 4 月 11 日由费迪南五世签署，统称"四月法案"（Áprilisi törvények）。法案的出台充分反映了匈牙利资产阶级为建立议会民主制民族国家的努力，宣告了匈牙利数百年来封建制度的结束。

但第一届责任内阁成立没多久就陷入重重危机。在国内，各民族之间的矛盾持续升级，克罗地亚、塞尔维亚、罗马尼亚、斯洛伐克等少数民族要求实行民族的权利与区域自治，在遭到匈牙利政府拒绝后，南方爆发了塞尔维亚人的起义。国际上，反革命势力相继得势，6 月至 8 月，哈布斯堡王朝先后镇压了意大利、捷克、奥地利革命，并在 8 月开始对付匈牙利革命，要求匈牙利交出独立的财权与军权。鲍詹尼政府主张作出让步，避免公开冲突，但哈布斯堡皇帝费伦茨·约瑟夫（作为匈牙利国王被称作费伦茨·约瑟夫一世，I. Ferenc József，1830—1916，在位：1848—1916）拒绝了匈牙利政府提出的谈判要求。鲍詹尼政府在多重压力之下选择辞职下台。

哈布斯堡王朝在鲍詹尼辞职后故意拖延时间不成立新政府，匈牙利议会选出国防委员会（Országos Honvédelmi Bizottmány），表明"国家政府应有的一切权力授予国防委员会"。1848年10月，国防委员会在科苏特的带领下组建了革命政府。这一举措加剧了哈布斯堡王朝与匈牙利议会的紧张关系。9月28日，哈布斯堡王朝采取行动解散了匈牙利议会，宣布对匈牙利实行军事管制，并向匈牙利革命政府宣战。双方已再无合作可能性，匈牙利革命正式进入独立战争阶段。在奥地利军队的残暴镇压下，匈牙利革命队伍损失惨重。1849年1月，革命政府迁都德布勒森。2月底，革命队伍重整旗鼓并发起大规模反攻，并在4月几乎成功解放了匈牙利全部领土，革命武装力量重组了匈牙利议会。4月14日，匈牙利议会在德布勒森大教堂内通过《独立宣言》（Függetlenségi nyilatkozat），宣布匈牙利是一个"自由、自主和独立的欧洲国家"，废黜哈布斯堡–洛林王朝，并选举科苏特·劳约什为匈牙利执政总统。

面对势如破竹的革命势力，哈布斯堡皇帝费伦茨·约瑟夫向俄国沙皇发出求援，1849年8月，在俄国和奥地利军队的双面夹击下，加上内部叛军的出卖，匈牙利军队大败，匈牙利革命政府解散，革命和独立战争最终失败，革命初期成果"四月法案"也因此被废。

布达佩斯的科苏特纪念碑

1927年科苏特·劳约什诞辰125周年之际，科苏特纪念碑在匈牙利布达佩斯国会大厦前的空地落成，大厦前的广场也被命名为科苏特·劳约什广场。

革命失败后，哈布斯堡王朝扶持镇压意大利和匈牙利革命的奥地利将军海瑙（Báró Julius Jacob von Haynau，1786—1853）带领军队入驻匈牙利。在不到一年的军事独裁（1849—1850）中，海瑙对革命者进行了全面清洗，鲍詹尼在佩斯被枪杀，另有13位革命领导人在阿拉德（Arad，现罗马尼亚城市）被处死，整个国家陷入恐慌之中。直到1850年夏天，海瑙的军队才被哈布斯堡王朝召回。

三、革命后的专制统治

匈牙利重新陷入哈布斯堡王朝的专制统治。为了使匈牙利完全融入帝国框架，哈布斯堡王朝内务部长亚历山大·巴赫（Alexander Bach，1813—1893）对匈牙利公共管理制度进行了全面改革。他首先将原属于匈牙利的东部特兰西瓦尼亚地区、西南克罗地亚以及南部军事边防区（Katonai határőrvidék）、塞尔维亚伏伊伏丁那（Szerb Vajdaság）与泰梅斯地区（Temesi Bánság）划出匈牙利王国，剩余领土按总督区划分，代替匈牙利原有的州制度。在行政机关实行"双公务员制度"，即奥地利与匈牙利官员一起工作，避免匈牙利不配合当局的情况发生。按照奥地利模式对匈牙利的法律机关进行改造，建立两级法院制度，由奥地利中央政府任命大法官。1853年，将奥地利《刑法》和《民法典》引入匈牙利，匈牙利惯例法被奥地利法律取代。教育系统也对应在奥地利模式上进行标准化，实行8年制中学（nyolcosztályos gimnázium）和中学毕业考试制度（érettségi vizsga）。另外，还用奥地利的税收制度和法规取代了匈牙利的税收制度。在巴赫"德化"措施的推动下，德语成为匈牙利教育与公共行政语言。

哈布斯堡王朝专制统治下的匈牙利资本主义继续缓慢发展。1850年代，匈牙利农奴真正得到解放，不仅使农业摆脱了封建主义的束缚，也为资本主义工业发展提供了充足的劳动力，促进了经济的发展。1850年，哈布斯堡王朝取消了限制匈牙利进出口的《海关条例》，匈牙利产品在哈布斯堡王朝统治范围内获得了更大的竞争优势。1849至1867年间，得益于哈布斯堡王朝推行的现代化方案，匈牙利铁路网迅速发展；在法国和奥地利资本的影响下，匈牙利开设了多处纺织和皮革工厂。

在哈布斯堡王朝的专制统治下，匈牙利人民争取国家独立的斗争从未停止，但由于巴赫时期"秘密警察"制度的阻碍，每次旨在恢复独立的运动都以失败告终，匈牙利人只得通过文学艺术作品来表现对革命和独立的追求。但随着1859年巴赫被哈布斯堡王朝辞退、短期内无压制力量，匈牙利人民的民族情绪找到一定的宣泄时机。1859年，考津齐·费伦茨（Kazinczy Ferenc, 1759—1831）一百周年诞辰之际，匈牙利全国各地举办了具有政治意义的庆祝活动，进一步激发了匈牙利人民的民族主义情绪。1860年，布达佩斯举行了纪念3月15日的革命纪念活动，法学院学生富力尼亚克·盖佐（Forinyák Géza, 1841—1860）与帝国警察发生冲突造成死亡，他的葬礼成了匈牙利人反对哈布斯堡王朝统治的游行现场。同年4月，被誉为"最伟大的匈牙利人"的塞切尼突然自杀身亡。在极大的悲痛中，匈牙利的民族情绪被点燃到极致。

1859—1860年，哈布斯堡王朝在意大利的军事行动失败导致了帝国财政危机。由于巴赫设立的行政体系耗费巨大，哈布斯堡王朝解雇巴赫，匈牙利的巴赫专制也因此宣告结束。

为了平复匈牙利的民族情绪，费伦茨·约瑟夫同意将匈牙利的教育语言恢复为匈牙利语，并承诺将赋予匈牙利一定的自治权。哈布斯堡王朝在1860年秋颁布了帝国宪法《十月法案》（Októberi diploma），旨在建立贵族联邦制帝国来维持帝国统一，但1861年的匈牙利议会拒绝通过《十月法案》，认为应恢复费迪南五世在1848年签署的"四月法案"。尽管奥地利议会最终否决了匈牙利的议案，但此次议会为哈布斯堡王朝与匈牙利双方妥协埋下了种子。

匈牙利议会代表在法案问题上总体看法一致，但在否决方法上分成了两个阵营。以政治家戴阿克·费伦茨为首的一派认为应承认费伦茨·约瑟夫对匈牙利的统治，并基于1848年《宪法》向维也纳宫廷表达了谈判意图；另一派政治家以泰勒基·拉斯洛（Teleki László, 1811—1861）为代表，他们认同1848年革命，在情感上无法接受哈布斯堡王朝在匈牙利自由战争失败后的报复，拒绝承认费伦茨·约瑟夫是匈牙利国王，主张向国际舆论发表议会决策。匈牙利议会最终以155：152的微弱优势通过了戴阿克一派的提议。

课后练习

一、填空题

1. 1541年奥斯曼帝国军队占领布达地区后，匈牙利被一分为三，西部与北部受____

_____统治，东部后发展为_____，中部被_____占领。国土三分的局面共维持了_____年。

2. 16世纪中叶起，匈牙利王国通过修筑_____抵御土耳其对于匈牙利国土的进一步蚕食。

3. _____通过外交手段使欧洲承认了埃尔代伊大公国；在_____和_____的统治下，埃尔代伊大公国进入发展黄金期；_____率军向波兰发起军事行动后，埃尔代伊大公国逐渐走向衰弱。

4. 1604—1606年，_____成立豪伊杜军队向哈布斯堡王朝宣战，为争取国家主权斗争。

5. 1664年，兹里尼·米克洛什率军在土耳其占领地获得军事成功，但1665年签署的《_____》要求匈牙利将所占领的城堡仍归土耳其所有。

6. 1699年，奥斯曼帝国与欧洲各国签订《_____》，匈牙利结束了国土三分的状态。

7. 玛利亚·特蕾莎及其后继统治者_____受到西欧开明思想的影响，颁布了一系列具有启蒙精神的法律来缓和国家内部的矛盾，如_____、_____、_____等。

8. _____年，第一家匈牙利商业银行——佩斯匈牙利商业银行开始营业。

9. 1848年3月，为了巩固革命成果，匈牙利议会通过了包括_____、_____、_____等在内的一系列法律，并在4月由费迪南五世统一签署，史称_____。

10. 1849年4月14日，匈牙利议会在德布勒森大教堂内通过_____，废黜哈布斯堡-洛林王朝，选举_____为总统，成立匈牙利资产阶级第一共和国。

二、判断题

1. 匈牙利的农业城市首先出现在埃尔代伊地区。 （　　）

2. 国土三分时期，土耳其占领地在奥斯曼帝国的统治下经济快速发展。 （　　）

3. 1703年的匈牙利大规模民族独立运动由拉科齐·费伦茨二世领导。 （　　）

4. 18世纪初，哈布斯堡王朝的统治者通过组织大规模移民来完成匈牙利的战后重建。   （　　）

5. 玛利亚·特蕾莎时期颁布的《海关条例》致使匈牙利工业发展严重滞后于哈布斯堡王朝的其他省份，经济发展主要靠农业。   （　　）

6. 改良时期，科苏特·劳约什一派要求将社会经济转型与民族自决相结合，加快转型速度，以建成一个独立的资产阶级民族国家。   （　　）

7. 1848年3月15日佩斯革命后，费迪南五世任命反对党主席鲍詹尼·劳约什组建了第一届匈牙利责任内阁。   （　　）

8. 1848年革命与独立战争结束后，哈布斯堡王朝为了使匈牙利完全融入帝国框架，派奥地利将军海瑙对匈牙利公共管理制度进行了全面改革。   （　　）

9. 自1844年以来，匈牙利的官方语言一直是匈牙利语。   （　　）

10. 19世纪50年代，匈牙利农奴获得真正解放，为资本主义发展提供了丰富的劳动力。   （　　）

三、简答题

1. 简述莫哈奇战役后匈牙利国土三分至统一的过程。

2. 简述国土三分时期匈牙利3个地区的发展状况。

3. 简述改良时期匈牙利的改革进程。

4. 简述匈牙利1848年革命进程。

5. 简述匈牙利1848年革命和独立自由战争失败后哈布斯堡王朝的统治手段与匈牙利的发展情况。

四、拓展题

匈牙利在历史上经历了长达150年的国土三分时期，在哈布斯堡王朝与奥斯曼帝国两大强盛的帝国之间生存下来，并在19世纪恢复了国家半独立状态。请查阅相关资料，任选一个角度，评价分析这段历史进程。

第三章

从奥匈帝国到第二次世界大战
（1867—1945）

第一节
奥匈二元制帝国时期

课前思考：为何哈布斯堡王朝与匈牙利能够相互妥协组成奥匈帝国？匈牙利在两次世界大战中分别扮演什么样的角色？战争对匈牙利产生了哪些影响？

一、奥匈二元制帝国的建立

　　19世纪60年代，疲于对抗的匈牙利统治阶级越来越倾向于与哈布斯堡王朝妥协，而国力衰弱的哈布斯堡王朝在遭遇一系列对外战争失利后，也有意缓和与匈牙利之间的矛盾，以图共同压制帝国境内各种分裂主义倾向。基于相似的"合作"目标，双方在

1867 年达成了《奥匈折中方案》（Kiegyezés）。匈牙利王国在法律上脱离了哈布斯堡王朝所统治的奥地利帝国，与后者共同组成二元制帝国——奥匈帝国（Ausztria-Magyarország 或 Osztrák-Magyar Monarchia）。折中方案达成了匈牙利政治家的两个主要目标：一是在法律和政治上恢复匈牙利王国在奥地利帝国中的独立地位；二是恢复 1848 年通过的旨在推动匈牙利国家社会改革的系列法律"四月法案"。

根据折中方案，匈牙利王国与奥地利帝国结成奥匈帝国，这个被称为"二元制帝国"的国家组织形式共有一位国家元首，奥地利帝国皇帝兼任匈牙利王国国王，面对国际社会时，两国是哈布斯堡王朝统治下的一个统一整体；而在帝国内，匈牙利王国与奥地利帝国是地位平等且相对独立的两个国家，拥有各自的首都，由各自独立的议会选举产生各自的政府。奥匈帝国内设有 3 个不同的政府——帝国中央政府、奥地利政府和匈牙利政府。匈牙利内部政务主要由匈牙利政府处理，匈牙利因此获得了在立法、行政、司法、税收、海关等方面的自治权。中央政府负责奥匈帝国的外交、国防以及由海陆军与外交产生的财政事务。1867 年 6 月 8 日，奥地利皇帝费伦茨·约瑟夫在布达的马加什教堂被加冕为匈牙利国王。匈牙利进入了一个实质上的半独立时期。

二元制帝国成立初期，匈牙利国会内部曾就与帝国关系问题存在一定的党派分歧。支持妥协方案的戴阿克·费伦茨主导的戴阿克党（Deák-párt）在国会占据绝大多数议席。国会中最大的反对党派是以蒂萨·卡尔曼（Tisza Kálmán，1830—1902）为首的中左党（Balközép Párt），他们要求废除中央政府，由匈牙利政府独立处理匈牙利外交、财政与军事。二元制帝国运行一段时间后，中左党大部分成员改变立场，接受二元制帝国下的匈牙利发展模式，并在 1875 年与戴阿克党合并为自由原则党（Szabadelvű Párt）。二元制帝国运行模式得到进一步稳固。

二、二元制下匈牙利的发展

二元制帝国时期的 50 年里，资本主义在匈牙利得到进一步发展。得益于改良时期与专制时期奠定的发展基础与稳定的政治局势，匈牙利在 19 世纪最后 30 年的发展速度远超东欧其他国家，并在蒂萨·卡尔曼政府时期，即 1875—1890 年间达到顶峰。现代化工业开始介入匈牙利农业，农产品的产量大大提升，剩余的农产品被出口到奥匈帝国西方地区。匈牙利经济生活中最大的变化是铁路网络建设后带来的交通改革，铁路网络总长从 1848 年的 200 公里达到 1900 年的 17 107 公里，四通八达的各地线路推动了匈牙利国

际贸易流通。匈牙利工业革命在19世纪80年代左右出现,其中食品工业最先发展,后在基础设施的投资需求下催生了建筑材料工业、钢铁工业和工程系统工业。社会结构也随着工业发展发生巨大变化。第一次世界大战前夕,匈牙利已发展成为一个农业工业国。

奥匈帝国时期,匈牙利现代化工业大规模介入农业,但工业本身发展水平仍相对滞后,结果造成了劳动力大量过剩。失业人员流向河流治理、公共工程和铁路建设等领域,但随后这些领域人员饱和,并且随着建筑工程逐步完工,大量人员再度失业。这一时期,约150万匈牙利人选择移民,其中大部分人选择前往美国。

匈牙利的城市在这段时间内得到快速发展。1873年,布达、老布达、佩斯合并成为一个城市——布达佩斯,成为匈牙利首都,并迅速成长为世界级城市。至1910年,布达佩斯人口增长到88万,是1869年(28万)的3倍多。现今布达佩斯重要的城市建筑空间基本是在19世纪后半期完成修建。首都的基础设施建设领域出现了现代化转向:1896年,布达佩斯通行欧洲大陆第一条地下铁,电车轨道逐步取代马车路线;城市给水排水系统进一步完善,首批水厂建立,内城修建了自来水管道,到20世纪初,部分住宅除了饮用自来水外,还可为抽水马桶排水系统供水。除布达佩斯之外,同时期的萨格勒布(现克罗地亚首都)、阿拉德、克洛什堡、米什科尔茨、杰尔、塞格德等王室城市迅速成为各地区的行政与交通中心,各地大兴土木建造工厂、学校、市政建筑与公共场所。

伴随经济与社会现代化的进程,教育与文化领域同步发生改变。1867年妥协后,国家取代教会成为教育的监督主体,匈牙利政府在教育上投入了大量财力。时任宗教与公共教育部长厄特沃什·约瑟夫(Eötvös József,1813—1871)推动匈牙利公共教育改革,倡导在各地兴建学校、成立国家教师培训机构,筹建教科书委员会,编写了近200本高质量的教科书与教师用书。1868年,匈牙利第一部公共教育法《人民学校法》(Népiskolai törvény)通过,推行6年制义务教育,不论男童女童都应在6—12岁之间接受义务教育。儿童受教育率1896年达到79%,1913年达到了93%。义务教育同时带动了中等教育与高等教育的发展:19世纪中期,在布达佩斯成立了第一所女子中学;克洛什堡、德布勒森、波若尼等大城市相继建立了多所大学,除了教授传统的人文、法律、医科外,还注重加强了自然学科与工科人才的培养。教育改革在19世纪末凸显出了科教兴国的成效,匈牙利出现了厄特沃什·罗兰(Eötvös Loránd,1848—1919)、邦克·多纳特(Bánki Donát,1859—1922)、康铎·卡尔曼(Kandó Kálmán,1869—1931)等一批欧洲水准的专业人士与科学家,并涌现了一系列重要发明专利,极大推动了匈牙利科学、工业与农业经济的发展。国家文化机构与教育系统同步完善,除了改良时期建成的国家博物馆、国家图书馆外，还相继建成国家档案馆、应用艺术博物馆、美术博物馆、犹太博物馆；改良时期建成的匈牙利科学院从单纯的语言教育机构发展成为匈牙利全国科学中心机构。这一时期的匈牙利文学、音乐、雕塑、绘画等各个文化领域呈现出蓬勃发展的态势。

《奥匈折中方案》给予哈布斯堡王朝第二大民族马扎尔族相对独立的政治权利，匈牙利境内的少数民族因此要求与马扎尔族同等的民族自治权。为了平复境内少数民族的独立诉求，1868年，匈牙利与其境内最为活跃的克罗地亚缔结了妥协方案，在《1868年匈牙利与克罗地亚折中协议》中，双方商定在匈牙利王国内成立克罗地亚–斯拉沃尼亚王国（Horvát-Szlavónország），享有高度自治，克罗地亚议员在匈牙利国会占有一定席位。同年，匈牙利政府颁布了《民族法案》（Nemzetiségi törvény），以安抚克罗地亚地区以外的少数民族，允许各区（körzet）人口超过20%的民族在行政机构与教育机构使用本民族的语言与文字。但这远远不能满足少数民族的要求。民族矛盾愈演愈烈，少数民族运动此起彼伏，匈牙利政府采用武力镇压结果收效甚微。《折中方案》希望能够通过建立一个多民族帝国来解决内部的民族问题，但在民族主义盛行的20世纪，二元制帝国内部民族问题频发，这也为奥匈帝国的最终解体埋下了隐患。

第二节
一战之后的动荡时期

一、秋玫瑰资产阶级革命

1914年，第一次世界大战的爆发加速了奥匈帝国的解体。匈牙利作为奥匈帝国的一部分被拖入了战争，加入同盟国阵营。战争对于人财物的巨大需求耗尽了奥匈帝国的经济和人力储备，使奥匈帝国经济、民生等各方面都陷入停滞状态。随着战势对奥匈帝国愈发不利，奥匈帝国内部各民族力量纷纷发起独立运动。在匈牙利，民族矛盾、阶级矛盾日益尖

锐，底层人民对哈布斯堡王朝和战争深恶痛绝。1918年10月，匈牙利首都布达佩斯爆发资产阶级民主革命——"秋玫瑰运动"（Őszirózsás forradalom），各地工人举行大罢工和武装起义，提出匈牙利立刻结束战争、旧政府下台、旧议会解散、实现民主化改革等要求。在各地轰轰烈烈的革命形势下，1918年11月，匈牙利组成以卡罗伊·米哈伊（Károlyi Mihály，1875—1955）为首的资产阶级联合政府，宣布结束哈布斯堡王朝的统治，成立匈牙利共和国（Magyar Köztársaság），史称"匈牙利第一共和国"。匈牙利从已然分崩离析的奥匈帝国正式独立。自1526年被土耳其攻占以来，经过近4个世纪的努力，匈牙利终于重新获得了真正意义上的独立。

奥匈帝国解体后，卡罗伊政府从旧体制中继承了巨额债务，经济十分困难，加上在外交上缺乏国际地位，严重限制了政府的作为。另外，在协约国的支持下，原匈牙利境内的克罗地亚人、斯洛伐克族人较多的图若奇圣马丁（Túrócszentmárton，现斯洛伐克城市马丁）、塞尔维亚族人较多的乌伊韦德克（Újvidék，现塞尔维亚城市诺维萨德）以及罗马尼亚族人较多的久洛费赫尔堡纷纷要求脱离匈牙利的领土。匈牙利尽管脱离了束缚几个世纪的旧秩序，但新秩序并未能为解决以上诸多问题提供出路。面对重重困难，卡罗伊政府对内罔顾工农阶级的利益，迟迟不兑现承诺的社会改革，还阻止民主革命的发展；对外则接受了协约国苛刻的停战条件，企图签订致使国家利益严重受损的和约。工农阶级对联合政府越来越失望，外交上的失败进一步导致国内矛盾的激化。与此同时，各地工农无产阶级力量不断壮大，并发起一系列反对资产阶级统治的武装斗争。

二、匈牙利苏维埃共和国

在俄国"十月革命"的影响下，1918年11月24日，以库恩·贝拉（Kun Béla，1886—1939）为首的匈牙利共产党正式成立。匈牙利共产党广泛发动工农群众，组建了红色军队，开展无产阶级革命运动。匈牙利如火如荼的革命形势引起了把匈牙利作为扼杀苏俄革命桥头堡的协约国的不安。1919年3月20日，协约国向匈牙利发出"最后通牒"，要求匈牙利将2/3的领土分别割让给罗马尼亚、捷克斯洛伐克和南斯拉夫，否则，协约国军队就要占领匈牙利全境。这份通牒更加激发了匈牙利人民的革命斗志。在秋玫瑰运动中发挥重要作用的社会民主党接受了共产党提出的社会主义纲领，与共产党合并为匈牙利社会党（Magyar Szocialista Párt），并在3月21日发动起义，夺取主要战略要点，推翻了资产阶级的统治，宣布建立匈牙利苏维埃共和国（Magyar Tanácsköztársaság），成为继苏俄之后的世界上第二个苏维埃共和国。匈牙利苏维埃共和国建立红军保卫革命政权，颁布宪法和选举法，经济上则推行国有化等措施。1919年4月，在法国的唆使下，罗马尼亚、捷克斯洛伐克、南斯拉夫等国组成的协约国联合军队从不同方向进攻匈牙利，公开武装干涉匈牙利苏维埃政权。4月至6月，匈牙利红军取得重大胜利，收复境内所有失地，并一度将战线推进到斯洛伐克境内，但最终由于敌我力量悬殊，再加上国内地主资产阶级和右派社会民主党人与协约国军队秘密勾结，1919年8月，匈牙利苏维埃共和国被反革命力量颠覆。

第三节
霍尔蒂摄政时期

一、战后重建与白色恐怖

在协约国的扶持下，原奥匈帝国的海军上将霍尔蒂·米克洛什（Horthy Miklós，1868—1957）领导的反革命军队"国民军"掌握了国家政权。1920年3月，匈牙利议会宣布恢复匈牙利王国，实行君主制，并选举霍尔蒂担任匈牙利王国的摄政王。

第一次世界大战给匈牙利人民带来了巨大的灾难。据统计，匈牙利在战争中共派出300—400万士兵参战，死亡50—60万人，受伤百余万人，另有70—80万人被俘。战争还造成了无法估量的间接性的人员伤亡、物资消耗和财产损失。战败带给匈牙利更大的伤痛。1920年6月，霍尔蒂政府与协约国集团签订《特里亚农条约》（Trianoni békeszerződés），匈牙利2/3的领土与60%的人口割让给了捷克斯洛伐克、罗马尼亚和塞尔维亚-克罗地亚-斯洛文尼亚王国。《条约》同时责令匈牙利交付战争赔偿金，限制匈牙利军队规模上限为35 000人，并禁止拥有空军和重型武器。除了国土沦丧、割地赔款，协议还造成了匈牙利和周边国家之间的矛盾和恩怨，也成了日后中东欧地区政治纷争的一个重要原因。战争虽然结束了，匈牙利却陷入一个新的困境：国家失去大量人口，许多家庭在国土重新划分后被拆散；近一半的铁路网络与工业场所被划出国境，

战争引发的恶性通货膨胀久久不能被遏制，国家经济几近崩溃。

　　为了重新恢复社会秩序，霍尔蒂政府先后委任泰勒基·帕尔伯爵（Teleki Pál，1879—1941）和贝特伦·伊斯特万伯爵（Bethlen István，1874—1946）出任首相。1920年出台的《土地改革法》缓解了农民住房的困难，并且在20世纪20年代给农业带来了小规模繁荣，在一定程度上赢得了农民阶层对政府的支持。1922年，贝特伦领导的基督教联盟党（Keresztény Nemzeti Egyesülés Pártja）与农民政党国家小农党（Országos Kisgazda- és Földműves Párt）合并成为统一党（Egységes Párt），并获得议会大部分席位而成为执政党。

　　战后匈牙利的经济开始逐渐恢复，到1920年代后半期趋于稳定，并出现了一定程度的工业繁荣。1924年，贝特伦政府得到国际联盟的借款资助发展国内工业；1927年新推出的货币——本戈（pengő）也成为欧洲最稳定的货币之一，由1924年成立的匈牙利国家银行（Magyar Nemzeti Bank）垄断货币发行，有效抑制了通货膨胀；1927—1928年间，匈牙利的工业生产一度超过了战前的水平。电气、机器生产等耗费原材料较少的产业，以及纺织业、铝冶炼产业发展尤为迅猛。

　　在政治上，霍尔蒂政府实行白色恐怖统治，大肆屠杀共产党人和革命者，对支持苏维埃政府的人民进行报复。政府还将许多社会问题、经济问题都归结为共产主义者造成的破坏，以此推卸自己的责任。政府强调反犹主义的价值观，通过颁布《名额限制法》（Zárt törvény）等限制犹太裔学生学习的机会，反犹主义逐渐在思想潮流中占据主导地位，一时间，匈牙利社会活跃着各种极右翼的反犹主义团体和组织。

二、进入第二次世界大战

　　第一次世界大战战败及其后签订的条约极大地削弱了匈牙利的国际地位，谋求修订《特里亚农条约》一直是霍尔蒂政府的一个重要外交政策目标。1927年，为了突破罗马尼亚、捷克斯洛伐克和南斯拉夫三国组成的"小协约国"的包围，匈牙利与同样对战后格局不满意的意大利签署友好条约。

　　1929年的世界性经济危机带来全球经济大萧条，匈牙利的经济发展再次陷入停滞，工农业产值骤减，通货膨胀回升，失业率居高不下。1930年9月，10余万失业工人在布达佩斯举行了大规模示威游行。由于无法应对糟糕的财政状况，贝特伦于1931年8月辞职。他的继任者卡罗伊·久洛（Károlyi Gyula，1871—1947）仍然无法掌控局面。面对国内愈演愈烈的政治骚动，1932年10月，霍尔蒂任命右翼激进分子的领袖贡博什·久洛（Gömbös Gyula，1886—1936）担任首相。

1930年代，面临多重社会危机且急于"收复失地"的匈牙利政府选择与德国法西斯结盟，成为希特勒最坚定的盟友。追随法西斯德国的外交政策的确使匈牙利获得了一些"实质利益"：1938年11月，根据第一次《维也纳仲裁裁决》，匈牙利从捷克斯洛伐克获得了斯洛伐克及喀尔巴阡山脉罗塞尼亚南部；1939年3月，匈牙利参与瓜分捷克斯洛伐克，得到了捷克斯洛伐克绝大多数匈牙利人居住的地区；1940年8月，根据第二次《维也纳仲裁裁决》，匈牙利从罗马尼亚收回了特兰西瓦尼亚北部地区。

作为纳粹德国的政治盟友，匈牙利国内右翼激进分子越来越活跃。匈牙利追随希特勒的反犹太政策，国内爆发了更大规模的反犹运动。1938至1939年，匈牙利先后颁布了两部针对犹太人的法律，对于犹太人的就业范围和领域进行了歧视性的限制。

两部犹太人法

匈牙利于1938年通过第一部犹太人法律，基于宗教信仰限制犹太人的就业与发展。1939年5月，匈牙利极右翼主张出台了更为严苛的法律，将从宗教限制上升为种族歧视：只要父母一方，或者祖父母是犹太人，都被归为犹太人。许多犹太人因此被驱逐出公职、知识分子职业和艺术生活领域。

1940年11月20日，匈牙利参加德意日三国公约，正式加入德意日法西斯同盟轴心国。1941年4月，匈牙利追随德军发动对南斯拉夫的战争，占领了南斯拉夫多瑙河左岸的巴契卡和巴纳特等地区。1941年6月22日，苏德战争全面爆发。随着德军捷报频传，霍尔蒂政府进一步坚定了跟随德国的信心。1941年6月26日，匈牙利以考绍（Kassa，现斯洛伐克科希策）不明原因被轰炸为借口，正式对苏联宣战。

第二次世界大战初期，匈牙利在军工、原料、食品等军需供应上给予德国最大的支持，匈牙利国内也通过贩售军需发了一些"战争财"。自1941年起，匈牙利派军队前往战争前线支持德军。1941年派出的军队规模较小，这支4.5万人的军队在苏德前线损失了大批战争物资，但人员伤亡不多。1942年，匈牙利增大了派军规模，约25万匈牙利军人前往顿河援助德军对苏发起闪电战，8月在顿河一线遭到苏军重创，伤亡惨重。在1943年1月的沃罗尼日战役中，匈牙利前线被苏军击破，第二集团军遭到毁灭性打击。面对巨大的损失以及国内对亲德政策的质疑与反对，霍尔蒂为保存政权和战争成果开始考虑退出希特勒联盟，并秘密寻求同英美等国达成和解，但这一消息被德方获悉。匈牙利的离心倾向激怒了希特勒，1944年3月19日，德国出兵占领匈牙利，扶植前匈牙利驻德国大使、纳粹分子斯托尧伊·德迈（Sztójay Döme，1883—1946）为首相。同年10

月，希特勒逮捕了主张停战的霍尔蒂，组建了以反动组织箭十字党首领萨拉西·费伦茨（Szálasi Ferenc，1897—1946）为首的新政府。萨拉西是个狂热的法西斯分子和反犹分子，他上台后不仅将更多的人力、物力、财力投入到支持德国的战争中，还在国内疯狂屠杀共产党人、反法西斯人士和犹太人，匈牙利社会笼罩在血腥恐怖之中。

与此同时，自匈牙利对苏宣战后，匈牙利社会各界的反战活动从未停止。各地的群众大会、反战游行此起彼伏。1944年下半年，匈牙利爱国志士开始在一些地区发动反对国内法西斯统治的游击战。

1944年9月，苏联红军攻进匈牙利。12月，匈牙利国内不同政治力量（独立小农党、共产党、全国农民党、资产阶级民主党、社会民主党以及工会）的代表联合组成了匈牙利民族独立阵线（Magyar Nemzeti Függetlenségi Front），并以此为基础成立临时国民大会和临时国民政府。临时政府开始着手恢复经济、进行土地改革和民主改革，匈牙利逐步建立了以多党议会制和混合私有制为基础的人民民主制度。1945年2月，苏联军队解放布达佩斯。4月4日，德国法西斯军队全部被赶出匈牙利，匈牙利全境获得解放。

第二次世界大战造成匈牙利90多万人死亡、近100万人流失，布达佩斯有一半的区域沦为废墟，许多乡村、城镇和村庄也遭到战火涂炭，大量基础设施被毁，约40%的国民经济损失，经济近乎瘫痪。

从奥匈帝国时期到两次世界大战，匈牙利在这一时期的发展历程对当今社会仍然产生着十分重要的影响。经过漫长而持续的改革，19世纪末，匈牙利在经济、政治、文化各个领域都发生了深刻的变化，基本实现了国家现代化。但世界大战打破了繁荣的进程，同时也暴露了国家内部长期以来积压的民族问题。第二次世界大战后，国内不同民族、不同阶级群体之间的紧张关系成了匈牙利社会的一个普遍特征。

课后练习

一、填空题

1. 1867年，哈布斯堡王朝与匈牙利达成《＿＿＿＿＿＿＿＿＿＿》，共组二元制帝国——奥匈帝国。

2. _____年，布达、老布达、佩斯合并成为一个城市——布达佩斯。

3. 1867年后，匈牙利宗教与公共教育部长_____对匈牙利公共教育进行改革，他倡导兴建学校、成立国家教师培训机构，并成立教科书委员会编写高质量的教科书与教师用书。

4. 匈牙利第一部公共教育法《人民学校法》于_____年通过，推行6年制义务教育，极大地提升了儿童受教育率。

5. 1918年10月，匈牙利首都布达佩斯爆发资产阶级民主革命_____，要求_____，_____，_____等。

6. 1918年11月，以_____为首的匈牙利共产党正式成立。

7. 匈牙利苏维埃共和国被倾覆后，协约国扶持_____领导的反革命军队"国民军"掌握了匈牙利国家政权。

8. 第一次世界大战后，匈牙利作为战败国签署了_____，内容包括_____，_____，_____等。

9. 1940年11月20日，匈牙利参加德意日三国公约，正式加入_____；1941年6月26日，匈牙利以_____为借口，正式向苏联宣战。

10. 1944年，匈牙利国内不同政治力量联合组成了_____，并以此为基础成立临时国民大会和临时国民政府。

二、判断题

1. 奥匈帝国时期，由匈牙利政府独立负责本国外交与国防。　　（　　）

2. 奥匈帝国时期，奥地利皇帝即为匈牙利国王。　　（　　）

3. 二元制帝国成立以后，匈牙利国会内部各党派自始至终就帝国内部的匈牙利发展模式意见高度一致。　　（　　）

4. 匈牙利科学院自建立初期一直是国家科学中心机构。　　（　　）

5. 1918年11月，匈牙利组成以卡罗伊·米哈伊为首的资产阶级联合政府，成立匈牙利共和国，匈牙利获得了4个世纪以来真正意义上的独立。　　（　　）

6. 1919年3月，匈牙利社会党推翻了资产阶级的统治，宣布成立匈牙利苏维埃共和国，成为继苏俄后的第二个苏维埃共和国。　　（　　）

7. 第一次世界大战后，霍尔蒂政府实行了白色恐怖统治，大肆屠杀共产党人和革命者，并强调反犹主义的价值观。　　　　　　　　　　　　　（　　　）

8. 1924年，匈牙利成立国家银行，垄断货币发行，从而有效抑制了通货膨胀。
　　　　　　　　　　　　　　　　　　　　　　　　　　　　　（　　　）

9. 1944年，希特勒出兵占领匈牙利，扶持纳粹分子斯托尧伊·德迈为首相，并组建了以箭十字党首领萨拉西·费伦茨为首的新政府。　　　　　　　（　　　）

10. 1945年2月，苏联军队解放匈牙利全境。　　　　　　　　　　（　　　）

三、简答题

1. 简述奥匈二元制帝国的国家组织形式。

2. 简述第一次世界大战后霍尔蒂摄政时期的国家发展情况。

3. 简述匈牙利是如何进入第二次世界大战的，在战争中又扮演了什么样的角色。

四、拓展题

19世纪上半叶起，欧洲各地爆发了争取民族独立和民族平等的革命。匈牙利作为一个多民族国家，罗马尼亚族、斯洛伐克族、克罗地亚与塞尔维亚等民族中出现了不同激烈程度的民族运动，并几乎贯穿了整个世纪。请查阅资料梳理匈牙利政府19世纪针对少数民族问题所采取的措施并进行分析。

政治文化篇

历史与文化是影响国家政治发展的重要因素。匈牙利在不同历史时期政治体制上的选择是与其独特的政治文化传统分不开的。文化意识、宗教信仰和民族传统都深深地影响着匈牙利的政治选择。在匈牙利民族的政治传统里，寻求独立、寻找适合自身发展的政治道路是其政治文化发展最为基本的特征。地处东西方文化交汇地带的匈牙利，在政治传统上还受到东西方政治体制的混合影响。

第四章
二战后匈牙利政治制度的变迁

第一节
二战后期政治体制的更替

课前思考：外来文化在历史上对匈牙利文化造成了怎样的冲击？匈牙利政治文化传统对于二战后匈牙利政治制度的演变可能产生什么样的影响？

　　第一次世界大战结束后，匈牙利国际声誉严重受损，《特里亚农条约》的签订更使得其国土面积和人口数量大规模锐减。霍尔蒂政府妄图以修正《特里亚农条约》恢复原有领土、重返国际舞台，最终选择与德国、意大利的利益紧紧捆绑在一起，却逐渐滑向第二次世界大战的深渊。第二次世界大战前后，匈牙利社会不同阶级的利益诉求十分多元，各种利益集团不断调整、分化重组，经历了一个政治制度频繁更替的历史时期。

一、临时国民政府过渡时期

1944年8月，与匈牙利同为轴心国阵营"仆从国"的罗马尼亚加入反法西斯阵营。9月，罗马尼亚军队与苏联红军攻进匈牙利，节节推进。10月，在德布勒森战役中，苏军解放了几乎整个蒂萨河左岸地区。10月29日，布达佩斯战役打响。

前线战况直接影响着匈牙利国内的政治形势，反法西斯进步力量进一步团结在一起。1944年11月，共产党、独立小农党、农民党首先实现了联合，签署了联盟协议。12月2日，独立小农党、共产党、民族农民党、资产阶级民主党、社会民主党等党派以及工会和无党派人士的代表在塞格德召开会议，组建成立反法西斯的匈牙利民族独立阵线。民族独立阵线成立了全国委员会，公布了反法西斯、反封建、进行民主改革的纲领，并在塞格德、霍德梅泽瓦、森特什、德布勒森等各地设立国民委员会，选举代表筹备成立临时国民议会。12月21日，民族独立阵线各地委员会代表在德布勒森召开临时国民议会第一次会议，成立临时国民政府，选举主张停战的匈牙利第一军团指挥官、无党派人士米克洛什·贝拉（Miklós Béla，1890—1948）出任代理总理。民族独立阵线临时国民议会和临时政府实现了工人阶级、农民、知识分子和城市小资产阶级以及反法西斯资产阶级势力的联合，也得到了苏联方面的同意和协助，这为匈牙利退出战争夯实了充分的社会政治基础。

到1944年底，匈牙利南部和东部区域已基本解放。12月25日，苏联军队包围布达佩斯。12月28日，匈牙利临时政府对德宣战。随着法西斯势力的节节溃败，1945年1月20日，临时国民政府代表匈牙利与苏联、美国、英国3个反法西斯盟国在莫斯科签署停战协定，这也意味着国际社会对匈牙利临时政府事实上的承认。停战协定内容包括：匈牙利退出对苏战争，并对德宣战；解除在匈的德军武装，解散国内法西斯类型的组织；根据战事为苏军提供交通等方面的便利；从捷克斯洛伐克、南斯拉夫、罗马尼亚撤军；释放战俘，归还战利品，引渡战犯；向苏联、捷克斯洛伐克与南斯拉夫赔偿等内容。1945年2月13日，持续了108天的布达佩斯战役以法西斯守军的投降告终。4月4日，匈牙利全境被苏联武装力量占领，获得解放。

根据匈牙利与盟军的停战协定，美、苏、英、法4国共同成立盟国监督匈牙利管制委员会，规范和监督停战协定的执行和停战条件的实施。苏联元帅克利缅特·伏罗希洛夫（Климéнт Ефрéмович Ворошúлов，1881—1969）担任管制委员会主席。由于苏联对匈牙利的实际军事占领，委员会事务基本由苏联主持。

布达佩斯解放后，民族独立阵线临时国民政府所在地从德布勒森迁到布达佩斯。临时政府制定施政纲领，开始着手改造国内政治，开展战后重建，恢复遭受严重破坏的国民经济。1945年3月15日，在苏联的支持下，匈牙利共产党推动临时政府启动实施土地改革，废除封建田产制度，将土地分配给农民。土地改革进程由当时的农业部长、共产党人纳吉·伊姆雷（Nagy Imre，1896—1958）负责推动落实，首先在南部地区的普斯塔塞尔（Pusztaszer）启动，并在1945年夏末全面实施。当时匈牙利土改的许多具体做法都深受苏联政策的影响。同年5月，匈牙利共产党召开第一次全国代表大会，将恢复经济确立为首要任务，提出愿与致力于国民经济恢复的一切民主力量合作。

二、多党联合政府与"人民民主制度"

1945年11月，匈牙利举行战后第一次全国性议会选举。此时美苏关系已走出"蜜月期"，战后国际局势扑朔迷离。这次选举受到国际社会，尤其是苏联和美国、英国等国家的高度关注。匈牙利国内各党派竞争异常激烈，甚至教会力量也参与其中。当时的新任红衣主教明曾蒂·约瑟夫（Mindszenty József，1892—1975）发表公开言论，明确倡议天主教投票支持独立小农党。

最终，当时第一大党独立小农党获得压倒性优势，获得超过57%的选票；匈牙利共产党得到工人和无产者的支持，获得17%的选票；社会民主党得到传统选民和一部分小资产阶级的支持，同样获得17%的选票；全国农民党获得7%的选票；资产阶级民主党等党派获得剩余不到2%的选票。这期间，匈牙利国内多方利益群体代表针对后续政权的组建到底是恢复君主制度还是选择共和政体产生了激烈的争论。经过多方妥协，最终组建由独立小农党、共产党、社会民主党、全国农民党4个党派的多党联合政府，独立小农党领导人蒂尔迪·佐尔坦（Tildy Zoltán，1889—1961）出任政府总理。1946年2月1日，匈牙利国会宣布废除君主制，成立匈牙利共和国，史称匈牙利第二共和国。蒂尔迪·佐尔坦出任首任总统，纳吉·费伦茨（Nagy Ferenc，1903—1979）担任政府总理。

多党联合政府继续着力恢复国民经济，权衡社会各阶层的客观需求，推进民主改革和土地改革，探索建立以多党议会制和混合私有制为基础的人民民主制度。1946年9月，匈牙利宣布土地改革基本完成。土地改革的实施使得匈牙利的经济和社会结构发生了根本性的转变，地主和贵族阶级基本被消灭，农民和小农成为社会力量的主体。与此同时，自始至终致力于推动土地改革的匈牙利共产党得到更多社会力量的支持，群众基础得到了进一步扩大。在苏联的帮助下，匈牙利共产党在联合政府中的力量得到进一步壮大。联合政府不断推进银行及其他产业的国有化，并于1947年提出第一个恢复国民经济的"三年计划"（1947—1949）。

1947年2月10日，《盟国对匈牙利和约》在巴黎签订。和约基本以停战协定内容为依据，包括匈牙利的边界状态恢复到1937年12月31日之前状态，以货物形式向苏联、捷克斯洛伐克和南斯拉夫支付3亿美元的战争赔款等内容。《盟国对匈牙利和约》的签订同时结束了盟国对匈牙利的管制状态，匈牙利重新取得国家独立地位。

在动荡复杂的国际国内局势下，纳吉·费伦茨政府在联合政府内部各党派之间努力保持平衡，并试图在苏联和美英之间寻求中间道路。随着匈牙利社会多种利益纠葛和矛盾越来越突出，小农党领袖和左翼集团之间的摩擦也日益增长。小农党内部顽固势力反对土地改革，甚至试图颠覆新成立的共和国。日益明显的内部分歧导致小农党的政治影响日趋下滑，最终走向彻底的分裂。而这一时期，匈牙利共产党所推动实施的政策深入人心，其在国内的政治地位得到迅速上升，党员人数也快速增长。在1947年8月的国会大选中，共产党获得了22.2%的选票，赢得100个席位，成为国会内第一大党；社会民主党获得16%的选票，成为国会内第二大党派；独立小农党仅获得了15%的选票。

而此时，国际形势波谲云诡，东西方冷战大幕正徐徐拉开。美国于1947年6月推出复兴欧洲经济的"马歇尔计划"，也向中东欧国家抛出"橄榄枝"，部分中东欧国家跃跃欲试。这让苏联意识到进一步加强对东欧各国的政治影响和控制的必要性。为了抵制和反击"马歇尔计划"，1947年7—8月，苏联与匈牙利等东欧国家签订一系列贸易协定，加强与东欧国家的经济援助和经济联系，史称"莫洛托夫计划"。同年9月，苏联与包括匈牙利在内的8个中东欧国家的共产党和工人党代表举行会议，决定联合成立共产党和工人党情报局。会上，苏联要求中东欧国家立即中断此前曾得到斯大林首肯的"人民民主制度"道路，按照苏联模式建设社会主义。

三、匈牙利人民共和国的建立

1948年，苏联与南斯拉夫党和国家之间发生争执与冲突，致使两国两党关系破裂。随着苏南冲突不断升级，苏联进一步加大了对中东欧国家共产党活动的控制。2月，匈

牙利与苏联签订友好互助条约。1948年6月，在苏联的督促和帮助下，匈牙利共产党与清除了右翼势力的社会民主党实行合并，社会基础得到进一步扩大。合并后新成立的政党以马克思列宁主义为指导思想，取名为匈牙利劳动人民党（Magyar Dolgozók Pártja）。匈牙利第二共和国时期的总统、原社会民主党总书记萨卡希奇·阿尔帕德（Szakasits Árpád，1888—1965）出任劳动人民党主席，原匈共中央总书记、被称为"斯大林最好的学生"的拉科西·马加什（Rákosi Mátyás，1892—1971）出任劳动人民党中央委员会总书记。经过激烈的政党斗争，劳动人民党逐步掌握了国家政权，其他党派相继解散和消亡。

在经济方面，匈牙利加快对银行、工业、企业的国有化速度，推动国民经济结构发生根本性变化。1949年1月，苏联与中东欧国家宣布成立经济互助委员会（简称"经互会"）。匈牙利成为经互会6个创始成员国之一，与苏联和东欧国家之间的经济联系得到进一步强化，这也意味着它与其他国家的经济交往进一步收紧。

1949年8月20日，匈牙利通过新宪法，宣告成立匈牙利人民共和国（Magyar Népköztársaság），宣布匈牙利是工人和劳动人民的国家，全部权力属于劳动人民。8月23日，国会选举组成共和国主席团为国家的集体元首，劳动人民党主席萨卡希奇·阿尔帕德当选主席团第一任主席。

第二节
冷战时期的匈牙利政治体制

一、全盘苏化时期

随着冷战大幕的拉开，作为苏联为首的社会主义阵营中的一员，匈牙利被要求遵循苏联模式建设社会主义。匈牙利劳动人民党中央委员会总书记拉科西·马加什是苏联斯大林模式的忠实拥趸者。他完全不顾匈牙利本国实情，盲目照搬苏联经验，在内政外交上均对苏联亦步亦趋。

劳动人民党中央总书记拉科西·马加什是匈牙利共产党的主要创始人之一。二战前，匈牙利共产党长期处于地下状态，受到法西斯政府的残酷镇压，拉科西本人也经历了多年流亡、牢狱和苦役。他得到苏联共产党的帮助，早年长期在苏联活动，1945年回到匈牙利并当选为匈共中央委员会总书记。拉科西在带领匈牙利共产党领导民众恢复国民经济和推进民主改革中曾发挥重要作用，在国家政治中的领导地位逐步得以确立。

拉科西不仅担任匈牙利劳动人民党中央委员会总书记（1953年改称第一书记），而且于1950年兼任国防委员会主席，1952年兼任人民共和国最高行政机关部长会议的主席（相当于政府总理），真正集党政军大权于一身。

拉科西在国内建立起全盘苏化的政治体制，强行推行苏联社会制度，取缔其他政党，建立政治警察制度，大搞政治镇压，严重破坏了民主和法治。在教育、宣传、文学及宗教等社会文化领域，拉科西实行极为严格的专制管制，强力压制不同政见者。1948年苏南冲突公开化后，拉科西以清除"铁托集团分子"为名，开始清洗清查党内异己分子。1949年震惊世界的匈牙利外交部长拉伊克·拉斯洛（Rajk László，1909—1949）等人叛国案是典型的重大冤案之一。此案受株连人数多达数万人。萨卡希奇·阿尔帕德、卡达尔·亚诺什（Kádár János，1912—1989）等很多党的重要干部因此被关进了监狱。1950年，匈牙利开始了更大规模的清洗运动，约有20万干部和党员被以"铁托分子""拉伊克分子"等罪名开除党籍或拘捕。据统计，1952—1955年间，匈牙利有近113.64万人受到法庭审讯。白色恐怖导致国内和党内人心惶惶，个人迷信盛行，知识分子失语，数以万计的人在这一时期逃离了匈牙利，导致大量人才流失。

经济上，拉科西政权不顾匈牙利发展的实际情况，完全照搬苏联社会主义工业化发展模式，效仿苏联优先发展重工业，高速度、高指标实行工业化。1950—1954年第一个五年计划期间，匈牙利工业投资占到总投资的87%，其中重工业占到工业投资的93%。仅1950—1953年间，国内从事工业的人数就增加了50万人。强制性推行商业和手工业的全面国有化，照搬苏联的集体农庄制度，大规模推行农业集体化，提出三四年内使全国90%的农民加入合作社，向合作社农民定额征收农产品。这种不顾本国实际情况的经济规划导致国民经济比例严重失调。重工业发展所需的能源和原料严重短缺，许多工厂处于停工停产的状态。农业和轻工业得不到重视，生活必需品供应不足，物品匮乏，物价上涨。到1954年第一个五年计划结束时，人民的工资水平比1949年降低

了20%。

拉科西政府在经济发展上走极左路线，采取脱离实际的工农业发展战略；在政治和行政管理上采取官僚主义的领导方法和集权统治，大搞宗派斗争打击异己；对外政策上对苏联亦步亦趋、唯命是从。内政外交的全盘苏化造成人民生活水平下降、社会矛盾不断积聚，极大地伤害了匈牙利人民的民族情感，引发社会各界的不满，工人罢工、农民抵制交售农产品等反抗事件接连发生。

二、1956年"十月事件"

1953年3月，苏联改革派代表马林科夫走马上任部长会议主席，贝利亚出任部长会议第一副主席。6月，在马林科夫、贝利亚等苏联领导人的授意下，匈牙利领导集体进行了调整，具有改革思想的纳吉·伊姆雷出任匈牙利部长会议主席，拉科西仍担任匈牙利劳动人民党的第一书记，但不再兼任部长会议主席。

纳吉·伊姆雷是两次大战期间在苏流亡的匈牙利共产党领导人之一。他1918年加入匈牙利共产党，1920年加入俄国共产党，并逐渐成长为匈牙利共产党的重要领导人。1944年，纳吉随苏军先头部队回到匈牙利，先后担任匈牙利临时国民政府农业部长、联合政府内务部长等职务。1947年，出任匈牙利共和国国民议会主席。纳吉曾经长时间在匈牙利和苏联农业部门和农业研究部门工作，对农业和农民的情况十分了解，对推动匈牙利土地改革作出过重要贡献，在匈牙利社会具有一定的政治威望。1949年6月，纳吉因公开反对拉科西集团激进的农业集体化政策被撤职，后被中央政治局除名，1951年才得以重新进入中央政治局。在拉科西集团高压统治的大环境下，纳吉反对教条主义且务实亲民的工作作风得到社会民众认可，在匈牙利社会逐步树立起改革家的形象。

纳吉上台后，在经济、政治和文化领域推行了一系列被称为"新方针"的改革措施，旨在恢复国民经济，提高人民生活水平，消除社会危机。他提出要在社会主义经济建设中"探索匈牙利道路"，主张调整工业结构，降低重工业发展速度，加速发展轻工业；改善市场供应和职工福利，降低工业品价格；发展农业，增加农业投资，取消农产品流通的限制，改变农产品义务交售制度，允许农民退出合作社；允许小私有企业合法化。此外，他还推动加强社会主义民主与法制，取消拘留措施，关闭集中营，为一些冤假错案平反昭雪；加强法制建设，巩固法律秩序，设立检察院，审理违法案件等。

纳吉的改革在一定程度上活跃了经济，缓和了紧张压抑的社会政治气氛，受到全国民众的普遍欢迎；然而因触碰了苏联模式的要害而引发苏联方面的强烈不满，在国内更是遭到拉科西集团的百般阻挠。1955年初，马林科夫在苏共权力斗争中失势，被免去苏联部长会议主席的职务，苏联领导层转而重新支持拉科西，匈牙利"新方针"政策被迫中断。1955年4月，匈牙利中央全会通过决议，撤销纳吉的党内外一切职务。同年11月，纳吉被开除党籍。

1956年2月，苏共二十大召开，会上新当选的苏共领导人赫鲁晓夫作了《反对个人崇拜及其后果》的报告（史称"秘密报告"），对斯大林进行全盘否定和批判。4月，共产党和工人党情报局宣告解散。苏共二十大对于斯大林模式态度的转变很快影响到匈牙利，引发一片改革呼声，社会上下强烈要求改善经济和民生，平反冤假错案，正确处理与苏联的关系。匈牙利国内政治局势变得异常复杂严峻，社会危机四伏。

为了缓和日益激化的矛盾，在苏联的协调下，1956年7月，匈牙利劳动人民党解除了拉科西的领导职务，推选共和国部长会议第一副主席格罗·埃尔诺（Gerő Ernő，1898—1980）担任党的第一书记。格罗上任后着手采取了一些安抚措施，释放"铁托分子"、为拉伊克平反、恢复纳吉·伊姆雷的党籍等。但由于格罗也是拉科西集团的重要成员之一，在处理集团所犯的错误时，多采取回避、拖延甚至庇护的方式，他的安抚措施不可能从根本上解决长期以来积聚的社会矛盾，因此无法真正获得民众的信任，更无法平息已经被激起的民族主义情绪。

1956年6月，匈牙利的近邻波兰由于对苏联模式的不适应，发生政治流血事件——"波兹南事件"。此后，波兰统一工人党内部主张革新的政治力量迅速增长，要求独立自主的呼声越来越高。10月19—21日，波兰统一工人党八中全会召开，波兰人民顶住苏联的巨大压力，选举革新派代表哥穆尔卡为第一书记。波兰的局势对当时的匈牙利社会造成一定的影响。

1956年10月6日，匈牙利为拉伊克等4人举行国葬，数十万人自发参加葬礼。10月22日，反对派论坛"裴多菲俱乐部"和学生群体向劳动人民党中央提出多项政治要求，包括修改第二个五年计划、重组政府、实行工人自治、清算拉科西等人的罪行，以及要求选举自由、言论和新闻自由、建立平等的匈苏关系等。10月23日，知识分子和大学生发起声援波兰的示威游行。游行人数由最初的几千人迅速增加到几十万人，游行

队伍与前来镇压的国家保卫队发生冲突，示威者推倒了市内的斯大林铸像，并向党政机关发起攻击，局势完全失去控制。10月24日，苏联部队进驻布达佩斯镇压动乱，这无疑进一步加重了匈牙利民众的反苏情绪，双方发生了激烈的巷战，许多无辜群众被枪杀。

"裴多菲俱乐部"（Petőfi Kör）成立于1955年，在匈牙利劳动青年联盟（Dolgozók Ifjúsági Szövetsége）框架内活动，主要由激进的青年知识分子组成。他们通过组织一系列针对国内外政治形势和社会重大问题的辩论，发表许多激进的言论和观点，成为当时社会舆论动员的一个重要基地。

随着局势的不断升级，在示威者的呼声中，1956年10月24日，匈劳动人民党中央召开紧急会议改组政府，纳吉·伊姆雷重新出任部长会议主席，卡达尔·亚诺什出任党的第一书记。为稳定混乱局势，纳吉发表施政纲领，承诺进行民主化改革，解散国家保卫队重新组建国民警备队，与苏联协商撤军。但武装冲突并没有因政府改组而停止。纳吉对复杂局势认识不足，为平息事态一味迎合示威者的要求，不断妥协退让。示威队伍受到混杂其中的反革命势力挑唆，骚乱和流血冲突愈演愈烈，暴动者冲进布达佩斯市委大楼，市委书记被杀害，市政府监狱被砸开，形势变得愈加不可控制。10月30日，纳吉发表广播讲话，宣告匈牙利中立，退出华沙条约组织；结束一党制，实行多党制，建立多党联合政府。一时间，小农党、全国农民党等50余个政党纷纷恢复活动，提出各种政治诉求。社会主义政权岌岌可危。11月1日晚，卡达尔·亚诺什发布广播讲话，宣布已建立新的马克思列宁主义政党——社会主义工人党（Magyar Szocialista Munkáspárt）（简称"社工党"），他本人出任第一书记。11月4日凌晨，社工党发表告匈牙利人民书，重建工农革命政府，卡达尔·亚诺什出任政府主席。新政权得到苏联方面的认可。苏联军队向布达佩斯展开了代号"旋风"的大规模军事行动，逮捕了纳吉政府主要成员和冲突参与者，对事件进行全面镇压。这就是著名的"匈牙利事件"，也称"十月事件"。

1958年6月16日，纳吉被以"反革命"罪判处死刑。此事件造成数万人伤亡，约20万人流亡国外，其中大部分是年轻人，有技术工人、白领、专业人士和知识分子等，执政党和政府威信受到重创，经济损失更是不可估量。"匈牙利事件"是纳吉个人的悲剧，也是匈牙利民族的悲剧。事件爆发的主要原因在于匈牙利脱离国家实际、盲目追随苏联而造成的长期社会矛盾积累，反映出匈牙利人民要求政治和经济改革、摆脱苏联控制、实现民族独立的强烈愿望。

三、政治经济体制改革

"十月事件"后上台的卡达尔政府深刻认识到发展社会主义应该充分考虑本国国情和人民需求，坚持社会主义方向推行改革。作为执政党的社工党亟待重新建立政府与民众之间的信任关系。与拉科西政府主张的"谁不和我们在一起，谁就是我们的敌人"不同，卡达尔政府提出，"谁不反对我们，谁就是同我们在一起"，努力团结并注意协调不同社会阶层的利益。

1958年，卡达尔辞去部长会议主席职务，改任国务部长。第一副主席明尼赫·费伦茨（Münnich Ferenc，1886—1967）接任。1961—1965年，卡达尔再次出任部长会议主席。其后出任部长会议主席的分别是卡拉伊·久洛（Kállai Gyula，1910—1996；任期：1965—1967）、福克·耶诺（Fock Jenő，1916—2001；任期：1967—1975）、拉扎尔·久尔吉（Lázár György，1924—2014；任期：1975—1987）、格罗斯·卡罗伊（Grósz Károly，1930—1996；任期：1987—1988）、内梅特·米克洛什（Németh Miklós，1948— ；任期：1988—1989）。在此期间，卡达尔一直担任党主席，直至1988年才被免去这一职务。

在社工党的领导下，匈牙利推进了一系列加强社会主义民主建设的政治改革。大力整顿党的队伍，恢复民主集中制原则，实行集体领导；重组党的各级组织机构，进行领导体制改革，实行党政领导分开，扩大国民议会的权力。改组军队、警察和司法检察机关，组建新型武装力量——匈牙利工人卫队。发展民主，加强法制建设。1957年通过人民监督法，随后建立各级人民监督委员会，建立健全人民监督制度；成立党中央特别委员会，拨乱反正，重新审理冤假错案；推动行政机构改革，中央机关大幅减员，简政放权，扩大地方自主权。此外，政府还允许"十月事件"后出逃国外人员回国探亲，并承诺既往不咎。

在对外交往上，匈牙利在与苏联保持整体一致的同时，也开始尝试缓解在国际上的被孤立局面，除欧洲外，匈牙利还与非洲、亚洲、拉丁美洲等的多个国家建交或提升外交关系级别。

为了尽快恢复经济，匈牙利开始执行国民经济"三年计划"（1958—1960），纠正盲目发展重工业的方针，调整了工业与农业的关系，在农业领域适当扩大农业合作社的自主权，尽量为小农经济生产可能性创造条件。1961—1965年国民经济"五年计划"再

度调整了工农业投资分配比例，对工业投资内部结构也进行了调整，降低重工业比重，加快轻工业发展速度，大力改善居民居住、生活条件，提高社会文化水平。

1958—1960"三年计划"和1961—1965"五年计划"国民经济各领域投资分配比例一览表

	1958—1960	1961—1965
工业	45%	40%
农业	14%	20%
运输、邮电	10%	11%
住宅、公用事业建设及其他	31%	29%

为了探索适合自身经济和社会特点的社会主义发展道路，1964年12月，匈牙利社工党中央全会决定启动经济体制改革，并于1965年初成立经济体制改革委员会，组织开展国外考察、干部培训，着手制定改革计划，开展改革试点。

1966年5月，匈牙利中央全会通过《关于经济体制改革的决议》，决定实行新经济体制，推动计划经济和市场在社会主义经济中的有机统一。1968年起，新经济体制改革在全国范围内全面铺开。改革的重点主要体现在计划与市场的结合上，一改过去单一的行政指令性干预和过分集中的经济体制模式，在计划经济的框架内引入市场机制，实行国家计划、地方计划、经营单位计划三级计划制度。一方面扩大企业自主权，鼓励竞争；另一方面在国家计划管理中采用价格调节、收入利润调节、工资调节等经济调节制度。此外，中央对企业投资进行有计划的灵活管理，投资包括国家预算、银行贷款和企业现有资金多种来源。在保障公有制经济主体优势的情况下，允许多种经济形式和多种经营方式共存。到20世纪80年代，农业以国营农场和农业合作社为主力，与自留地经济、辅助经济和各种经济联合体并存；企业实行厂长制，吸收职工参与管理；允许居民成立小企业、小合作社等，合法从事"第二经济"。

匈牙利改革从本国实际出发，采取的是循序渐进、小步前进的方针，并摸索出了一套新型的、行之有效的集中与分散相结合、国家计划与市场机制调节相结合的市场社会主义模式。这种独特的经济体制被外界称为"匈牙利模式"（magyar gazdasági modell）。

改革取得十分显著的成效，1968—1978年间，匈牙利国民经济获得稳步增长，平均经济增长率为6%，人民生活水平得到显著改善。匈牙利一度被西方记者誉为"消费者的天堂"和"东方乐园"。

1980年，匈牙利经济改革的倡导者、经济学家科尔奈·亚诺什（Kornai János，1928—2021）以匈牙利等东欧国家的社会主义经济体制为背景，出版著作《短缺经济学》，提出国家社会主义短缺经济模型（az államszocialista gazdaságra jellemző hiány modellezés），对包括中国在内的当时世界社会主义经济体制改革产生了深远影响。

第三节
1989年政治剧变与转型发展

一、剧变前的国内外政治经济形势

20世纪70年代中后期，世界石油出口大国伊朗政局的变化引发石油危机，两伊战争造成石油产量骤减、油价暴涨，引发世界范围内的能源危机。匈牙利石油基本依赖从苏联进口。到80年代初，苏联供给东欧国家的石油价格达到一个新的高点。

经互会内部原本实行"5年一定、基本不变"的内部价格原则，1976年起，苏联为解决自身经济困境，一方面在"十五"期间实施经济结构调整，对东欧国家减少了10%的石油供给；一方面要求改变定价规则，规定经互会内部贸易价格要按照过去5年的世界市场平均价格来确定。

能源供应成本的上升给匈牙利经济发展带来巨大的困难，再加上国际经济形势不利、苏联援助减少等因素，匈牙利开始转向西方寻求资金支援，陆续向世界银行、国际货币基金组织借了大量外债。20世纪80年代后期，匈牙利的外债连年攀升，一度成为

当时中东欧国家中外债最高的国家。

1985—1990年匈牙利外债一览表

年　份	1985	1986	1987	1988	1989	1990
外债（亿美元）	115	147	181	182	194	203

到70年代末，卡达尔政府推进的经济改革开始面临一些无法逾越的障碍。首先，由于内部需求远远超过自身供给能力，政府为了维持经济发展和人民生活水平而背上了沉重的外债包袱。另外，由于无法脱离经互会一体化的体制，匈牙利的对外市场十分有限，自产产品无法从国际市场上换回实际所需，再加上匈牙利的基础设施和技术水平也相对落后，种种因素导致改革向前推进面临重重阻力。1978年成为匈牙利经济增长的最后一年，此后匈牙利经济发展速度持续放缓。物价上涨，通货膨胀严重，人民生活水平不断下降。政府采取了一系列振兴经济的措施以图重振旗鼓，然而收效甚微。1976—1980年第五个"五年计划"的主要增长指标都没有完成。1981—1985年第六个"五年计划"调低了各个领域的增长指标，但仍未能达到计划目标。1985年国民收入比1984年减少了1.4%，财政赤字超过原计划，达157亿福林。1986—1990年第七个"五年计划"试图重新恢复经济增长速度，1986年国民收入增长了0.6%，而国内开支部分则增长了3.2%。由于大多数部门都没能完成计划指标，国家计划局不得不对指标进行了重新调整。

与此同时，苏联在戈尔巴乔夫上台后，开始实施"新思维"改革，宣称建立人道的、民主的社会主义。匈牙利面临的国际环境一时间变得宽松起来，社会民众和社工党内部要求政治变革的声浪日益高涨。1988年6月16日，匈牙利爆发了要求重新评价1956年"十月事件"的大规模示威游行。

面对政治经济危机的总爆发，作为执政党的社工党领导层内部也发生了重大的变化。在1988年5月召开的社工党全国代表大会上，卡达尔被免去总书记职务，退出了党的领导核心；部长会议主席、稳健改革派格罗斯·卡罗伊当选社工党中央总书记，并在这次会上明确提出要"完善政治体制改革"。此次会议之后，社工党内部接受民主社会主义思潮、主张政治改革的右派逐渐占据了主导地位。1988年11月，党内更具改革意识的内梅特·米克洛什接替格罗斯出任部长会议主席，倡导实行更为激进的政治经济体制改革。

在社工党当局改革派的推动下，1989年1月，匈牙利国会颁布《公众集会与结社法》，赋予匈牙利公民自由结社和组建政党的权利，这标志着党禁在法律意义上的放开。此后，不仅不少"老党"恢复了正常活动，代表各种利益集团的新成立的政党也如雨后春笋般涌现。此外，社工党内部的改革派也频频发布"为1956年事件正名""不反对实行多党制"等言论。在1989年2月举行的中央全会上，社工党提出"民主社会主义已不可避免"，决定继续推进政治体制改革，向多党制民主政体平稳过渡，实行政治多元化。党中央总书记格罗斯在会上表态，党中央要"全力提倡多党制"。社工党内部一党专政的政治根本已经发生动摇。

二、"圆桌会议"谈判和政治变革

1989年初，一些体制外的反对派政党开始谋求政治联合。2月18日，11个反对派组织发表共同宣言，要求社工党当局为1956年"十月事件"平反，并尽快开启政治谈判。3月15日，反对派阵营举行1848年革命纪念活动，正式取得联合，并于3月22日组建"反对派圆桌会议"（Ellenzéki Kerekasztal），他们协调和统一政治立场，就与社工党当局开展圆桌会议谈判做好相应筹备。

经过漫长而激烈的筹备会议谈判，1989年6月13日，执政党与反对派以及由全国工会、爱国人民阵线等组成的第三方社会团体正式开启政治协商"圆桌会议"谈判。谈判委员会设立了12个工作委员会，就修订宪法、政府管理机制、经济改革等"和平过渡"的政治经济议题开展了多轮谈判。

在谈判过程中，作为执政党的社工党面临内部和外部多重压力。社工党领导层原本打算通过谈判与某些党派建立一定程度的准联盟，从而分化反对派阵营。然而他们显然低估了反对派阵营的凝聚力以及社工党内部激进改革派力量的增长速度。

国内和国际环境也是风云变幻。1989年6月，匈牙利政府为在1956年"十月事件"中被判处死刑的纳吉·伊姆雷平反，并于6月16日举行隆重的重新安葬仪式，20多万来自全国各地的民众参加了吊唁仪式。民心进一步倒向了党内改革派和反对派一边。8月1日，西方向匈牙利开放边境。9月10日，匈牙利向东德开放边境，到9月中旬，超过23 000名东德居民绕经匈牙利逃往西德。

"圆桌会议"谈判一直持续到1989年9月18日。谈判三方签署了修改宪法、政党

法、国会代表选举法等系列法律草案，为举行议会自由选举、实行议会民主制铺平了道路。

"圆桌会议"谈判前后，内忧外患的社工党分崩离析，成千上万的党员脱党或加入其他政党。1989年10月6日，社工党第十四次代表大会通过了把社工党改建成社会党的决议，标志着社工党的正式解体。会上还提出，以实现民主社会主义为党的目标，建立基于混合经济所有制、社会市场经济和自治体制的多党议会民主。

社工党原党中央总书记格罗斯等人不同意改建决议，于当年12月重建匈牙利社会主义工人党，该党后又更名"匈牙利工人党"（Magyar Munkáspárt）。社工党在1985年第十三次党代会时期统计的党员人数是87.1万人，到1989年12月党员重新登记时，仅有5.5万人登记加入新成立的社会党。

1989年10月18日，国会通过宪法修正案，取消关于马列主义政党领导作用的相关规定，将"匈牙利人民共和国"更名为"匈牙利共和国"（Magyar Köztársaság），确定实行多党议会民主制度。这标志着匈牙利在社会体制上脱离了社会主义国家阵营，以和平协商的方式完成了政治体制的转型。1989年10月23日，匈牙利共和国正式成立，史称"匈牙利第三共和国"。这一天正是1956年"十月事件"开始的第一天。1990年，匈牙利国会将这一天定为法定纪念日。

通过非暴力的和平过渡形式，匈牙利完成了实质上是翻天覆地的政治制度剧变。除了外部因素，一个重要的内因是旧体制下多年来实施政治、经济变革所作的铺垫，与匈牙利的政治文化传统很有关系。匈牙利属于中欧小国，地缘政治环境十分复杂，历史上一直是周边列强争夺、侵略和凌辱的对象，这种历史遭遇深深地影响着匈牙利民族及其政治精英们。小国政治易受周边大国的影响。对内，他们需要在相互妥协中找到利益平衡点；对外也需要多方权衡，以求得在大国的夹缝中生存。

三、政治经济转型与加入欧盟

剧变后的匈牙利迅速倒向西方，进入从东方模式向西方模式转变的政治经济转型发展时期。

1990年3月25日和4月8日，匈牙利分两轮举行了实行多党制后的首次国会选举。右翼政党民主论坛（Magyar Demokraták Forúm）得到国会386个席位中的165席，获得组阁权，但因其得票未超过绝大多数，只能与其他政党联合执政。在人心思变的大背景下，社会党的落败成为必然，仅获得33席，成为在野党。社会主义工人党则连进入国会的门槛都没达到。其他进入国会的党派分别是自由民主者联盟（94席）、独立小农党（44席）、青年民主主义者联盟（22席）、基督教民主人民党（21席）。5月，国会批准了由民主论坛主席安塔尔·约瑟夫（Antall József，1932—1993）组建的民主论坛、独立小农党和基督教民主人民党三方联合政府。

1990年6月，匈牙利修改宪法，确定实行多党议会民主制，建立独立、民主的法治国家，实行立法、行政、司法三权分立。宪法规定一切权力属于人民，在经济制度上实行市场经济，对公有制和私有制同样实行保护。至此，匈牙利在形式上基本完成了从社会主义国家到宪政民主国家的政治转型。

自1990年3月起，苏联军队开始从匈牙利撤出，至1991年6月全部撤离匈牙利。1991年6月28日，经互会宣布解散；同年7月1日，华沙条约组织解散。

社会主义时期经济改革所建立起来的社会主义市场经济为匈牙利剧变后的经济体制转轨奠定了一定基础。剧变初期的匈牙利政府延续了新自由主义式的经济体制改革方案。1990—1994年，偏保守的安塔尔·约瑟夫政府在政治制度变革的基础上采取了逐步的、分阶段的渐进式经济改革，私有化进程推进比较缓慢，但也在一定程度上避免了经济的大幅波动。1994年，左派政党社会党赢得国会大选重返政治中心，社会党主席霍恩·久洛（Horn Gyula，1932—2013）出任政府总理。霍恩政府加快了私有化进程，采取"只卖不分""面向外资全卖光"的战略。到1998年，匈牙利80%以上的生产资料产权转变为私有资本，基本完成了国有企业和国有资产的私有化，市场经济体制初步形成。私有化的基本完成不仅部分解决了国家巨大的外债负担和资金短缺的困难，也为贸易和投资敞开了大门。至1990年代末，匈牙利成为中东欧地区外商投资最多的国家之一。然而，过快的私有化进程也带来一定的副作用，国外企业以较低的价格收购了匈牙利的各类企业，银行业等不少行业被外资所垄断，农业等许多行业在国际市场的竞争中处于明显劣势。转轨的前几年，工农业生产连年下降，通货膨胀居高不下，失业率剧增，社会问题十分严重。这些问题到2000年才开始逐渐好转。

在经历了转轨初期的衰退期后，匈牙利经济于21世纪初出现了一个短暂的增长期，2000—2006年匈牙利经济平均增长率达到4%。然而好景不长，2008年世界金融危机以及接踵而来的欧债危机，使得严重依赖外资和出口的匈牙利经济再次遭受重创。2010年，欧尔班（欧尔班·维克多，Orbán Viktor，1963— ）政府上台，逐渐抛弃新自由主

义经济政策，加强对银行业、能源领域等战略性行业的政府干预，修改或新颁布选举法、媒体法等法律法规，宣布建立"非自由民主"欧洲国家，引导匈牙利政治经济的再转型。

剧变后的匈牙利把加入欧盟和北约、融入欧洲大西洋结构一体化作为对外关系的首要目标。1990年10月，匈牙利成为第一个加入欧洲委员会的中东欧国家。在推进国内政治经济转轨的同时，匈牙利积极推动和融入中欧地区性合作。1989年5月，匈牙利与奥地利、捷克斯洛伐克、南斯拉夫和意大利倡议成立中欧倡议国组织。1991年2月，匈牙利与捷克斯洛伐克、波兰组建维谢格拉德集团。这两个地区性组织的建立都旨在促进中欧地区国家的区域性合作，从而为融入欧洲一体化铺平道路。1991年12月，匈牙利与欧盟签署联系国协定，1994年1月1日起正式成为欧盟联系国。1994年4月1日，匈牙利正式向欧盟提出加入申请，对照欧盟标准推进社会转型和政治经济制度变革。1996年，匈牙利被称作"发达国家俱乐部"的经济合作与发展组织接纳成为第27个成员国。从1998年开始，匈牙利与欧盟启动正式入盟谈判，内容共涉及工业、农业、服务业、科研、文化教育、交通、能源、人员和资本的自由流动、环境保护、竞争政策、安全与外交等长达8万页、共31个章节的议题。2003年4月，匈牙利就加入欧盟问题举行了全民公决，有近84%参加投票的民众赞同加入欧盟。经过长达10年的准备，2004年5月1日，匈牙利正式加入欧盟，成为首批加入欧盟的中东欧国家之一。2007年12月21日起，匈牙利成为申根区正式成员国。

苏东阵营瓦解之后，匈牙利再次身陷俄罗斯与西方国家争夺势力范围的交汇地带。在政治和经济上"回归欧洲"的同时，匈牙利也急于寻求安全上的新保障。1993年，匈牙利向北约递交了加入申请。1994年，加入北约"和平伙伴关系"计划。匈牙利按照北约的标准积极稳妥地改编军队，购置新式军备，推动军队改革，参与北约军事演习，加强与西方的军事一体化。与此同时，匈牙利积极改善同邻国的关系，竭力争取北约成员国的支持。1997年11月，匈牙利举行关于加入北约的公投。经过不懈努力，匈牙利终于在1999年3月12日正式成为北约成员国。此后，匈牙利一直被北约视为可靠的伙伴，参加了北约在阿富汗、伊拉克和巴尔干地区的军事行动以及在科索沃的驻军，参与了波罗的海的空中警务等。

一、填空题

1. 1945年1月20日，匈牙利临时国民政府代表匈牙利与苏联、美国、英国3个反法西斯盟国在莫斯科签署停战协定，内容包括_____；_____；_____等。

2. 1945年3月，在匈牙利共产党的推动下，匈牙利民族独立阵线临时政府开始实施_____，到1946年9月基本完成，匈牙利的经济和社会结构发生了根本性变化。

3. 1946年2月1日，匈牙利国会宣布成立匈牙利共和国，由_____党的_____出任国家总统，_____出任政府总理。

4. 1948年成立匈牙利劳动人民党，由_____出任主席，_____出任劳动党中央委员会总书记。

5. 拉科西政府执政时期在政治上_____；在经济发展上_____；在对外政策上_____。

6. 1953年6月，具有改革思想的_____出任匈牙利部长会议主席，在经济、政治和文化领域推行了一系列改革措施。

7. _____年_____月_____日，匈牙利爆发了"十月事件"，反对派论坛_____和学生群体向劳动人民党中央提出多项政治要求，与国家保卫队发生冲突，最终被苏联部队镇压。

8. _____年起，卡达尔政府在全国范围内推进新经济体制改革，改革取得一定成效，所形成的独特经济体制被外界称为_____。

9. _____年举行的中央全会上，社工党提出继续推进政治体制改革，向多党制民主政体平稳过渡。

10. 1980年，匈牙利经济学家科尔奈·亚诺什出版著作_____，提出国家社会主义短缺经济模型，对当时世界社会主义经济体制改革产生深远影响。

二、判断题

1. 布达佩斯解放后，匈牙利民族独立阵线临时国民政府所在地从布达佩斯迁到德布勒森。 （　　）

2. 1947年的《盟国对匈牙利合约》中，将匈牙利的边界状态恢复到1937年以前的状态。 （　　）

3. 1947年8月的国会大选中，共产党成为国会第一大党，独立小农党成为国会第二大党。 （　　）

4. 1949年，苏联与中东欧国家宣布成立经济互助委员会，匈牙利为6个创始成员国之一。 （　　）

5. 1949年8月20日，匈牙利通过新宪法，宣告成立匈牙利人民共和国，由劳动人民党主席萨卡希奇·阿尔帕德当选第一任主席。 （　　）

6. 纳吉的改革在一定程度上活跃了经济，缓和了紧张压抑的社会政治气氛，受到全国民众的普遍欢迎，同时也受到了苏联方面的认可。 （　　）

7. 匈牙利"十月事件"爆发的根本原因是苏联和匈牙利控制与反控制长期矛盾的积累，反映了匈牙利人民要求政治和经济改革、摆脱苏联控制、实现民族独立的强烈愿望。 （　　）

8. 匈牙利改革从本国实际出发，采取循序渐进、小步前进的方针，并摸索出了一套国家计划与市场机制调节相结合的市场社会主义模式，被外界称为"匈牙利模式"。 （　　）

9. 1989年3月22日，11个反对派组织组建了"裴多菲论坛"，与社工党就1956年事件谈判做好筹备。 （　　）

10. 1989年10月18日，匈牙利国会通过宪法修正案，取消关于马列主义政党领导作用的相关规定，将"匈牙利人民共和国"更名为"匈牙利共和国"，确定实行多党议会民主制度。 （　　）

三、简答题

1. 概述第二次世界大战以后匈牙利政治体制的演变过程。

2. 概述匈牙利人民共和国拉科西政权"全盘苏化"的发展模式及其后果。

3. 概述19世纪60—80年代匈牙利政治经济体制改革的背景、进程及其影响。

4. 概述匈牙利政治经济转轨的过程。

四、拓展题

1. 试分析匈牙利社会主义工人党最终走向分裂的原因，有何启示？

2. 查阅相关史料，了解当时社会主义阵营国家对"匈牙利事件"的反应，试分析这一事件当时的国际影响。

3. 20世纪80年代末90年代初，匈牙利社会主义发生剧变，而中国却走上了建设中国特色社会主义的道路。结合历史史料，试从社会改革、政党制度等方面谈谈启示。

第五章
匈牙利现行政治制度体系

第一节
政体及政权组织形式

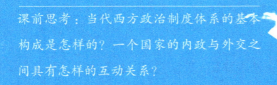

课前思考：当代西方政治制度体系的基本构成是怎样的？一个国家的内政与外交之间具有怎样的互动关系？

匈牙利现行的政治体制是按照西方式的民主政治体制建立起来的。1989年10月18日，匈牙利国会通过宪法修正案，确定实行多党议会民主制度，立法、行政、司法三权分立。

议会立法制度、行政制度、司法制度、政党制度以及与之相结合的选举制度构成了现代匈牙利的民主政治体系。这种政治体系是在承袭西方民主政治制度的基础上根据匈牙利本国特殊的历史文化和社会经济、政治特点建立起来的，根植于本国的历史宗教、政治传统和价值观念，具有鲜明的民族特色。

一、国家元首——总统

匈牙利总统（elnök）是国家元首，是国家的象征，同时也是武装力量——匈牙利国防军的最高司令。总统由国会选举产生。匈牙利宪法《基本法》规定，年满35岁的匈牙利公民均有权参选总统。匈牙利总统每届任期5年，最多可连任一次。

在实行议会民主制的国家，总统的职责主要是象征性的。与传统的议会制国家稍有不同的是，匈牙利总统也拥有诸如签署与公布法律、延期或解散国会、任命法官与授予赦免等监督国家组织的民主运行的特别权力。

《基本法》中规定匈牙利总统的职权包括：

（1）代表匈牙利；

（2）可以参加国会会议并发言；

（3）可以提出法律议案；

（4）可以提议发起全民公决；

（5）确定国会议员、地方政府议员和地方政府领导人的选举日期以及欧洲议会选举、全民公投的日期；

（6）制定涉及特殊法律秩序的决策；

（7）召开国会就职会议；

（8）解散国会；

（9）可将国会通过的法律移送给宪法法院审查其与《基本法》的一致性或者归还国会复议；

（10）提名总理、最高法院院长、国家司法办公室主席、总检察长和基本权利专员的人选；

（11）任命专业法官和预算理事会主席；

（12）确认匈牙利科学院院长和匈牙利艺术研究院院长的任职；

（13）组建总统办公室。

此外，匈牙利总统还拥有以下权力，但需与政府成员连署：

（1）经国会授权，承认国际协定的约束力；

（2）任命和接见大使和公使；

（3）任命各部部长、国家银行行长和副行长、独立监管机构负责人和大学教授；

（4）任命各大学校长；

（5）任命和提拔将军；

（6）授予法律规定的勋章、嘉奖和称号，以及允许佩戴其他国家的勋章；

（7）行使个人赦免权；

（8）决定其职权范围内的地区规划事务；

（9）决定取得或终止公民资格的有关事项；

（10）决定法律赋予其职权范围内的一切事宜。

二、立法机关——国会

匈牙利国会（Országgyűlés）是国家的立法机关，是匈牙利最高权力机构和人民代表机关，行使人民主权所赋予的权利。匈牙利国会的职权主要包括两个部分：一是立法，二是监督政府的工作。具体职权包括：

（1）制定和修正匈牙利《基本法》；

（2）制定法案；

（3）通过中央预算案并批准其实施；

（4）授权承认其职权范围内的国际协定的约束性；

（5）选举共和国总统、宪法法院院长及成员、最高法院院长、全国司法办公室主席、最高检察院院长、基本权利专员及其副手、国家审计署审计长等；

（6）选举总理并就政府信任事务制定决定；

（7）解散与《基本法》相抵触的代表机构；

（8）就宣布战争状态和缔结和约做决定；

（9）作出涉及特殊法律秩序或者与参与军事行动有关的决定；

（10）实行大赦；

（11）行使《基本法》和法律所赋予的其他职权。

匈牙利国会实行一院制，原设有386个议席，2014年起削减为199个议席。国会每4年举行一次选举，成员直接由匈牙利人民通过无记名投票方式普选产生。新一届国会需要在投票结束后一个月内组建完成。国会主席是国会的领导人，在新国会成立时由国会议员选举产生，每届任期同国会，也是4年。

匈牙利国会大厦（内部）

国会设若干个常务委员会保障日常运行。常务委员会的职权范围基本与政府职责一致，但并不是严格的一一对应的关系。常务委员会的数量根据每届政府结构以及国会的实际情况有所不同，一般情况为10余个，最多时达到25个。根据《议会法》规定，必须设立的委员会有豁免委员会、利益冲突委员会、纪律委员会和议员资格审查委员会，以及处理宪法事务、预算、外交、欧盟事务、国防、国家安全和国家政策的常设委员会。常设委员会为国会的立法和政府监督活动提供持续的协助，提升国会审议的有效性。

除常务委员会外，国会还设立立法委员会、民族代表委员会以及特设委员会、调查委员会，履行特定工作职责。

立法委员会一般由负责立法的副议长担任主席，显示出这个委员会的重要性。立法委员会拥有决策权，在立法活动过程中，就法律和议事规则规定的情况提出建议和发表意见。立法委员会有权决定将哪些拟议修正案提交国会投票。

民族代表委员会由少数民族议员代表以及未获得议员资格的少数民族发言人组成。这个委员会有权参与国会有关民族利益和权利相关项目的讨论，对政府关于民族状况的报告以及基本权利专员的报告发表意见、表明立场。

此外，国会可以设立特设委员会，在决议规定的期限内处理决议中规定的事项。特设委员会设立时，需确定其任务、名称、成员人数以及任期。国会还可设立调查委员

会，对无法通过质询或询问的方式澄清的公共利益问题开展审查。调查委员会须由1/5及以上的议员发起方可设立。

匈牙利国会每年设有两个常规会期，春季会期从2月1日至6月15日，秋季会期从9月1日至12月15日。在非会期内，必要时应共和国总统、政府或1/5及以上议员代表的要求可以发起非常会议。

匈牙利总统、政府、国会议员以及各委员会均有权向国会递交法律提案。提案经由常务委员会讨论决定是否提交全会会议日程。列入全会日程的提案需经过总体讨论、详细讨论以及最终讨论和投票等环节。根据《基本法》规定，一半以上的议员出席会议时，国会才有决策能力。

三、行政机关

中央政府

匈牙利中央政府（Magyarország kormánya）是国家最高权力机关的执行机关和管理机关，代表国家行使行政权力。对政府权限范围内法律未规定的事务，政府可根据法律授权发布政府法令。

政府对国会负责，每4年更迭一次。政府依法设立行政管理机构。政府成员为总理和各部部长。总理为政府首脑，由总统举荐、国会选举产生。总理提出政府执政纲领，经国会通过、总统授权后，总理组建政府。匈牙利各届政府的部门和机构设置会根据内政外交事务发展需求进行调整。各部部长和副总理人选由总理提名，总统任命。在部长之下设若干个管辖部内不同事务的事务大臣和国务秘书。匈牙利政府成员中还包括若干名不专管某一部事务、专门负责指定领域事务的部长级官员，称为"不管部部长"。

每届政府的基本架构以及政府成员的权责会有所不同，现仅以2018—2022年上台执政的匈牙利政府为例做介绍。

政府总理的主要职权包括：（1）代表政府，在欧洲理事会等机构中代表匈牙利。在特殊情况下，总理可指定他人作为他的代表。（2）确定政府的总体政策并指导实施：直接指导总理办公室主任以及公共行政国务秘书的活动；确定、协调和指导各部部长的活动；确保政府决策得到执行；决定其通过法令任命的副总理的继任顺序。（3）确定政府的运作方向，召集和领导政府：决定各部部长的任务分工；向各部长分配任务，并要求各部长报告或说明属于其职责和权限的事项；确定政府会议的议程，指示部长和政府专员准备提案或报告；向政府提交通过和修改规范政府成员职责和权限、通过和修改政府议事规则以及政府的立法计划和立法工作计划等提案；签署政府工作决定。（4）利用信息技术发展，与时俱进地推动电子政务建设。此外，总理可通过任命总理专员，执行其职权范围内的特定任务。

总理通过法令指定1名或多名副总理。总理缺位时，副总理按照总理确定的顺序继任总理。2018—2022年这届政府有3位副总理。第一副总理是分管国家政策、教会事务和民族事务的副总理，主要职权包括协调与教会关系、国家政策、国籍政策等。第一副总理主持国家政策会议，主管国家战略研究院；第二副总理兼内政部部长；第三副总理兼财政部部长。副总理的工作由总理府协助开展。

在政府的总体政策框架内，部长独立管理其负责的国家行政部门及其下属机构，并执行政府或总理确定的任务。2018年组建的匈牙利政府共设立10个部，分别是农业部、内务部、人力资源部、国防部、司法部、创新与技术部、外交与对外经济部、财政部、总理府、总理办公室。

农业部（Agrárminisztérium）主管包括农业政策、农业和农村发展、食物链监管、食品工业、林业、土地管理、渔业、房地产登记、环境保护、自然保护等领域的事务。

内务部（Belügyminisztérium）主管公共安全、犯罪预防、执法、电子政务、生命财产安全保护、公共场所监管、信息化建设、警察、公务员、打击恐怖主义、边境管理、出国旅游、移民和庇护、外国人社区融入、水管理等领域的事务。

人力资源部（Emberi Erőforrások Minisztériuma）的管辖领域包括社会保障、家庭政策、医疗保险、公共卫生和医疗保健、药物政策、教育政策和教育事业、文化政策和文化事业、体育政策和体育设施建设与管理、儿童和青少年保护等。

国防部（Honvédelmi Minisztérium）的主要职责包括安全和防卫政策、国防安全、国防准备、危机管理、国防教育、协调与军事行动执行有关的政府任务等。2018—2022年这届政府国防部长还拥有军队指挥权，负责管理和指挥国防军，决定武装部队的运作。

司法部（Igazságügyi Minisztérium）主要负责司法政策制定并与宪法机构合作保障政策实施，起草和修改《基本法》，实施司法监督、监管选举和投票活动，提供法律援助，实施法律从业人员和执法人员的专业资格认证及培训，国际和欧盟司法合作等。司法

部长在宪法法院诉讼程序中代表政府。司法部还负责官方公报《匈牙利公报》（Magyar Közlöny）的发布。

创新与技术部（Innovációs és Technológiai Minisztérium）主管国内经济、贸易、运输、能源政策、音像视听政策、公共基础设施投资、工业、矿业、建筑业、旅游业、消费者保护、科学政策、电子通信、信息技术、职业培训和成人教育等领域的事务。

外交与对外经济部（Külgazdasági és Külügyminisztérium）主要管辖外交政策、外交事务、对外经济事务、民用情报管理、太空探索等事务。此外，还主管文化对外传播机构——匈牙利中心、匈牙利奖学金项目以及2020年成立的实施外交人员培训的外交学院（Magyar Diplomáciai Akadémia）。

财政部（Pénzügyminisztérium）主管公共财政、税收、海关、经济政策、就业政策、住房、医疗保险缴纳监管、养老金和养老保险缴纳监管、会计监管、国际金融关系以及货币、资本和保险市场监管等事务。

总理府（Miniszterelnökség）主管领域包括民事登记和公民身份、社会和养老金政策、公共行政、公共采购、建筑法规与建筑管理、住区发展和城镇规划、文化遗产保护、布达佩斯和大都市群发展、政府专员协调、社会关系协调、社会政策协调、地方政府的合法性监督、欧盟事务协调等。

总理办公室（Miniszterelnöki Kabinetiroda）主要负责组织、协调和监督政府总体政策的制定和实施，确保政府和国会的联系，总理的出访、接待以及通讯准备，畅通政府沟通渠道。总理办公室主任还监管国家旅游、接待以及酒店管理等行政事务。总理办公室同时执行政府人事管理中心的任务。

政府可成立内阁，在政府会议召开之前对社会政策、经济政策或国家安全等具有重大意义的事项作出决议。内阁成员根据具体讨论事项由相关部的部长和总理任命。

中央政府对各部及其附属机构的工作进行指导，并负责领导监督各地方政府、武装部队、警察局、国家安全局以及其他司法和行政机构的工作。

匈牙利武装部队的名称为匈牙利国防军（Magyar Honvédség），其核心职责是军事维护匈牙利的主权独立、领土完整和国境安全，履行国际协定规定的集体防卫和维持和平任务，以及根据国际法规则开展人道主义活动。匈牙利总统是匈牙利国防军总司令。

警察局的主要职能是预防、查明犯罪行为以及维护公共安全、公共秩序以及国境秩序。

国家安全局的主要职能包括维护匈牙利独立自主及合法秩序并且行使国家安全的利益。

匈牙利国防军、警察局、国家安全局的运行由政府领导。国防军、警察局及国家安全局职业成员不能参加任何政党，不得从事政治活动。

地方政府

匈牙利行政版图共划分为45个一级行政区划，分别是首都布达佩斯、19个州（vármegye）以及25个拥有州级行政权限的州级市（megyei jogú város）。首都、州和州级市以及城市和村庄通过选举产生地方政府。匈牙利宪法规定，地方政府是代表人民的自治机关和管理机关。地方性国家行政机关为首都和州级政府办公署。首都的地方政府分为首都自治市和市辖区两级（a fővárosi és a kerületi szint），也就是说，布达佩斯地方政府作为首府城市的地方政府可以同时行使地方和区域自治的任务和职权。

《地方政府法案》明确保障了地方政府办理地方公共事务以及行使地方公共权力的自治权。地方自治政府机关在法律的范围内有权独立地处理地方政府的财政、征收和经营地方税收，建立自己的组织结构和运行秩序，制定自治政府令，创立自治政府标志、地方勋章和嘉奖，以及与其他地方代表机构自由联合、建立地方自治政府利益联盟等，并可就法案规定的属于地方政府职能和权力范围内的事项举行地方公民投票。地方自治政府的职能由地方议会实施。

自治政府每年至少举办一次意见听取会。在意见听取会上，当地居民和当地利益组织的代表可以就当地公共事务提出问题和建议。

匈牙利一级行政区列表

首都 + 州（20个）	州级市（25个）
布达佩斯市 Budapest főváros	/
巴奇-基什昆州 Bács-Kiskun	凯奇凯梅特 Kecskemét 包姚 Baja
包劳尼奥州 Baranya	佩奇 Pécs
贝凯什州 Békés	贝凯什乔堡 Békéscsaba

首都 + 州（20个）	州级市（25个）
包尔绍德-奥包乌伊-曾普伦州 Borsod-Abaúj-Zemplén	米什科尔茨 Miskolc
琼格拉德-乔纳德州 Csongrád-Csanád	塞格德 Szeged 霍德梅泽瓦 Hódmezővásárhely
费耶尔州 Fejér	塞凯什费赫尔堡 Székesfehérvár 多瑙新城 Dunaújváros
杰尔-莫松-肖普朗州 Győr-Moson-Sopron	杰尔 Győr 肖普朗 Sopron
豪伊杜-比豪尔州 Hajdú-Bihar	德布勒森 Debrecen
赫维什州 Heves	爱盖尔 Eger
亚斯-纳吉孔-索尔诺克州 Jász-Nagykun-Szolnok	索尔诺克 Szolnok
科马隆-埃斯泰尔戈姆州 Komárom-Esztergom	陶陶巴尼奥 Tatabánya 埃斯泰尔戈姆 Esztergom
诺格拉德州 Nógrád	绍尔戈陶尔扬 Salgótarjan
佩斯州 Pest	埃尔德 Érd
绍莫吉州 Somogy	考波什堡 Kaposvár
萨博尔奇-萨特马尔-贝拉格州 Szabolcs-Szatmár-Bereg	尼赖吉哈佐 Nyíregyháza
托尔瑙州 Tolna	塞克萨德 Szekszárd
沃什州 Vas	松博特海伊 Szombathely
维斯普雷姆州 Veszprém	维斯普雷姆 Veszprém
佐洛州 Zala	佐洛埃格塞格 Zalaegerszeg 纳吉考尼饶 Nagykanizsa

　　中央政府通过首都和州级政府办公署对地方自治政府实施合法性监督。为了保障中央机关与地方政府的有效协调，1990年通过的《地方政府法案》中规定，总统在各地设置"共和国专员"一职，主要职责是协调、监督并审核地方政府决策的合法性，但无权

撤销或更改地方政府的决议，也无权干涉地方政府对决议的实施。1994年，"共和国专员"制度废除，取而代之的是公共管理办公室，办公室负责人由中央政府内务部部长提名、总理任命。公共管理办公室增加了预算管理职能，为中央机关参与地方事务的监管提供了方便。2013年起，匈牙利在一级行政区下再分为197个区，其中布达佩斯市下辖23个区（fővárosi kerület），州和州级市下辖174个区（járás）。在197个区设立区办事处，作为政府机关的一个分支，协助公民管理公共行政事务。

独立管制机构

除政府行政机构外，中央国家行政机关还包括一些由法律直接创设、独立履行特定的政府管理职能的独立管制机构（önálló szabályozó szerv）。依照《基本法》规定，独立管制机构具有一定的自治权，可颁布法令，但不可与总理令、部长令以及匈牙利国家银行长令相抵触。

匈牙利独立管制机构是匈牙利中央公共行政的重要组成部分，可根据发展增设和撤销，目前主要有以下几个：

国家媒体和通讯管理局（Nemzeti Média- és Hírközlési Hatóság）是媒体和信息通信领域的独立管制机构，主要职责是对电子通讯领域以及从事电子通讯活动的组织及个人的行为进行合法性监督。

匈牙利能源和公用事业监管办公室（Magyar Energetikai és Közmű-szabályozási Hivatal）是能源和公用事业市场的独立管制机构，负责监督国民经济中具有战略意义的部门。其前身是国家能源办公室，2013年成为国家独立监管机构。

国家原子能机构（Országos Atomenergia Hivatal）是和平使用核能的独立管制机构，负责核领域设施、运输等核能安全使用方面的监管和保护。

公共采购局（Közbeszerzési Hatóság）的主要职责包括促进公共采购政策的制定，保障公共采购实践的合法性以及公共资金使用的公开透明。

竞争管理办公室（Gazdasági Versenyhivatal）是匈牙利的经济竞争的独立管制机构，1991年设立。主要职责是遵循匈牙利竞争法和欧盟竞争法的规则对市场经济活动进行竞争监管，为保护竞争而开展政策传播、文化建设、立法执法等各种活动。

国家数据保护和信息自由管理局（Nemzeti Adatvédelmi és Információszabadság Hatóság）负责监督和促进个人数据的保护以及公共利益数据的访问权利，并推动个人

数据在欧盟内部的自由流动。

国家选举办公室（Nemzeti Választási Iroda）执行与选举准备及选举工作相关的核心任务，为进行选举创造必要的物质和技术条件，并指导和管理地方选举办公室的工作。

预算理事会（Költségvetési Tanács）是受国会委托，负责监督匈牙利国家预算的编制过程的独立管制机构。主要职责是审查中央预算可行性，依法协助国会有关中央预算的法律筹备。预算理事会理事成员包括预算理事会主席、国家银行行长、国家审计署署长。预算理事会主席由总统任命，任期为6年。

基本权利专员办公室（Alapvető Jogok Biztosának Hivatala）是为了保护公民基本权利而设立的公共服务机构。基本权利专员（alapvető jogok biztosa）有权调查任何与基本权利有关的侵犯行为，并提出补救措施。基本权利专员通过国会选举产生，任期6年，可连选一次，任期内每年向国会报告活动情况。

此外，匈牙利赌博监管局、烟草监管局等受管制行业的监督部门，以及警察、监狱、专业灾害管理机构等执法机构和国家民事安全部门都属于独立监管机构。

四、司法机关

宪法法院

匈牙利宪法法院（Magyarország Alkotmánybírósága）成立于1990年1月1日，作为宪法监督和违宪审查的机构。具体职责包括审查法律、法规、条例和司法决定是否符合宪法以及国际协定，维护法律制度的内在一致性，并对违宪行为作出具有强制性的有效制裁，维护民主法治、宪制秩序，保障公民切实享受宪法规定的基本权利。

宪法法院由15名法官组成。宪法法院法官由国会从杰出的法学家、大学教授或至少有20年实践经验的律师中选出，任期12年，可连任一次。宪法法院院长由国会从宪法法院法官中选举产生。宪法法院院长对外代表宪法法院，负有行政和协调之责，但宪法法官的独立性不受法院院长活动的影响。宪法法院副院长根据宪法法院院长提议，由法官从他们中间选出。

宪法法院与普通的司法系统不存在隶属关系，它独立行使职权，经费预算也是单独执行。为保障宪法法院的独立性，其成员不得参加任何政党，除执行属宪法法院职权范围的任务外，不得开展任何政治活动。宪法法院的日常行政工作由宪法法院办公室（Alkotmánybíróság Hivatala）负责保障。宪法法院办公室也属于独立管制机构。

法院和检察院

法院（bíróság）和检察院（ügyészség）是匈牙利主要的司法机构。

法院

法院执行司法业务。匈牙利法院分最高法院、上诉法院、州法院（布达佩斯为市法院）和地区法院4级。对特定案件组（特别是行政和劳务纠纷）可设立特殊法庭。

地区法院（járásbíróság és kerületi bíróság）是一审法院，负责大多数案件的审理。匈牙利全国有113个地区法院，其中布达佩斯6个（kerületi bíróság），其他地区107个（járásbíróság）。

19个州法院和布达佩斯首都法院（törvényszék）既可以对地方法院的上诉案件进行二审，也可以直接对一些重要案件开展一审。

州法院完成二审的案件可上诉至上诉法院（ítélőtábla）进行三审，上诉法院审理的范围包括刑事诉讼和民事诉讼，但不审理行政诉讼。目前匈牙利设立了5个上诉法院，分别是首都上诉法院、德布勒森上诉法院、杰尔上诉法院、佩奇上诉法院、塞格德上诉法院。上诉法院的设立在一定程度上减轻了最高法院的审判负担。

匈牙利最高法院（Kúria）是最高司法机构，其首要职责是确保法律的统一适用，通过司法解释，对最终完成的案件进行法律实践分析、典型案例发布等统一裁判标准。最高法院内设刑事、民事、行政3个审判部门，受理对州法院和上诉法院判决的上诉，审查再审申请，审查对法律统一适用的申诉。

最高法院院长根据总统的建议由国会从专业法官中选举产生，任期为9年。法院专业法官由总统任命。担任法院法官须年满30岁，法官职务为终身制，可持续担任直至退休。法官独立行使审判权，只服从于法律，不能参加任何政党，不得从事政治活动。

2012年，匈牙利成立国家司法办公室（Országos Bírósági Hivatal），作为法院管理的中央机构；组建国家司法委员会（Országos Bírói Tanács），履行对法官和法院活动的监督管理职能。

国家司法办公室主任由国会从法官中选举产生，需要2/3的代表投票赞成方能当选，任期为9年。最高法院院长应为国家司法委员会成员，委员会其他成员由法官选举产生。

检察院

检察机关是国家的法律监督机关，匈牙利检察院分最高检察院、上诉检察院、州检察院和地区检察院4级。

检察院机构由最高检察长管理和领导。最高检察长和检察院的主要职责是行使法律规定的与侦查有关的权利，以公诉人身份代表国家行使公诉权惩治犯罪，监督刑罚执行的合法性，追究犯罪行为，对其他非法或过失行为采取措施并且协助犯法行为的预防。

最高检察长由国会根据总统的提议从检察官中选举产生，需要2/3的代表投票赞成方能当选，任期9年。最高检察长对国会负责，每年向国会报告工作。最高检察长有权任命检察官。最高检副检察长根据最高检察长的提名由总统任命。

最高检察院（Legfőbb Ügyészség）下设5个上诉检察院（fellebbviteli főügyészség），由首席上诉检察官领导，分别是首都上诉检察院、德布勒森上诉检察院、杰尔上诉检察院、佩奇上诉检察院、塞格德上诉检察院。

州一级的检察院（főügyészség）有21个，分别是首都检察院、专门负责犯罪侦查工作的中央调查检察院以及19个州检察院。此外，在首都和各州共设有124个地区检察院（kerületi/járási ügyészség）。

匈牙利检察官办公室（Magyarország Ügyészsége）是对刑事案件行使检察权的国家机关。各级检察官由最高检察长任命。检察官职务为终身制，可持续担任直至退休。检察机关人员不能参加任何政党，不得从事政治活动。

五、其他国家机关

国家审计署、国家银行等机构也在匈牙利国家治理中扮演着至关重要的作用。

国家审计署（Állami Számvevőszék）是国会的最高财政和经济审计机构，其职责是在其法定职能范围内检查中央预算案的施行，对国家全部公共资金的使用和公共资产的管理情况进行独立审计，支持公共资金的问责制，旨在根据循证审计结果改善公共财政状况。国家审计署审计长由国会选举产生，副审计长由审计长任命。审计长和副审计长的任期都是12年。国家审计署审计长每年向国会提交业务年度报告。

　　匈牙利国家银行是匈牙利的中央银行，主要职责是管理货币政策，发行国家货币，确保国家金融体系稳定，实现和保持物价稳定，控制流通货币，设定中央银行基准利率，发布官方汇率，管理影响汇率的外汇储备和黄金，并对金融中介系统实施监督。国家银行行长和副行长由总理提出建议，总统任命，任期为6年。匈牙利国家银行接受国家审计署审计，并每年向国会报告工作情况。

第二节
政党制度与选举制度

一、政党制度

政党发展

　　匈牙利的政党现象最早出现于19世纪中叶。彼时封建特权阶层和资产阶级进步力量在议会政治活动中出现政见分歧，为了维护各自社会阶层的权益，代表封建特权阶层的保守派在戴阿克·费伦茨的领导下组建请愿党（Felirati Párt），而代表资产阶级力量的反对派在泰勒基·拉斯洛的领导下建立决议党（Határozati Párt）。两个党派均是以党魁个人为中心的精英型政党，1861年开始正式以政治团体的形式在议会中活动。

　　19世纪后期开始，伴随着民族独立运动、资产阶级革命运动的发展以及工人运动的兴起，匈牙利总工人党（Magyarországi Általános Munkáspárt）（1880）、独立与1848年党（Függetlenségi és 48-as Párt）（1884）、匈牙利社会民主党（Magyarországi Szociáldemokrata Párt）（1890）、匈牙利共产党（Magyar Kommunista Párt）（1918）等一批以大众政治参与为目标的群众型政党建立了起来。

　　在1948年之前，匈牙利一直保持着多党派共存的政治局面。匈牙利劳动人民党掌

握政权后，取消多党制。1956年"十月事件"中曾短暂恢复多党制。1989年政治变革前夕，社工党宣布向多党制过渡，老党派陆续恢复活动，各种代表不同利益诉求的新兴党派也不断涌现。1989年10月，匈牙利正式确立多党议会制度。到1990年，参加剧变后第一次国会选举的政党达到65个。到1997年，登记注册的政党数量达到1 020个之多。政党数量激增的同时，政党体制的不完善、政党活动的不规范等问题也纷纷暴露出来。有些政党的政治目标不明确，社会基础薄弱；有的政党党员准入门槛低，整体素质不高；很多新兴党派根本没有任何执政和治理经验。因此，剧变之初的匈牙利政权显示出左右翼政党轮流执政、多党联合执政等特点。匈牙利政党体系不断发展，由于选举制度中对进入议会政党提出了达到全国选票4%的门槛要求，1997年以后，注册政党的数量经历了一个急速下降的阶段，到2009年，登记注册政党的数量降至270个，此后基本维持在这个数量。2021年，匈牙利登记注册政党为267个。

主要政党

1989年政治剧变以来，在匈牙利政治生活中发挥较大影响力的政党主要有以下几个：

青年民主主义者联盟（Fiatal Demokraták Szövetsége），简称"青民盟"，成立于1988年3月20日，当时主要由一些激进青年知识分子组成。在1990年、1994年两次国会大选中，青民盟分别获得21个、20个议席，均为国会反对党。在1998年的国会选举中，该党一跃成为国会第一大党，随后与独立小农党、民主论坛组成联合政府。2002年大选中失利，成为在野党。2006年，青民盟虽未能赢得国会选举，却在地方选举中大获全胜，几乎占据了所有的地方选举委员会。该党和基民党组成的竞选联盟在2010年、2014年、2018年、2022年连续4届国会选举中大获全胜，组建政府。其党主席为欧尔班·维克多，已经5度当选匈牙利总理。该党推举的候选人施米特·帕尔（Schmitt Pál，1942—）、阿戴尔·亚诺什（Áder János，1959—）分别当选匈牙利第五任和第六任总统，推举的候选人诺瓦克·卡塔琳（Novák Katalin，1977—）当选第七任总统，也是匈牙利历史上第一位女总统。该党建立之初的政治主张偏向中右翼温和民族主义，2010年上台执政后逐步转向右翼民族主义。

基督教民主人民党（Kereszténydemokrat Néppárt），简称"基民党"，创建于1944年，参加1947年国会选举获得60个议席，位列第四，未能进入联合政府。1949年被取缔，1989年3月重建。成员主要为支持右翼的基督教信众，政治主张接近于西欧各国的基督民主党，是"欧洲民主联盟"的成员。1989年起，该党开始与青民盟合作，曾进入1990年联合政府。2005年，与青民盟签订合作协议。2010年、2014年、2018年、2022年的国会选举中，它与青民盟组成的竞选联盟接连获胜，连续4届组建政府。

匈牙利社会党，创建于1989年，属于社会民主党性质。1989年10月，执政33年的社工党内部发生严重分裂，在第十四次代表大会上，追求民主社会主义的多数派宣布决定，将社工党改建为匈牙利社会党。该党宣称在政治上是一个全新的党派，不是匈牙利共产党、劳动人民党和社会主义工人党的继承者。在1990年的国会选举中，社会党仅获得386席中的33席，未能进入政府。1994年，该党重新崛起，在大选中获得压倒性的209个议席，成为执政党。1998年再次沦为在野党。2002年重新上台执政，2006年赢得连任。在2010年第六次国会大选中，社会党败给了青民盟和基民党组成的右翼政党联盟，成为国会中最大的反对党。2014年大选，与民主联盟、团结-新时期党（Együtt-a Korszakváltók Pártja）、对话党（Párbeszéd Magyarországért）、匈牙利自由党（Magyar Liberális Párt）等组成竞选联盟，共获得38个席位。在2018年选举中，该党与对话党组成的竞选联盟赢得20个席位，失去国会第二大党的位置。该党现为欧洲社会党和社会党国际成员党。

自由民主党联盟（Szabad Demokraták Szövetsége），简称"自民党"，成立于1988年11月，主要由中产阶级、自由知识分子和企业家组成，倡导社会和经济自由主义。1990年，该党代表根茨·阿尔帕德（Göncz Árpád，1922—2015）当选匈牙利共和国首任总统，并于1995年获得连任。该党自1994年起与社会党组成联盟。在1994年大选中获得69个席位，成为国会第二大党。在1998年、2002年、2006年大选中分别获得24个、20个、20个席位。2002年和2006年，两度与社会党共同组建联合政府。2008年，因与社会党存在改革理念分歧，宣布退出联合政府。在2010年的选举中仅获得0.25%的选票，未能进入国会。2013年该党宣告解体。该党前主席佛多尔·加博尔（Fodor Gábor，1962— ）于当年组建匈牙利自由党（Magyar Liberális Párt），仍秉持自由主义建党原则。

匈牙利民主论坛，属中右翼政党。1989年3月12日，召开第一次全国会议并制订行动纲领，正式建党。党员主要由作家、艺术家、经济学家等知名知识分子组成。1990年国会大选中，民主论坛获得164个席位，成为国会第一大党，与独立小农党和基民党组成联合执政政府，党主席安塔尔·约瑟夫出任政府总理。1998年，该党曾进入与青民盟、独立小农党组成的三党联合政府。2002年的国会选举中与青民盟结成选举联盟，获

得24个席位。在2006年国会中获得11个席位。但此后党内发生严重分歧，最终于2011年4月解散。

独立小农党（Független Kisgazda-，Földmunkás- és Polgári Párt），全称为独立小农、农业工人和平民农业党，是具有多年历史的老牌政党。成立于1930年，成员主要为有地的富裕农民。该党二战期间在反抗法西斯德国时发挥了重要作用。在1945年全国大选中获得57%的选票，在国会中占据245个席位，组建多党联合政府。1946年2月匈牙利共和国成立后，小农党人当选总统、政府总理、国会主席等要职。1946年12月，小农党右翼领袖勾结反动势力企图颠覆共和国阴谋败露，党组织遭受覆灭性打击，在1947年8月举行的国会选举中仅获得68席。1948—1949年逐步解体，1956年"十月事件"中短暂地参与政治活动，1988年11月重建。在1990年国会选举中获得44席，参加了以民主论坛为主体的联合政府。1998年获得国会48席，进入青民盟、民主论坛组成的联合政府。该党在2002年以后未能进入国会。目前，该党为欧洲民主联盟的成员。

尤比克党（Jobbik Magyarországért Mozgalom），全称为"尤比克为了更好的匈牙利运动党"，成立于2003年10月，属激进极右翼民族主义政党。前身是成立于1999年的"右翼青年共同体"。该党派成立初期宣扬"匈牙利属于匈牙利人""匈牙利人至上"的民族观，以打击"吉卜赛犯罪"和"基督教伦理"作为其党派文化和外交政策的重点，反对国际资本特别是犹太人资本操控匈牙利财政经济，是反吉卜赛人、犹太人等少数民族的急先锋。2010年，该党首次进入国会，并占据第三大党的位置。2014年大选中获得199个席位中的24席。2015年以后，该党逐渐转向中右翼民族主义。2018年大选中获得26个席位，跃升为国会第二大党。

LMP绿党（Lehet Más a Politika，匈语原意"政治可以是不同的"），成立于2009年2月，是一个由民间团体发展起来的政治主张温和的绿色自由主义政党。该党成员主要为自由主义者、左翼分子、保守派成员、环境保护主义者和人权捍卫者等青年知识分子。该党重视环境保护，主张开展"绿色革命"，发展环保经济，呼吁"绿色预算"和可持续性、生态的经济措施，关注降低失业率，提倡少数民族文化和生活方式等。党主席为施佛尔·安德拉什（Schiffer András，1971— ）。在2010年的国会选举中，该党提出"纯洁公共生活""绿色转折"等口号，赢得了不少年轻选民的支持，成为国会中的第四大政治力量。2014年、2018年大选均获得进入国会门槛，分别获得5个、8个席位。该党目前是欧洲绿党的成员。

民主联盟（Demokratikus Koalíció）是一个社会自由主义性质的政党，最初为匈牙利社会党内的一个派系，2011年10月22日从社会党分裂出来，成为一个独立政党。党主席为匈牙利前总理久尔恰尼·费伦茨（Gyurcsány Ferenc，1961— ）。2014年与社会党等组成竞选联盟，共获得38个席位。2018年大选获得9个席位，成为国会第四大政党。在2022年的国会选举中，民主联盟与尤比克党、动量运动党（Momentum）、匈牙利社会党、LMP绿党、对话党等反对派政党组成竞选联盟，共获得57个席位。

匈牙利真理和生活党（Magyar Igazság és élet Párt）是1993年成立的民族主义极右翼政党，曾在1998年国会选举中获得14个席位。进入21世纪后，因领导人更替等原因逐渐衰落，2021年7月，该党解散，并入2018年成立的极右翼政党——"我们的国家运动党"（Mi Hazánk Mozgalom）。"我们的国家运动党"在2022年的国会选举中获得6个席位。

二、选举制度

国会选举

匈牙利国会实行一院制，每4年进行一次全国普选。匈牙利宪法规定，凡年满18岁的匈牙利公民均具有选举权和被选举权。

1990年至2014年间，匈牙利国会共有386个席位，选举采取个人候选人、政党候选人和国家名单相结合的方式。选举制度模式则采用比例代表制和单席位选区代表制相结合的混合模式。个人选区以单席位选区代表制为原则、采取两轮选举制选举产生176个席位，区域选区以比例代表制为原则在20个区域选区的党派代表中分两轮选举产生不超过152位议员，另外有至少58位议员要在各政党的全国名单中进行分配。至少在7个区域选区中有候选人的政党才能进入全国名单。区域候选人和全国名单中的候选人是由各政党推荐的党派代表。所有候选人在个人选区、区域选区和全国名单的选举中得到的选票总数达到全国有效选票5%的政党方可进入国会。

比例代表制是指每个政党根据其在全部选票中赢得的比例来获得相应的席位。单席位选区代表制指的是只有在一个地区获得最多选票的候选人当选的一种代表选举形式。

2011年12月，匈牙利通过了关于选区划分和国会选举的第203号法案。新选举法案中，国会议员的数量有了较大调整，从386名削减到199名；在选举程序上，将两轮制选举改为一轮制；根据选民数量重新划分了选区，综合考虑地理、种族、历史、宗教和其他地方特征以及人口流动等因素。新的选举法于2012年1月1日起正式生效，并在

2014年的国会选举中首次正式实施。

2013年，匈牙利国会通过第36号选举程序法案，对选民登记、候选人提名、开展竞选活动、选民投票、法律救济等流程给出明确规定。法案规定，选举的准备和组织工作由各级选举办公室负责。由7名选举成员、3名替补成员及各党派代表组成国家选举委员会，作为全国名单的核查机构。国家选举办公室是一个仅服从于法律的、独立自治的国家行政机构，执行与选举准备和进行等有关的核心任务，协助全国选举委员会的工作，并管理地区和地方选举办公室的工作。国家选举办公室主席由总理推荐、总统任命，任期4年。

除提前解散等特殊原因外，国会选举的时间一般安排在上一届国会成立后第四年的4月份或者5月份。国会选举投票日期由总统确定并公布。选举活动在投票前50天正式开始。199名议员由个人选区名单和全国选举名单两个部分组成。个人选区产生106个席位，候选人必须获得不少于500个签名才能在个人选区参选。全国名单共有93个席位，可以设置为政党名单或民族名单。政党提交全国名单也有一定的门槛，需要在至少14个州和布达佩斯的71个选区中至少有一名个人候选人。此外，匈牙利选举制度赋予13个少数民族设定全国名单的特权，一个民族名单可获得一个国会席位专属权。

2014年以来国会大选采用一轮投票制度。每个选民投票时共投出两张票，一张投给个人选区候选人，另一张则投给政党名单或者民族名单。个人选区的106个名额从每个选区中获得相对最高数量有效选票的候选人中直接产生。得票率达到政党名单总票数5%的政党获得进入国会的资格，根据政党获得的选票结果使用公式计算分配93个全国名单席位。民族名单的国会席位额度从全国名单中冲抵。如果某个少数民族没有获得这种特权配额，即如果少数民族名单没有赢得议员席位，这个少数民族可以派一名发言人参加国会。13个少数民族推举的代表（无论是否当选议员）组成国会民族代表委员会，围绕有关民族利益和权利开展活动。

国会主席、副主席以及书记官由国会议员以无记名投票方式选举产生。自1990年以来，匈牙利国会主席一直是由在大选中获得最多席位的政党推荐的政治家担任。

总统选举

匈牙利法律规定，每个拥有选举权的、且在选举之日年满35岁的匈牙利公民都可成为总统候选人。

总统由国会以无记名投票选举产生。总统的选举日期由国会议长指定。总统选举前需先进行提名，总统候选人至少需要获得1/5的国会议员的书面推荐。国会选举总统可进行3轮投票。在第一轮投票中，获得至少2/3选票的候选人即可当选总统；如果无候选人获得规定的至少2/3选票，就要进行第二轮投票。第二轮投票只能对第一轮中获得最多赞成票的两名候选人投票。在第二轮投票中，候选人只要获得简单多数票即可当选总统。投票需在两天内完成。

1990年8月，匈牙利国会选举自民盟成员根茨·阿尔帕德出任匈牙利共和国第一任总统。1995年，阿尔帕德取得连任。2000年，青民盟、民主论坛和基民党联合推荐的候选人马德尔·费伦茨（Mádl Ferenc，1931—2011）当选第三任总统。2005年，无党派人士、曾担任宪法法院院长的绍约姆·拉斯洛（Sólyom László，1942— ）出任第四任总统。2010年，青民盟推举的候选人施米特·帕尔当选第五任总统。2012年4月，施米特因论文抄袭事件宣布辞职。国会主席克韦尔·拉斯洛（Kövér László，1959— ）短暂接任代总统。2012年5月，青民盟的创始人之一阿戴尔·亚诺什当选第六任总统，并于2017年获得连任。2022年，青民盟候选人诺瓦克·卡塔琳当选第七任总统，她也成为匈牙利历史上第一位女总统。

政府选举

根据匈牙利宪法规定，除特殊情况外，政府总理选举应在国会选举结束后1个月之内举行。政府总理应根据总统提名由国会选举产生。总统在国会就职会议上提出总理人选建议。总理提名人须获得国会半数以上赞成票方能当选。如果总统的总理提名人选未能获得国会多数票通过，总统须在15日内提出新的提名人选。

政府成员由总理举荐，总统任命。政府成员对国会负责。总理任期届满，政府任期即告终止。

国会选举前，各政治团体会推选并宣布代表各自政治利益的总理候选人。在国会选举中胜出的政党一般会赢得政府组阁权。1989年剧变之后的匈牙利历届政府选举中，总理均由国会执政党领导人担任。1990年国会大选后，民主论坛获胜，同小农党、基民党组成联合政府，民主论坛主席安塔尔·约瑟夫当选总理。1993年12月，安塔尔病逝，内务部部长博罗什·彼得（Boross Péter，1928— ）接任总理。1994—1998年，社会党和自民盟联合执政，总理由社会党主席霍恩·久洛出任。1998—2002

年，青民盟同小农党、民主论坛组成联合政府，青民盟主席欧尔班·维克多当选总理。2002年国会大选后，由社会党和自民党组成联合政府，社会党的候选人迈杰希·彼得（Medgyessy Péter，1942— ）出任政府总理。2004年8月25日，迈杰希宣布辞职，9月29日国会选举社会党人久尔恰尼·费伦茨为政府总理。2006年国会大选后，社会党和自民党联盟再次胜选，久尔恰尼·费伦茨继续担任总理。2009年4月，匈牙利国会通过对久尔恰尼的不信任动议，选举社会党候选人鲍伊瑙伊·戈尔顿（Bajnai Gordon，1968— ）担任总理。在2010年、2014年、2018年、2022年的国会选举中，青民盟和基民党组成的竞选联盟连续4次获胜，青民盟主席欧尔班·维克多也连续4届当选政府总理。

匈牙利宪法赋予地方政府自治的权利。地方自治机构由公民选举产生，2010年之前是每4年举行一次，2012年颁布的新宪法规定每5年举行一次。地方政府选举在多党制下各党派自由竞选。1990年举行的第一次地方政府选举曾采取两轮投票选举制度，1994年以后改为采用一轮选举制度。选民通过直接、无记名投票的方式，一轮投票选举出各级地方议会议员和地方政府领导。选举法规定，在不足1万人口的乡镇，政府机构由公民直接选举产生；超过1万人的乡镇则由议会选举产生政府机构。

第三节
匈牙利对外政策概况

一、外交政策目标

匈牙利是北约、欧盟和申根区成员国，加入了联合国、世贸组织、经合组织、欧洲安全与合作组织、国际劳工组织等重要国际组织。目前已经与世界上170多个国家建立了外交关系。

千年立国历史和文化传统赋予匈牙利外交传承与发展的价值理念，地处欧洲中部、大国夹缝之中的特殊地理区位也深深影响着匈牙利对外关系和外交政策的制定与发展。

1989年剧变后，匈牙利把加入欧盟和北约、融入欧洲大西洋结构一体化作为对外关系的首要目标。进入21世纪，匈牙利秉持服务国家利益的外交原则，将其对外关系的目标定位在3个层次：首先是保障国民安全，服务国内经济发展以及改善民生；在区域范围内加强中欧地区合作，积极参与欧洲一体化建设；在全球层面上要高效应对全球化挑战，以及加强全球匈牙利人的团结。

为了达成以上目标，当前匈牙利的对外政策主要设定在区域政策、欧洲-大西洋方向以及全球开放3个层面。（1）区域政策旨在发展与周边区域、周边国家的关系，促进匈牙利在这一区域的利益，包括保护境外匈牙利人的利益。（2）欧洲-大西洋方向力图保障在欧盟和北约中的匈牙利国家利益，为强大团结的欧盟而努力，以及加强跨大西洋合作。（3）全球开放谋求强化同世界各区域之间的联系，加强匈牙利在全球议程制定方面的作用以及在应对全球挑战方面的行动力。

二、周边区域政策

匈牙利地处欧洲中心位置，在外交传统上习惯按照地理区域制定外交政策。匈牙利外交战略中所提及的区域政策一般指的就是中欧、南欧、东南欧以及东欧这一广泛区域的周边外交政策。

相似的历史发展境遇和地缘政治环境使得匈牙利与中欧、南欧区域国家具有共同的经济利益诉求以及相似的军事和能源安全困境。加强中欧、东欧和东南欧区域的安全、稳定和繁荣，也是历届匈牙利政府外交政策的第一优先方向。基于传统关系和现实利益诉求，剧变后的匈牙利在与这一区域的周边国家保持着较为稳定的双边关系的同时，还倡议发起和加入了多个区域合作机构，推动区域多边关系发展。1989年11月，匈牙利与奥地利、南斯拉夫、意大利倡议建立"亚得里亚海-多瑙河地区四国合作"，旨在加强这一区域在交通运输、环境保护、通讯、教育等领域的分工合作；后随着捷克斯洛伐克、波兰等中欧、南欧国家的加入，1992年该组织更名为"中欧倡议国组织"。1991年，匈牙利与波兰、捷克斯洛伐克建立维谢格拉德集团，以融入欧洲一体化、加入欧盟和北约为目标。这一目标实现后，四国（捷克斯洛伐克1993年成为两个国家）依托这一平台进一步强化经济、内务、防务、文教、科技等多领域的合作，建立起领导人峰会、部长会议、国家议会会议以及智库、非政府组织、学术文化机构等多层级的对话磋商机制，通过召开定期会议的方式沟通信息，表达诉求，协调立场，成为欧盟内十分活跃的一支次区域力量。通过维谢格拉德集团、"三海倡议"等多边论坛，匈牙利谋求推动建立一个中欧经济区，加强在欧盟南北轴上的交通、电力、数字等基础设施互联互通，推动处于欧盟东部边界的中欧地区在全球经济中发挥突出作用。

匈牙利政府十分重视其外交发展的"西方维度"，致力于加强同在西部与其毗邻的奥地利、斯洛文尼亚、克罗地亚、瑞士、德国和意大利等欧盟国家的关系。奥地利不仅是匈牙利的重要贸易伙伴和外来直接投资国，两国在欧盟睦邻政策、西巴尔干入盟等问题上立场一致。斯洛文尼亚与匈牙利同时加入欧盟，两国近年来不断改善基础设施建设和运输联系，经济合作不断加速。克罗地亚是匈牙利农产品、消费品和燃料出口的重要市场，两国在运输、热力和管线方面建立起重要的合作关系。匈牙利与瑞士在商业、教育和文化领域的合作尤为密切，2007年，两国签订双边框架协议，瑞士资助匈牙利在防洪抗灾、旅游、自然保护、教育等领域的项目建设，以缩小其与其他欧盟国家在经济和社会方面的差距。德国与匈牙利的关系将在后文展开论述。在外交策略上，匈牙利注重强调与这些国家在历史文化上的联系，加强经济贸易往来，并依托欧盟"多瑙河流域战略"等宏观区域项目，积极介入这一区域在环境、交通、能源、经济发展、科技创新等方面的合作。

在东欧和南高加索地区，匈牙利响应波兰和瑞典的倡议，支持推动欧盟"东部伙伴关系计划"的出台，并积极推广这一计划，提升欧盟对东部伙伴亚美尼亚、格鲁吉亚、阿塞拜疆、白俄罗斯、摩尔多瓦、乌克兰等6国的关注，支持和帮助这些国家实施符合欧盟标准的社会转型，改善区域投资环境，以保障这一地区作为欧洲交通、能源以及通讯中转站的区域安全。此外，匈牙利支持加强与东南欧的能源合作，倡导加强欧洲南北的互联互通，从而缓解对俄罗斯的能源依赖。

跨境民族问题是长期影响匈牙利与周边国家关系的一个重要因素。由于历史原因，在斯洛伐克、奥地利、罗马尼亚、塞尔维亚、克罗地亚、斯洛文尼亚、乌克兰等国家居住着大量匈牙利族人。匈牙利境外的匈族人共有约500万，其中约350万人生活在以上邻国。其中，罗马尼亚和斯洛伐克两国的匈族人数量最多，矛盾也最为突出。在罗马尼亚生活着大约200万匈牙利族人，主要居住在特兰西瓦尼亚（Transilvania）地区，匈罗两国因这一地区的历史地位问题长期争端不断。斯洛伐克境内生活着50多万匈牙利族人，占全国总人口比例接近10%，在几个国家中所占比例最高。经过长期谈判，20世纪90年代，匈牙利与罗、斯、乌等国分别签署睦邻友好条约，保证了双方边界的不可侵犯性，并承诺保护少数民族权利，跨境民族问题得到初步解决。2001年，匈牙利国会通过《邻国匈族人地位法》，规定匈牙利政府允许罗马尼亚、斯洛伐克、南斯拉夫、斯洛文尼亚、克罗地亚、乌克兰等6个周边国家境内非匈牙利公民的匈牙利族人申请匈牙利族人证件，并为其提供文化、教育及社会保障等一系列优惠待遇和经济补贴。这一决定再次引起相关国家，尤其是斯洛伐克和罗马尼亚的极大不满。其后，匈牙利与周边国家就《邻国匈族人地位法》进行磋商并签署了谅解备忘录，紧张关系有所缓解。2004年，匈牙利和部分邻国加入欧盟后，《邻国匈族人地位法》效用终止。如今，匈牙利少数民族权利问题仍会不时引发匈牙利与相关周边国家的双边紧张局势。

三、与欧盟关系

2004年5月1日，匈牙利被正式接纳成为欧盟成员国。2007年12月，匈牙利成为申根区国家，目前并未加入欧元区。

入盟后的匈牙利开始享受到欧洲统一市场、共同预算体系等成员国身份红利，与欧盟成员国内部的进口和出口贸易额均取得快速增长，欧洲资本和技术大量涌入这个新兴市场。匈牙利每年从欧盟获得的支持资金远远超过它对欧盟的出资额，这些资金帮助匈牙利推动了经济转轨、产业转型和技术升级。匈牙利利用地处欧洲中心的地理区位优势，在欧洲单一市场内充分发挥东西欧交通枢纽的作用，加强与欧盟国家的产业合作，充当商品交流的平台和商品集散地，大力发展服务业、旅游业等第三产业。与此同时，匈牙利经济也更加紧密地融入欧盟的产业链中。可以说，欧盟成员国身份为匈牙利经济带来了更多的活力，也进一步提升了匈牙利在国际舞台上的地位。

作为欧盟的"后来者"，和许多新入盟国家一样，匈牙利在加快经济融合、适应管理体制的同时，也积极寻求在推动欧洲一体化进程中发挥作用，在欧盟内部尽可能多地争取与西欧诸国平等的成员国身份及待遇，并竭力维护自身的安全和主权，争取自身利益的最大化。匈牙利充分意识到欧盟内部发展不平衡性的现状，全力维护欧盟为促进其整体协调发展的地区政策以及共同农业政策，支持对这两个方面的事项给予充足的经费保障，反对建设"多速欧洲"。

依托维谢格拉德集团等次区域组织，匈牙利在难民问题、财政预算以及食品质量标准、能源、交通等议题上与新入盟国家"抱团"，与西欧国家分庭抗礼，争取和维护在这些领域事项中的切身利益。在2015年以来的难民危机中，匈牙利坚决反对欧盟提出

的安置难民的强制配额制，宣布并一再延长移民危机状态，并在其与塞尔维亚边境修筑起阻止难民入境的铁丝网围栏，甚至对欧洲法院对欧盟强制分摊难民方案的裁决也拒绝遵守。2020年11月，由于欧盟委员会公布的2021—2027年欧盟多年度预算和复苏基金方案中将欧盟基金的获得与成员国法治状况挂钩，匈牙利曾一度投票将其否决。此外，在国内政治方面，2010年以来欧尔班政府推动建立"非自由民主国家"，对《基本法》《选举法》《高等教育法》等法律进行修订，加强对国家银行、司法机构、新闻媒体、教育等领域的管控，其中一些改革举措引发欧盟方面的质疑和指责。

匈牙利支持欧盟加强东部睦邻伙伴关系以及继续向东扩展的计划，积极介入欧盟"东部伙伴关系计划"等区域问题，利用独特的区域优势和历史经验在欧盟的东欧和中南欧政策上发挥作用，支持罗马尼亚和保加利亚加入申根区，支持并积极推动欧盟"东部伙伴国家"和克罗地亚、塞尔维亚、马其顿、黑山、阿尔巴尼亚等西巴尔干国家加入欧盟的进程，通过多个渠道为东欧和西巴尔干地区有意加入欧盟国家的社会转型和一体化进程提供实践经验和发展援助。

2011年1月1日至6月30日，匈牙利首次担任欧盟轮值主席国。轮值期间，匈牙利提出了"强大的欧洲"计划，在推动罗姆人社区融入、欧盟能源政策、克罗地亚加入欧盟进程等问题上作出了实质性努力。

四、全球格局中的匈牙利

剧变后匈牙利的外交重心迅速转移到欧洲和跨大西洋这两个方向。在政治经济上进一步融入欧洲的同时，在全球政治领域，地处西欧与东欧的交界之地、把守欧盟东大门的匈牙利在政治和文化上谋求发展成为中欧地区、欧盟以及国际政治领域和文化舞台上的强有力且被充分认可的参与者。在这一目标指导下，匈牙利积极开展区域多边和双边外交，不断巩固和发展与德国、美国、俄罗斯、中国等大国的关系，保持与后苏联空间、亚太、中东、北非、拉丁美洲等区域的经济、文化关系以及政治互动。

2008年全球金融危机爆发，随之而来的欧洲债务危机对匈牙利社会经济造成严重的影响。匈牙利当局深刻认识到西方社会的政治经济地位走向相对衰弱的世界格局走势，其外交政策也发生了一些策略性的变化。2011年，欧尔班政府提出"向东开放"战略（keleti nyitás politikája），旨在推动匈牙利国内中小企业发展同东方国家（尤其是中国、印度、俄罗斯等）的出口意向，并致力于将匈牙利打造成为连接欧亚贸易的桥梁。

与中国关系

1949年10月6日，匈牙利与中华人民共和国建立大使级外交关系，成为中东欧国家中第一个与新中国建交的国家。20世纪50年代，两国关系步入全面发展的时期。1957年，两国总理实现互访。1959年5月，双方签订《中匈友好合作条约》，致力于在相互尊重主权、互不干涉内政、平等互利的基础上发展和巩固双边友好合作关系。1960年代，受中苏关系逆转的影响，中匈关系也持续恶化，高层交往中断。1970年代，两国双边关系开始有所缓和，但中匈执政党两党关系尚未恢复。随着匈牙利政治经济改革和中国改革开放的实施，1980年代，中匈两国关系逐步实现正常化，双方高层互访增加，合作领域扩大。东欧剧变后，由于意识形态领域的分歧，中匈双边关系再度遇冷。1990年代中期开始，中匈双方调整外交政策，双边关系出现了重大改善。1994年，匈牙利总统根茨·阿尔帕德到访中国。1995年，中国国家主席江泽民访问匈牙利。两国领导人实现国际格局变动后的首次互访有力地推动了双边政治关系的发展以及经济、人文领域的交流合作。1997年，两国签署关于中国加入WTO的双边市场准入协议。同年，签署《中华人民共和国政府和匈牙利共和国政府关于相互承认学历、学位证书的协议》。

进入21世纪，匈牙利进一步调整外交政策，将中国列入外交重点国家。2000年，两国发表联合声明，将双边关系定义为真诚的建设性伙伴关系。2003年8月，匈牙利总理迈杰希·彼得访华，这是匈牙利总理相隔40余年后首次访华，双方领导人达成广泛共识，为两国的进一步合作开拓了广阔的前景。迈杰希政府十分重视发展对华关系，在总理办公室专门设立中匈双边关系特使。中匈双边关系迎来发展机遇期。在2004年中匈建交55周年之际，两国签订联合声明，决定将双边关系提升为友好合作伙伴关系。此后，中匈双边交往越来越密切，政治互信和经贸合作不断加强。2004年成立的布达佩斯匈中双语学校是中东欧地区唯一一所同时使用当地语言和中文教学的全日制公立学校。

2010年，欧尔班政府上台后，把与中国关系列入对外政策的重点，他在上台5个月后即到访中国。2011年6月，中国国家总理温家宝访问匈牙利。2012年，中国-中东欧合作机制建立，匈牙利成为这一机制中的重要成员国，中匈关系在此带动下不断向着全面、深化、高水平方向发展。2013年以来，中方"一带一路"倡议和匈方"向东开放"

战略深度对接，双边关系的发展驶入快车道。匈牙利是中国-中东欧合作的积极参与者和重要推动者。中国、匈牙利、塞尔维亚3国合作建设连接贝尔格莱德和布达佩斯的匈塞铁路，成为中国-中东欧合作共建"一带一路"的一个旗舰项目。2013年，中匈两国签署《中华人民共和国政府和匈牙利政府关于互设文化中心的协定》，当年11月，匈牙利文化中心在北京正式揭牌；2020年6月，布达佩斯中国文化中心正式注册。2015年6月，匈牙利与中国签署《中华人民共和国政府和匈牙利政府关于共同推进丝绸之路经济带和21世纪海上丝绸之路建设的谅解备忘录》，匈牙利成为首个同中国签署关于共同推进"一带一路"建设政府间合作文件的欧洲国家，也是首个同中国建立和启动"一带一路"工作组机制的国家。2015年，经中国人民银行授权，中国银行在匈牙利设立中东欧首家人民币清算行。2016年，匈牙利政府发行人民币债券，这也是中东欧地区发行的首支人民币债券。同年，中国驻布达佩斯旅游办事处开业，成为中国国家旅游局在中东欧地区设立的第一个海外旅游办事处。

2017年，习近平主席和欧尔班总理共同决定将两国关系提升至全面战略伙伴关系，中匈两国友好合作关系得到进一步深化。近年来，双边贸易和双向投资均得到平稳增长。两国在贸易、金融、基建、高新技术等领域有着广阔的合作空间。2019年以来，新冠疫情的全球性蔓延、经济全球化遭遇逆流，在此大背景下，中匈之间保持密切的高层交往，在彼此重大核心利益上高度互信、相互支持，经贸合作逆势增长，守望相助共同抗疫，务实合作成效显著。中匈关系进入历史发展最好时期。

与德国关系

德国是匈牙利的周边大国，现两国同为欧盟和北约成员国，德国又是欧盟内的重要主导力量，对德关系在匈牙利外交政策中占据十分重要的地位。

1973年12月21日，匈牙利与德国正式建立外交关系。1989年9月10日，匈牙利宣布终止在1969年与东德政府签署的相关协定，拆除与奥地利的边界围栏，开放了与奥地利的边界，几十万东德人穿过奥匈边境进入西德。这一举动成为加速东方阵营瓦解、助推两德统一的一个重要影响因素，也为剧变后的匈德双边关系的友好发展奠定了基础。1992年，两国缔结《匈德友好条约》，成为双边关系发展的基石。

匈德两国保持着极其紧密的经济联系。德国是匈牙利在欧盟内最为重要的进出口贸易伙伴，对德贸易长期占到匈牙利对外贸易总额的1/4以上。1990年以来，德国长期占据在匈牙利外国直接投资的第一把交椅，投资行业主要集中在汽车产业、能源产业、批发零售业、金融业、通信行业等领域。目前，在匈牙利约有3 000家德国公司。位于杰尔市的奥迪匈牙利公司是匈牙利第二大工业公司。位于布达佩斯的德匈工商会是匈牙利最大的外国商会，拥有900余家成员单位，在两国商业联系中发挥着十分重要的作用。此外，德国与匈牙利所在的维谢格拉德集团也保持着紧密的政治经济互动关系。

密切的经济联系也推动了双方在教育和科技领域的广泛合作。很多德国企业都在匈牙利建立了研发基地。德语在匈牙利的教育教学、商业活动以及社会生活中扮演着重要的角色。位于匈牙利首都的安德拉什大学（Andrássy Gyula Budapest Német Nyelvű Egyetem）创建于2001年，由匈牙利、奥地利、德国3国共同创办，是德语区以外唯一一所完全德语大学。

与美国关系

匈牙利倡导加强欧美跨大西洋伙伴关系，将美国视作传统安全盟友。匈美两国在安全、执法、人文等领域开展了广泛合作。1995年，美国与匈牙利共同组建布达佩斯国际执法学院，面向中欧、东欧国家开展执法培训。1999年2月10日，匈牙利正式成为北约成员国，与美国成为军事安全上的盟国。在科索沃战争，出兵阿富汗、伊拉克战争等问题上，匈牙利都明确支持美国立场，积极参与由美国为主导制定的《东南欧稳定公约》等，成为美国在这些地区的盟友。与此同时，美国也通过各类计划项目向匈牙利国防军提供军事教育培训等安全援助。2008年，匈牙利加入美国免签证计划。2019年，匈美签署了一项旨在推动军事现代化的国防合作协议。

匈美两国双边进出口贸易额并不高，但美国是匈牙利主要的直接投资来源国之一，许多知名的美国公司都在匈牙利设立了生产基地和分支机构。

由于战争、政治动荡等原因，大量匈牙利人移居美国。在当今美国，生活着大约150万匈牙利裔美国人。他们中有不少人在科学、文学、艺术等领域取得了不菲的成就，如美国大众报刊的标志性人物约瑟夫·普利策（Joseph Pulitzer，1847—1911）、著名工程师和物理学家西奥多·冯·卡门（Theodore von Kármán，1881—1963）、开创现代计算机理论的数学家约翰·冯·诺依曼（John Von Neumann，1903—1957）、核物理学家利奥·西拉德（Leo Szilard，1898—1964），以及爱德华·泰勒（Edward Teller/Teller Ede，1908—2003）、20世纪文坛巨匠马洛伊·山多尔（Márai Sándor，1900—1989）、诺贝尔物理学奖获得者尤金·维格纳（Eugene Wigner，1902—1995）、诺贝尔化学奖获得者乔治·安德鲁·欧拉（George Andrew Olah/Oláh György，1927—2017）、精神分析人类学家罗海姆·盖佐（Róheim Géza，1891—1953）等。

与俄罗斯关系

冷战时期，匈牙利与苏联是同属于社会主义阵营的盟友。东欧剧变苏联解体后，匈俄关系一度遇冷。进入21世纪，两国加强务实合作，在经贸、文化以及军事等方面的联系有所加强。但由于历史的原因，中东欧国家普遍对俄罗斯存在一定的戒备心理，匈牙利的对俄政策总体上与欧盟保持一致，偏向相对强硬。2010年欧尔班政府上台后，匈俄关系的发展得到一定程度的改善，尤其是2011年匈牙利"向东开放"战略提出以后，两国关系不断向好。

一直以来，匈牙利在能源上对俄罗斯具有很强的依赖性。匈牙利与俄罗斯分别于1995年和2021年签署长期天然气供应协议。目前，匈牙利约50%的石油、80%的天然气需要从俄罗斯进口。

2009年，在事先没有通知匈牙利方面的情况下，奥地利国家石油公司将其拥有的匈牙利石油和天然气股份有限公司（Magyar Olaj- és Gázipari Nyilvánosan Működő Részvénytársaság）21.2％的股份出售给了俄罗斯苏尔古特石油天然气股份公司，从而使这家俄罗斯公司成为匈牙利石油和天然气进出口公司的最大股东。这引发了匈牙利对自身能源安全的担忧，成为影响匈俄双边关系发展的一个障碍。

经过长时间谈判，2011年8月，匈牙利从俄罗斯购回匈牙利油气工业公司21.2%的股份，终于将匈牙利方面认为影响匈俄双边关系发展的一个障碍清除。近年来，匈俄达成多项政府间合作协议，着力加强能源合作。2014年，两国达成协议，决定对帕克什（Paks）核电站实施扩建，开展核电技术合作以及核能专家培训。帕克什核电站建于20世纪70—80年代，机组由苏联原子能出口公司设计和建设，发电量约占匈牙利电力市场的40％—50％，对于保障匈牙利电力供应以及促进经济社会发展发挥着重要作用。此外，为了实现能源供应渠道的多样化，对于俄罗斯推动建设的"南溪"天然气管道、"土耳其溪"天然气管道等过境管道项目，匈牙利都给予支持和积极参与。当然，匈俄之间能源合作首先是基于各自利益需求。对于俄罗斯至德国的"北溪2号"天然气管道项目，匈牙利就明确表示反对，认为该项目会危及中东欧的能源安全。

帕克什核电站是匈牙利境内唯一一座核电站，1974年动工建设。一期工程分别于1982年和1984年开始发电；二期核电机组1979开始建设，分别于1986年和1987年发电。帕克什核电站4台机组建设均由苏联原子能出口公司设计建设，机组使用寿命为30年，于2012至2017年间到期。2005年，匈国会通过议案同意将核电站机组使用寿命延长20年。2014年，匈俄签订合同，双方决定对帕克什核电站进行扩建，增加安装两个俄罗斯AES-1200型反应堆，建成后的核电站发电量将达到目前的1.2倍。2017年，匈牙利政府专门任命一名"不管部部长"舒利·亚诺什（Süli János，1956— ），负责帕克什核电站两台新机组的设计、建造和调试。

匈俄之间保持着活跃的经贸联系，俄罗斯曾长期作为匈牙利在欧盟以外的第二大贸易伙伴，双方在农业、医药、教育以及空间技术等领域保持密切的联系。近年来，匈俄加强在金融投资等方面的合作，匈牙利储蓄商业银行在俄罗斯分部的规模不断扩大。2021年，俄罗斯占最大股份的国际投资银行（International Investment Bank）总部从莫斯科迁至布达佩斯。2014年以来，欧美因克里米亚问题、俄乌冲突等原因对俄罗斯实施多轮经济制裁，匈俄双边贸易交往也受到一定影响，投资出现下滑。匈牙利多次明确表示不支持欧美对俄制裁，认为制裁不仅达不到预期的政治效果，反而会损害匈牙利和欧盟的经济利益。

课后练习

一、填空题

1. ＿＿＿＿＿＿是匈牙利国家元首，是国家的象征，同时也是武装力量匈牙利国防军的最高司令。

2. ＿＿＿＿＿＿是匈牙利国家立法机关，是匈牙利最高权力机构和人民代表机关，行使人民主权所赋予的权利；＿＿＿＿＿＿＿＿＿＿是匈牙利国家最高权力机关的执行机关和管理机关，代表国家行使行政权力。

3. 除了政府行政机构外，匈牙利中央国家行政机关还包括一些由法律直接创设，独立履行特定的政府管理职能的_____，可颁布法令，但不可与总理令、部长令以及匈牙利国家银行长令相抵触，此类机构如_____、_____、_____等。

4. 匈牙利宪法法院由_____名法官组成，任期_____年，可连任_____次。

5. 匈牙利最高司法机构是_____，其首要职责是_____。

6. 匈牙利国会实行____院制，共有_____个席位。

7. 中国、匈牙利、塞尔维亚合作共建连接贝尔格莱德与布达佩斯的_____，是中国与中东欧国家共建"一带一路"的重点项目。

8. 1991年，匈牙利与波兰、捷克斯洛伐克建立_____，以_____为主要目标。这一目标实现后，四国依托这一平台进一步强化经济、内务、防务、文教、科技等多领域的合作，建立起_____，成为欧盟内十分活跃的一支次区域力量。

9. 2011年，欧尔班政府提出_____战略，旨在推动匈牙利国内中小企业发展同东方国家的出口意向，并致力于将匈牙利打造成为_____。

10. 1949年10月6日，_____与中华人民共和国建立大使级外交关系，成为中东欧国家中第一个与新中国建交的国家。2000年，两国发表联合声明，将双边关系定义为_____。2017年，两国关系提升至_____，中匈关系进入"换挡提速"的历史新阶段。

二、判断题

1. 总统有权解散国会。 （　　）

2. 匈牙利国会的职权主要是立法与监督政府工作。 （　　）

3. 匈牙利国会选举每3年举行一次。 （　　）

4. 匈牙利宪法法院从属于匈牙利司法系统，财政由司法系统统一拨款。 （　　）

5. 匈牙利法官与检察官职务为终身制，不可参与任何政党，不可从事政治活动。

（　　）

6. 国家选举办公室是一个仅服从于法律的、独立自治的国家行政机构，执行与选举准备和进行等有关的核心任务，协助全国选举委员会的工作，并管理地区和地方选举办

公室的工作。 （　　）

7. 2004年5月1日，匈牙利被正式接纳成为欧盟成员国。2007年12月，匈牙利成为申根区国家并加入欧元区。 （　　）

8. 2017年，习近平主席和欧尔班总理共同决定将两国关系提升至全面战略伙伴关系，中匈两国友好合作关系得到进一步深化。 （　　）

9. 匈美两国双边进出口贸易额并不高，但美国是匈牙利主要的直接投资来源国之一。 （　　）

10. 匈牙利对于俄罗斯建设"南溪"天然气管道、"土耳其溪"天然气管道与"北溪2号"天然气管道项目都予以支持和积极参与。 （　　）

三、简答题

1. 简述匈牙利国家机构的构成及其主要功能。

2. 简述匈牙利政党制度的发展演变及其主要政党。

3. 简述匈牙利国会选举的制度流程。

4. 简述匈牙利与中国双边关系的发展历程。

四、拓展题

1. 结合本章和前几章的学习，思考匈牙利外交政策的主要影响因素有哪些？

2. 2021年11月25日，国务委员兼外长王毅同匈牙利外长西雅尔多视频会晤时表示，中匈两国打造了不同制度国家之间互利共赢的典范。请结合中匈合作交流的实践，谈谈你对这句话的认识。

社会文化篇

跌宕起伏的千年历史进程造就了绚烂多彩的匈牙利民族社会文化。它博采众长，兼具东西方文化色彩，又表现出鲜明的民族特征。马扎尔人是来自东方的游牧民族，如今匈牙利的社会文化中仍然保留着不少东方文化的印记；定居欧洲后，尤其在基督教传入后，西方文化传统开始逐步占据主导地位；13世纪蒙古人的入侵，16世纪土耳其的侵占，17世纪奥地利的专制统治，战乱、动荡的社会环境使匈牙利文化遭受严重的破坏，异族统治对匈牙利社会文化的发展也产生了重要影响。历史上匈牙利虽然数度丧失独立，但其文化特性却从未丧失和中断。由于地缘环境特殊，在世界格局的历次动荡和变革中，匈牙利常常成为邻国不同民族多种文明冲突、交汇、融合的前沿地带，复杂的历史经历、特殊的地理位置、政治经济变迁令匈牙利社会文化独具特色，在新的时期仍然迸发出持久的魅力。

第六章
匈牙利民族社会文化的历史脉络

第一节
文化中的东方情结与西方基因

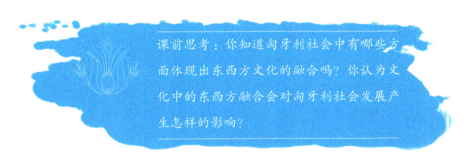

课前思考：你知道匈牙利社会中有哪些方面体现出东西方文化的融合吗？你认为文化中的东西方融合会对匈牙利社会发展产生怎样的影响？

一、匈牙利社会文化中的东方元素

据匈牙利历史学家考证，马扎尔族是一支来自东方的游牧民族，自5世纪中叶至9世纪末，先后经南俄罗斯草原、北高加索地区、黑海北部辗转迁徙至喀尔巴阡山盆地定居。在长达4个多世纪的游牧迁徙过程中，他们在语言、生活习惯等方面受到了沿途的斯拉夫、土耳其、波斯等民族的影响。马扎尔民族定居的地域西面居住着日耳曼民族，东面是拉丁民族，南、北两面是斯拉夫民族，位于典型的东西方文明的碰撞交汇地带。定居后的马扎尔民族与包括斯拉夫人、日耳曼人、犹太人、吉卜赛人等多个种族文化融合，再加上后来的常年战争、异族统治等复杂原因，匈牙利的社会文化结构变得十分多元。因此，早期的匈牙利社会文化艺术受不同民族文化的影响，掺杂了许多历史文化元素。

匈牙利的一些民间故事传说、民俗民谣等与某些东方民族十分相似。匈牙利很多民间故事在母题、故事情节、结构方式等方面都能在乌拉尔山脉以东某些东方民族的民间文化中找到相关的联系。例如，匈牙利民间故事常见的母题"鸭掌上旋转的城堡""通天树""巫师学习后遇到考验""英雄死后复生"等是匈牙利人早期信仰在故事中留下的宗教形象，它们在西欧故事中找不到对应关联，却能在俄罗斯、东欧和突厥民族的一些故事中找到同样主题；中国学者钟进文研究发现，匈牙利民间故事中有几则鹰故事和蟒故事的情节与我国裕固族的民间故事情节完全相同；匈牙利裔美籍人类学家霍尔瓦特·伊莎贝拉（Horváth Izabella）发现，匈牙利民间故事《白马之子》（Fehérlófia）和一些突厥民族的民间故事结构一致，她在我国内蒙古地区鄂温克族故事中采集到最为近似的版本。此外，社会学家和人类学家通过考察民间艺术以及历史资料等，发现匈牙利史前史中的许多文化符号，如游牧生活用具、植物装饰图案等都来源于内亚或中亚地区。

匈牙利的文学、音乐等文化传统中带有难以割舍的东方情结。匈牙利著名诗人裴多菲在他的长篇叙事史诗《首领莱赫尔》（Lehel vezér）中曾表述出匈牙利人强烈的东方情愫，诗中提到，匈牙利人的祖先住在遥远的亚洲，"亚洲，我们的故乡，我们过去的祖国。"著名音乐家和教育家柯达伊·佐尔坦（Kodály Zoltán，1882—1967）在《论匈牙利民间音乐》（A magyar népzene）一书中认定，匈牙利民间音乐具有一定的东方渊源。他指出，匈牙利民间音乐以五声音阶为基础，这种调式可以追溯到内亚，是匈牙利民间音乐表达的灵魂，与欧洲人或周边民族的音乐无关，它起源于东方。巴托克·贝拉（Bartók Béla，1881—1945）经过在土耳其等东方国家实地搜集民歌，指出"古老的匈牙利音乐风格是古老的突厥音乐的一部分"。也有中国学者研究发现，中匈民歌有一定的亲缘关系，匈牙利民歌曲调中的旋律与中国的蒙古族、保安族等少数民族的民歌十分相近。

匈牙利民族的东方起源还比较明显地体现在他们的语言文字和风俗习惯上。在用语习惯上，匈牙利人姓名的表述方式与东方民族相似，姓在前、名在后，如裴多菲·山多尔，裴多菲是姓，山多尔是名。姓名的简称一般只称呼姓；长辈对小辈、亲朋好友之间则可称呼昵称，在名后面加"ka"，或取第一个音节加"i"。对日期的表达是按照年、月、日从大到小的顺序，而在地址的写法上也是按照"国家—城市—街区—门牌"从大

到小的顺序。这些用语习惯完全不同于欧洲其他民族，而是与亚洲民族的语言习惯十分相近。另外，在匈牙利语中还存在大量的来自东方民族的外来词汇，其中包含了不少突厥语、波斯语以及斯拉夫语词汇。

匈牙利人在早期故乡马格纳匈牙利时与突厥人共同生活而产生了大量关于农耕、服饰等方面的词汇，例如，阉牛（ökör）、猪（disznó）、山羊（kecske）、母鸡（tyúk）、奶酪（sajt）、啤酒（sör）、葡萄酒（bor）、大麦（árpa）、小麦（búza）、和平（béke）、目击者（tanú）、翻译（tolmács）、法律（törvény）、巫婆（boszorkány）、珍珠（gyöngy）、戒指（gyűrű）、斗篷（köpönyeg）、镜子（tükör）、字母（betű）、数字（szám）等。匈牙利语中的城堡（vár）、关口（vám）、市场（vásár）等是典型的波斯语词汇；稻草（szalma）、木匠（asztalos）、厨房（konyha）、窗户（ablak）、午饭（ebéd）、晚饭（vacsora）、星期三（szerda）、星期四（csütörtök）等则来源于斯拉夫语。

二、基督教传播开启匈牙利欧化进程

公元1000年圣·伊斯特万国王把基督教定为国教是匈牙利文化发展过程中具有转折性意义的重大历史事件。这之后，匈牙利文化的发展走向清晰地反映出基督教文化的深刻影响。随着基督教逐步被民众接受，基督教文明在匈牙利的土壤上扎根并获得新的发展。匈牙利社会文化开启了在东方传统和游牧文化基础上不断欧化的过程。随着基督教文化的传播，匈牙利文化艺术追随着西方文明的脚步快速迈进。

宗教的推广与发展推动作为文化载体的古匈牙利语从口头语言发展成为书面语言。匈牙利语最早是使用古匈牙利字母进行拼读和书写的。圣·伊斯特万建国之时将拉丁语确定为官方语言，匈牙利语也开始使用拉丁字母书写。匈牙利最早的写作文学出现于11世纪中期，是用拉丁文写成的宗教作品。为了便于基督教文化的大众传播需求，匈牙利语书面语言作品开始出现。现存最早用拉丁字母匈牙利语书写的文本是一部悼词（Halloti beszéd），据考约写于1200年。迄今为止发现得最早的匈牙利语书面诗歌是一首翻译自拉丁文的《圣母玛利亚的哀歌》（Ómagyar Mária-siralom），约写于1300年。在整个中世纪，匈牙利的书面文学作品大多是以宗教为题材的。

13世纪中叶以前的匈牙利艺术深受意大利、法兰西和拜占庭文化的影响，这可以从保留下来的教会建筑及其雕刻、壁画装饰上得到清晰的印证。13世纪蒙古鞑靼人入侵并占领匈牙利全境，破坏了城市建筑，消灭了近一半人口，对匈牙利文化带来了灾难性的后果。

鞑靼军队一年后撤走，并未对匈牙利文化发展留下太多的印记，匈牙利重新回到了西方文明的发展潮流中。13世纪下半叶开始，风靡欧洲的法国哥特艺术风格对匈牙利文化发展产生了很深的影响，主要体现在建筑、绘画和雕塑等领域。布达佩斯的马加什大教堂（建筑主体建于14世纪）、维谢格拉德的宫殿（建于14—15世纪）、肖普朗的牧师会教堂（建于14世纪上半叶）等都是具有代表性的哥特式建筑。这一时期，雕塑开始逐渐脱离对建筑的依附而发展成为一门独立的艺术。科洛什瓦尔兄弟（Kolozsvári testvérek）是14世纪著名的雕塑家，其代表作有青铜雕像《圣乔治骑马像》等。

受十字军东征的影响，13—14世纪骑士精神和骑士文化在匈牙利盛行一时。骑士阶层迅速发展，骑士身份和骑士文化成为与匈牙利贵族生活密不可分的组成部分。为防止鞑靼人再次入侵以及顺应骑士文化的发展潮流，这一时期匈牙利王国境内建立了很多城堡。著名的布达城堡区（Budai Várnegyed）、维谢格拉德城堡（Visegrád）、迪欧什久尔城堡（Diósgyőri vár）、希克洛什城堡（Siklósi vár）等都是在这一时期建造或重建的。

公元1247年，国王贝拉四世决定在多瑙河右岸的山嘴上构筑城堡，建筑围墙，以防止鞑靼人卷土重来。到1265年，布达城堡山初具规模。1987年，匈牙利布达佩斯的多瑙河两岸和布达城堡区被列入世界文化遗产名录。

中世纪及以前的匈牙利美术作品几乎全部衍生于宗教主题，雕塑和肖像画的内容也多为宗教人物或宗教故事。14世纪末15世纪初，匈牙利出现了最早的架上绘画，最为流行的形式是可以折叠起来的基督教圣像画。

由于地理上的相互临近，匈牙利与意大利在文化和商业上有着十分紧密的联系。14世纪初，安茹家族继承匈牙利王位，进一步强化了这种联系，匈牙利各大城市聚集了许多来自意大利的文学家、建筑师、画家和雕刻家，因此文艺复兴时期的思想和艺术风格很早就从意大利直接传播到匈牙利。意大利人文主义思想家皮埃特罗·保罗·维尔杰里奥（Pietro Paolo Vergerio，1369—1444）就曾长时期生活在匈牙利，对匈牙利人文主义的兴起起到重要引领作用。他的追随者维泰兹·亚诺什（Vitéz János，约1408—1472）创作的《书信合集》（Leveleskönyv），开启了匈牙利人文主义的开端。

15世纪中期，胡尼奥迪·马加什国王统治时期，匈牙利社会文化艺术发展到一个空前未有的辉煌阶段。

马加什国王广纳贤人志士，尤其注意引入和推广文艺复兴的新的文化艺术成就。他将布达城堡按照文艺复兴的风格进行了重建，吸引了众多当时杰出的人文主义艺术家和科学家前来造访，首都布达一度成为欧洲文艺复兴的重要中心之一。

马加什非常重视科学和艺术，鼓励发展匈牙利拉丁语文学，推动了人文主义在匈牙利的蓬勃发展。马加什国王自1460年代起在欧洲广泛收集、抄写、翻译在文学、历史、哲学以及科学等领域经典性和创新性的著作，在布达皇宫内建起了享誉欧洲的手抄本图书馆（Bibliotheca Corviniana）。潘诺尼乌斯·亚诺什（Pannonius Janus，1434—1472）是匈牙利人文主义最为杰出的代表之一，他用拉丁语创作了大量兼具思想性和艺术性的诗歌，把匈牙利文化与欧洲文化紧密联系起来，因此成为享誉欧洲的匈牙利人文主义抒情诗人。1480年代，匈牙利宫廷历史学家陶鲁茨·亚诺什（Thuróczy János，约1435—约1490）编撰出版《匈牙利编年史》（Chronica Hungarorum），记录了从远古一直到马加什统治中期的历史。

据考，手抄本图书馆高峰时期藏书约2 500卷，成为当时仅次于梵蒂冈的欧洲第二大藏书地，包括哲学、神学、历史、法律、文学、地理、自然科学、医学、建筑等领域的作品，涉及希腊语、希伯来语、拉丁语等不同语种。每一本手抄本藏书（corvina）都遵循严格标准手工制作，封面装饰华丽并配有特有的徽章标识。如今幸存下来的手抄本仅有约220卷，主要保存在匈牙利和欧美的几个图书馆。2005年，手抄本图书馆被推荐列入联合国教科文组织的世界记忆名录。目前，匈牙利国家图书馆已经启动以数字形式修复手抄本图书馆的项目。

1476年，马加什国王与那不勒斯的贝阿特丽克丝公主联姻，许多意大利艺术家和工匠跟随王后来到匈牙利。匈牙利与意大利紧密的文化艺术联系为16世纪文艺复兴思潮在匈牙利文学、建筑、艺术等领域的高度繁荣奠定了基础。

三、政教关系及其对社会文化的影响

在匈牙利民族文化的形成和发展过程中，宗教一直起着十分重要的作用。游牧时期的马扎尔族信奉萨满教。公元955年，盖佐大公领导的马扎尔部落被神圣罗马帝国的创始人奥托一世击溃后，马扎尔人开始探求同西方文明的联系与沟通。为了巩固封建统治，公元1000年，伊斯特万国王将基督教确定为国教。伊斯特万采取说服和强制兼而有之的手段在全国推行基督教，匈牙利人逐渐接受和适应了新的宗教习俗、道德标准和生活方式。基督教会也逐渐拥有了政治上的权威，成为王权的重要精神支柱，在匈牙利政治、社会和文化生活中扮演起不可取代的角色。到了中世纪，宗教的传播在巩固封建统治的同时也促进了教堂建筑、雕刻、绘画等艺术的繁荣，并带动了宗教文学的发展和传播，宫廷和寺院成为匈牙利社会文化发展的中心。但在另一方面，作为王权象征的宗教禁锢人民的思想，严重阻碍了科学和世俗文学的进步。

到16世纪，文艺复兴文化和世俗主义越来越深入地渗透到匈牙利新贵族和知识分子的生活中，语言文学开始蓬勃发展，社会科学和自然科学的很多领域也得到一定程度的发展。目前发现的最早的匈牙利印刷地图（Tabula Hungariae）据推测制作于1528年之前。人文主义学者西尔韦斯特·亚诺什（Sylvester János，1504—? 1551）为匈牙利语言文学的发展作出重要贡献，他在1539年编制了第一部系统化的匈牙利拉丁文语法拼写规则的书籍。1541年，西尔韦斯特首次将《圣经》新约部分翻译成匈牙利语。桑博基·亚诺什（Zsámboki János，1531—1584）收集了有效的王室法律文本，于1581年出版第一本《匈牙利法律法规合集》（Corpus iuris Hungarici），此外，他在医学、纹章学、艺术收藏等方面同样颇有建树。

匈牙利最古老的印刷地图据考为书记官拉扎尔（Lázár deák，生卒年份不详）所绘制，因此也称为拉扎尔地图。现由塞切尼国家图书馆保存的是1528年出版的唯一幸存副本。该地图于2007年被列入联合国教科文组织世界记忆名录。

16世纪，在文艺复兴思潮和德意志马丁·路德宗教改革运动的双重影响下，匈牙利全国掀起了轰轰烈烈的宗教改革运动。长期的分裂和战乱削弱了匈牙利国内的天主教势力，随着1526年匈牙利在与奥斯曼帝国的战争中失利，天主教基础设施遭到严重破坏，天主教势力受到沉重打击，新教得以趁势迅速传播。分裂后的匈牙利的3个部分虽然处于不同政权的统治之下，但初期都采取了相对宽松的宗教政策，对新教传播没有过多的限制。到16世纪中期，匈牙利大部分贵族已经成为宗教改革的追随者。这一时期，国内的传教士开始使用匈牙利语向农民传经布道，有力地促进了匈牙利民族语言的发展。1560年代，新教逐渐发展壮大，成为宗教改革运动中的人民派将匈牙利人民团结起来反对封建压迫和异国统治的一个重要工具。1569—1570年，在蒂萨河东部地区爆发了以考拉乔尼·久尔吉（Karácsony György，? —1570）为领袖的大规模农民起义，宣布推翻哈布斯堡王朝的统治，并进行宗教改革。起义和改革运动最终以失败告终，却在一定程度上打击了封建王权和宗教神权制度。1590年，匈牙利加尔文教牧师卡罗伊·加斯帕尔（Károlyi Gáspár，约1529—1592）等人将《圣经》全本翻译成匈牙利语，进一步推动了匈牙利语言的运用和文学的发展。

卡罗伊·加斯帕尔等6位新教牧师得到特兰西瓦尼亚大公拉科齐·日格蒙德（Rákóczi Zsigmond，? —1608）的支持，于1586年开始在拉丁文基础上翻译《圣经》，

1589年付印，1590年面世。卡罗伊·加斯帕尔版本的《圣经》成为第一本完整的匈牙利语版本的《圣经》。如今，在布达佩斯市中心有一所以他名字命名的教会大学。

埃尔代伊大公国成为以武装起义形式推动宗教改革的重要基地。1604—1606年间，博赤卡伊·伊斯特万带领新教徒雇佣军（"豪伊杜"，hajdú）奋起反抗神圣罗马帝国对新教徒的迫害。30年战争期间（1618—1648），贝特伦·加博尔领导加尔文教教徒与神圣罗马帝国皇帝抗争，维护新教徒的信仰自由。

文艺复兴和宗教改革的潮流动摇了教会的神权统治，不仅终结了中世纪教会宗教艺术一枝独秀的局面，也打破了过去的价值观，从根本上重塑了匈牙利社会的文化形态。

匈牙利宗教和社会文化的发展过程中，外族的入侵是一个不可忽视的因素。1241年蒙古铁蹄所到之处不仅摧城毁池，还大肆屠杀，基督教徒一旦遇上，必被杀戮。16世纪奥斯曼帝国统治匈牙利期间，向农奴课以重税，而对伊斯兰教信徒实行免税政策，修建了大量伊斯兰教清真寺，部分匈牙利人因此改信伊斯兰教。而到哈布斯堡王朝统治时期，匈牙利开始复兴天主教，清真寺又多被改造成为天主教堂。宗教信仰也成为检验大贵族们是否忠诚于哈布斯堡王朝的一个重要标志。

两次世界大战期间，天主教在匈牙利的地位得以强化。在1945年以前，匈牙利一直是政教合一的国家，宗教与国家政权之间有着十分密切的联系，匈牙利天主教会拥有全国20%的耕地和一大批企业，在国家政治经济生活中发挥着举足轻重的作用。1945年后，匈牙利政府宣布政教分离，实施各教派完全平等的宗教政策。1948年，基督教新教和犹太教会与政府签订合作协议。宗教平等政策的实施在一定程度上削弱了原本具有最大社会影响力的天主教会的地位。1949年后，由于匈牙利政府在国内实行高压政策，限制宗教活动自由，天主教会与国家政府之间的关系一度紧张。进入1960年代，匈牙利政府设立国家宗教事务部，调整了对教会的政策，给予教会在经费方面一定的支持，保障教会宗教活动的自由，并在国民议会、地方议会和群众团体中适当增加了教会代表的名额，国家和教会的关系逐步走向正常化。梵蒂冈和匈牙利政府经谈判同意解决天主教会的问题，1964年，匈牙利政府与天主教会缔结了部分协议。1977年，匈牙利社工党中央第一书记卡达尔会见教皇保罗四世，成为世界上第一个会见教皇的共产党领导人。此后，政府与教会的关系得到进一步改善。1989年东欧剧变后，匈牙利国会通过的宪法修正案中明确强调"教会与国家分离运转"。同年，匈牙利撤销了国家宗教事务部，成立具有协商性质的全国宗教事务委员会，并吸收一些教会代表人物参与委员会管理。1990年2月，匈牙利与梵蒂冈签署协议，重新建立外交关系。1991年7月，匈牙利颁布关于前教会财产所有权处置的《第32号法案》，将1948年以后收归国有的原教会财产归还教会或给予教会一定的赔偿。

在匈牙利现政府机构中，国内宗教事务现由总理办公室下属的国家教会和民族关系秘书处（Egyházi és Nemzetiségi Kapcsolatokért Felelős Államtitkárság）负责管理。

如今，匈牙利社会有将近60%的居民信奉基督教，占宗教信仰人口的90%以上。基督教信仰深深地影响着匈牙利文化的形成和发展，在社会生活中占据重要的地位。基督教的影响不仅仅体现在音乐、舞蹈、建筑、雕刻、绘画等有形的文化形式中，对公众的日常生活、价值观和社会意识的影响也是广泛而深远的。匈牙利几乎每个村庄都有教堂，匈牙利人的出生、婚礼、丧礼等社会活动都会按照基督教仪式举行。基督教中重要的节日，例如圣诞节（karácsony）、复活节（húsvét）等在匈牙利的民间节日中占有极其重要的地位。

基督教文化成为匈牙利社会文化的重要基础，在政治舞台上也扮演着不可小觑的角色。主要由基督教信众组成的基督教民主人民党，近年来在匈牙利政治中一直占有一席之地。教会虽然不直接参与政治，但具有较为广泛的群众基础和丰厚的道德资本，因而能够在政治上产生一定的影响力。匈牙利一直坚持融入西方社会的努力，这与它的宗教社会基础有着不可分离的关系。

2012年1月1日起正式实施的匈牙利新宪法——《基本法》将基督教作为"匈牙利历史和文明基础"。这充分说明了基督教在匈牙利社会的地位，也反映出宗教民族主义在匈牙利国家的政治生活中扮演着重要的角色。

第二节
语言地位的发展与民族文化的复兴

一、外族统治压制文化艺术发展

奥斯曼帝国和哈布斯堡王朝的入侵严重阻碍了匈牙利民族文化艺术的发展。16到

19世纪，匈牙利饱受战乱和异族统治压迫，民族文化艺术发展举步维艰。300余年的外族统治给匈牙利文化打上了深深的历史烙印。

16世纪中叶到17世纪被奥斯曼帝国侵占期间，在匈牙利出现了许多穆斯林建筑，现今坐落于佩奇市市中心塞切尼广场北侧的清真寺是奥斯曼土耳其遗留在匈牙利最大的穆斯林建筑。奥斯曼帝国在匈牙利实施严苛的赋税和官僚制度，专制统治极大地限制了匈牙利民族艺术的发展。反抗奥斯曼土耳其侵略成为这一时期文学领域创作的主题。游吟诗人蒂诺迪·塞帕什切（Tinódi Sebestyén，约1510—1556）创作和吟唱的史诗是匈牙利人反抗奥斯曼土耳其侵略的真实记录。在反对奥斯曼土耳其的斗争中英勇献身的抒情诗人鲍洛希·巴林特（Balassi Bálint，1554—1594）以战歌形式写作的抒情诗《春天赞歌》《边塞人颂》《辞别布达》等表达对大自然的歌颂，充满着强烈的爱国主义情感和战斗精神。没有被奥斯曼土耳其占领的埃尔代伊大公国成为匈牙利贵族王室的避难之所，逐步发展成为这一时期匈牙利民族文化创作发展和科学文化教育普及推广的中心区域。阿帕采依·切雷·亚诺什（Apáczai Csere János，1626—1659）学习和吸收西欧哲学思想，于1653—1655年在这一地区编写了用于教学的《匈牙利百科全书》（Magyar encyclopaedia），汇集了神学、哲学、语言学、历史、法律、定量、自然科学、医学、工程学和经济学等方面的知识。这是第一本用匈牙利语编写的教科书。

17世纪末，从奥斯曼帝国统治的枷锁中挣脱出来的匈牙利又陷入了哈布斯堡王朝的专制统治之下。哈布斯堡王朝统治时期，匈牙利的大贵族们由于长期接受西欧的教育，沉醉于维也纳奢华的宫廷生活，在生活方式、文化艺术上也竭力模仿西欧贵族，上流社会和知识分子喜欢用拉丁语、德语和法语进行交际，对自身的民族文化十分漠视。拉丁语成为行政机构的官方语言，匈牙利民族语言受到压制，极大地影响了文化的发展。再加上哈布斯堡王朝竭力压制匈牙利民族文化的发展，不少具有民族思想的艺术家流亡国外，匈牙利国内主流文化越来越趋同于西欧。

巴洛克艺术风格在绘画、建筑等领域得到广泛传播。18世纪初的著名画家马尼奥基·阿达姆（Mányoki Ádám，1673—1757）是匈牙利肖像画派的创始人，他创作的肖像画深受巴洛克风格影响，人物刻画雍容华贵、惟妙惟肖。其著名的代表作品《拉科齐·费伦茨二世》创作于1709年，现珍藏于匈牙利布达佩斯美术馆。大量的巴洛克风格的建筑也在此时兴建起来。位于哥德勒（Gödöllő）的茜茜公主行宫（建于1735—1749年）是目前匈牙利境内现存最大的巴洛克风格建筑。

哥德勒茜茜公主行宫正门入口

　　而在文学领域，反抗异族压迫仍然是创作的重要主题。政治家、军事家、诗人兹里尼·米克洛什在1645—1646年写就了著名的民族长篇史诗《西盖特堡之危》（Szigeti veszedelem），描述了1566年匈牙利人民为了捍卫塞格德堡而与奥斯曼土耳其进行英勇斗争的经过，是叙事体诗歌的优秀代表作。利马依·亚诺什（Rimay János，1569—1631）以"可怜的被毁、被压榨的匈牙利民族啊！"起头的诗歌是17世纪广为流传的爱国诗篇，诗中形象地描绘了哈布斯堡王朝对匈牙利贵族的剥削与压榨。

二、民族语言文化的复苏与革新

　　匈牙利官方语言匈牙利语属于乌拉尔语系，芬兰-乌戈尔语族，全球的使用人口约有1 450万，主要分布地区为匈牙利及其几个邻国的部分区域。

　　现代匈牙利语结合了古匈牙利语字母与拉丁字母，使用44个字母来拼读与书写，其中常用的是14个元音和25个辅音。匈牙利语属黏着语，词缀种类繁多，主要通过词尾、前缀、词缀来改变词义和语法功能。

　　9世纪末马扎尔族人定居欧洲之时，也把民族语言带了过来。匈牙利语最早用古匈牙利字母拼读和书写。伊斯特万建国之后，为推行基督教将拉丁语定为官方语言，匈牙利语开始用拉丁字母书写，作为民族语言得到一定的发展。16到19世纪异族统治时期，匈牙利民族语言的使用长期受到压制。19世纪上半叶，发生了两件具有划时代意义的事件：一是匈牙利科学院的建立；二是匈牙利语正式确立为官方语言。这两个事件标志着匈牙利民族语言文化的复苏，成为文化全面复兴的重要推动力。

在文化危机和专制统治的环境下，匈牙利文学和艺术艰难成长。18世纪中叶以后，法国启蒙运动以及资产阶级自由民主的进步思想在匈牙利得以传播。18世纪后期开始，外族统治压制下的匈牙利语言文化开始出现了复苏的迹象。剧作家、思想家拜塞涅伊·久尔吉（Bessenyei György，1747—1811）是匈牙利启蒙文学的代表人物，他主攻戏剧和历史哲学，创作风格深受法国启蒙思想家伏尔泰的影响。他于1772年创作的历史悲剧《阿基什的悲剧》（Ágis tragédiája）描写了两个古代斯巴达青年反抗统治者的英雄故事，被当作启蒙文学的开端载入匈牙利文学史。1789年，诗人鲍恰尼·亚诺什（Batsányi János，1763—1845）写就爱国诗篇《法兰西的变迁》（A franciaországi változásokra），积极回应1789年法国大革命，被誉为匈牙利文学史上的第一首革命诗歌。

18世纪后期，神圣罗马帝国皇帝、匈牙利国王约瑟夫二世上台后，开展了大刀阔斧的改革，在匈牙利强力推行德语作为官方语言，遭到匈牙利民族主义者的强烈抵抗。匈牙利社会要求语言改革并恢复匈牙利语官方用语地位的呼声越来越高。1780年，在波若尼创办了第一份匈牙利语报刊《匈牙利通讯》（Magyar Hírmondó）。1788年，考津齐·费伦茨、鲍恰尼·亚诺什、鲍罗蒂·萨博·大卫（Baróti Szabó Dávid，1739—1819）等共同创办了第一份匈牙利语文学杂志《匈牙利博物馆》（Magyar Múzeum）。

《匈牙利博物馆》发行时间不长。在1793年出版8期后，因内部矛盾和外部审查等各种压力被迫停刊，但该杂志在作者组织、期刊出版等方面的尝试，对于刚刚开始发展的匈牙利语文学具有十分巨大的意义。

18世纪中后期，科技进步与社会发展对语言的科学性和适用性提出了新要求。语言学家列瓦依·米克洛什（Révai Miklós，1749—1807）对匈牙利语拼写原则进行了科学阐释，通过翻译丰富了匈牙利的科学和学术语言。在作家考津齐·费伦茨的积极倡导下，匈牙利进步知识分子发起了一项语言革新运动，对语言的发展和文学的复兴产生了广泛而深远的影响。他们主张不断丰富匈牙利语言词汇内容，对匈牙利文学、语言学进行系统化革新，使匈牙利语能够适应科技发展、法律应用以及文学创作等方面的新要求。在这场语言革命中，拜塞涅伊·久尔吉、鲍拉蒂·萨博、拉特·马加什（Rát Mátyás，1749—1810）等诗人、作家、社会活动家积极参与其中，他们致力于将很多新词汇、外来词汇"匈牙利语化"，创造出万余个新词汇，极大地丰富了现代匈牙利语的语言表述。语言革新运动遭受到了保守势力的责难，他们指责改革是颠覆传统，从而百般阻挠；也有激进革新派对这种语言领域的改革不以为然，认为很难实施推广且无法真正推动社会变革。考津齐·费伦茨等人努力寻求语言传统与必要的改革之间的平衡，努力在墨守成规和矫枉过正中寻找出路。这次语言革新运动对匈牙利语言的发展带来深远的影响，其间所创造出的词汇有千余个至今还在使用。

在学界和政界的共同推动下，教育和社会公共领域对匈牙利语的维护和推广取得了一定的进展。1790年，匈牙利国会批准了匈牙利王国宪法，提出为中学生开设匈牙利语必修课，在大学里设立了匈牙利语教职，并第一次把学习匈牙利语作为进入高等学府深造的必要条件。同年，在考津齐·费伦茨、拉戴伊·帕尔伯爵（Ráday Pál，1768—1827）、戏剧家凯莱曼·拉斯洛（Kelemen László，1762—1814）等人的大力推动下，第一家匈牙利语剧团公司成立，并开始在布达用匈牙利语表演戏剧。1802年，建立了专门收集匈牙利境内出版的图书、匈牙利语图书及与匈牙利有关的外文图书的图书馆。1808年，专门收集匈牙利历史、考古和自然遗迹的国家博物馆成立。

18世纪末19世纪初，匈牙利民族观念、民族意识的觉醒和凝聚赋予民族文化以新的创造力和生命力。匈牙利急需建立一个专门的学术机构促进、支持科学发展和推动社会进步，但由于资金问题以及哈布斯堡王朝的阻挠，迟迟未能实现。直到1825年3月，改良主义政治家塞切尼·伊斯特万捐献出一年的财产收入作为经费创立了匈牙利科学院（Magyar Tudományos Akadémia）。作为革新时代的产物，科学院建立后，十分重视匈牙利语言教育，推动语言文学的发展，倡导语言规范化运动，开展历史研究、语法研究和字典的编纂工作，极大地促进了匈牙利语的复兴和传播，为匈牙利语官方地位的恢复奠定了基础，为匈牙利民族反抗哈布斯堡王朝的专制统治、争取民族独立和进步作出了贡献。随着社会的发展，科学院不断扩展职责领域，致力于科学技术和科学研究的发展，逐步发展成为匈牙利国内最重要的科研机构。

19世纪初期，匈牙利语得以在行政及立法机构中普遍使用。1830年，匈牙利规定国家公职人员应具有一定的匈语水平。1836年，匈牙利语被国会重新规定为正式的法律用语。1844年，匈牙利语被确认为官方用语，成为立法、行政、司法和公共教育的正式用语。

语言文字是民族文化的根，是民族文化传承发展的载体和媒介，是民族认同的重要方式。匈牙利语地位的发展标志着匈牙利民族文化根基的进一步确立，并开始

走向复兴。

三、两大文艺思潮的形成与发展

19世纪上半叶现实主义和浪漫主义两大文艺流派的发展对资产阶级民族思想的传播和匈牙利语的规范化都起到了极大的推动作用，匈牙利语官方用语地位的确立又为匈牙利民族文化艺术的繁荣注入了新的动力。民族意识的苏醒以及1848年争取民族独立的斗争更是为匈牙利民族文化带来了革命性的发展，文化艺术成为反抗压迫和追求进步的重要武器，在这场民族革命中起到抒发民族情感、激励勇气信念的引领作用。19世纪下半叶，匈牙利社会的民族矛盾和阶级矛盾进一步尖锐化。1867年与奥地利的妥协进一步激发了文学家和艺术家们的革命斗志，他们坚持根植于匈牙利社会现状创作，追忆革命精神，揭露社会现实，反映时代面貌和时代精神。

浪漫主义文艺思潮及其代表人物

政治风云变幻的18世纪末19世纪初，在争取社会改革与民族独立的斗争中，匈牙利浪漫主义文艺产生并蓬勃发展起来。浪漫主义文学作品主张摆脱古典主义的束缚，旗帜鲜明地反对专制统治和民族压迫，讴歌自由和民主，歌颂民族英雄，抒发爱国情思。

基什法鲁迪兄弟是匈牙利浪漫主义文学的先驱。哥哥基什法鲁迪·山多尔（Kisfaludy Sándor，1772—1844）是著名的抒情诗人，他于1801年创作出著名诗作《苦涩爱情》（Kesergő szerelem），被称为匈牙利第一位浪漫主义诗人。弟弟基什法鲁迪·卡罗伊（Kisfaludy Károly，1788—1830）是戏剧家、诗人，代表作有悲剧《伊琳娜》、喜剧《追求者》、历史剧《匈牙利鞑靼人》、诗歌《莫哈奇》等。1821年，基什法鲁迪·卡罗伊主持出版文学年刊《曙光》（Aurora），成为浪漫主义文学的主要阵地，吸引和培养出克尔切伊·费伦茨、魏勒什毛尔蒂·米哈伊（Vörösmarty Mihály，1800—1855）、鲍伊佐·约瑟夫（Bajza József，1804—1858）等一批浪漫主义文学作家。基什法鲁迪·卡罗伊去世后，以他名字命名的基什法鲁迪协会成立，并逐步发展成为匈牙利文学史上一个重要的文学团体。

诗人、戏剧家魏勒什毛尔蒂·米哈伊是19世纪匈牙利浪漫主义文学的杰出代表。他于1825年发表的爱国史诗《卓兰的溃逃》（Zalán futása），是匈牙利叙事史诗中的杰作。此外，他所创作的史诗《废墟》《两座城堡》、诗剧《面纱的秘密》、诗歌《号召》《致李斯特·费伦茨》《祖国之爱》《战歌》等不仅文辞优美，更是传扬民族精神和歌颂民族解放运动的优秀作品。魏勒什毛尔蒂是当时文坛的领袖人物，他善于发现和培养年轻人，是阿兰尼·亚诺什（Arany János，1817—1882）和裴多菲·山多尔的文学领路人。

诗人、文学批评家克尔切伊·费伦茨也是匈牙利浪漫主义文学十分重要的代表人物。他的诗歌《兹里尼之歌》《赞美诗》等见证了匈牙利改革时代的危机，体现出浓厚的爱国主义理想。他是匈牙利文学评论的先驱人物，倡导民族文学的发展，将戏剧视为民族意识的重要塑造力量。

阿兰尼·亚诺什被认为是匈牙利最伟大的叙事诗人和现代匈牙利诗歌的奠基人。他的代表作——荷马体叙事长诗《多尔第》（Toldi）是一部古典现实主义的优秀力作，歌颂了14世纪匈牙利人民英雄多尔第·米克洛什的伟大业绩，是匈牙利史诗的一座高峰。他擅长将匈牙利民间文学元素融入诗歌，创作出大量广为流传的叙事谣曲。

叙事谣曲一般是指取材于民间主题、具有民谣风味和强烈抒情成分的叙事诗。阿兰尼·亚诺什借用匈牙利历史事件创作了《马加什国王的母亲》《扎赫·克拉拉》《拉斯洛五世》等谣曲，呼吁当时身处危难之中的匈牙利勇于挣脱危机，拒绝向哈布斯堡王朝妥协，表达出深深的爱国情思。

裴多菲·山多尔是19世纪最杰出的浪漫主义诗人，因将民间语言和平民题材写入文学作品、引领平民诗歌之风潮而被誉为"匈牙利民族文学的奠基人"。他创作了《致19世纪的诗人》《为了人民》《农村的大锤》《亚诺什勇士》《使徒》《民族之歌》《爱国者之歌》《我愿是激流》等大量的爱国主义诗篇。他的作品热情高昂，充满爱国热忱，具有很强的思想性和号召力。他创作的长篇叙事诗《亚诺什勇士》（János vitéz）以民间传说为题材，描写了贫苦牧羊人亚诺什不畏艰难、勇敢斗争的故事，被改编成匈牙利家喻户晓的童话。著名诗作《自由与爱情》（Szabadság, szerelem!）写于1847年民族革命和独立战争前夕，"生命诚可贵，爱情价更高；若为自由故，两者皆可抛"是歌颂民族自由的时代音符，传递的是将自由视作比爱情和生命更可贵的价值观念。在1848年革命中，他的诗作极大地启发了匈牙利民众的民族自豪感和爱国主义思想。坚强勇敢、追求自由的匈牙利人民从裴多菲的诗篇中获得力量，凭着这种对自由的信仰在一次次争夺独立与自由的斗争中跌倒又爬起。现今布达佩斯的裴多菲广场因此成为很多游行示威和纪念活动的集聚地。裴多菲在世界文学史上占有一席之地，他的作品被翻译成约50种文字。

抒情诗人瓦伊达·亚诺什（Vajda János，1827—1897）延续了裴多菲人民诗歌的创作风格，其代表作《爱国者日记》《红色军帽》《晨曦》等洋溢着对革命者和民族精神的歌颂，《自我批评》《资产阶级化》等文章体现出他对封建贵族的失望和对资产阶级社会的憧憬。

19世纪上半叶，小说开始登上匈牙利文学殿堂。浪漫主义小说家约卡伊·莫尔是当时最受欢迎的作家之一，他擅长历史小说，写就了《特兰西瓦尼亚的黄金时代》《铁石心肠人的儿子》《金人》等描写各个时期匈牙利人民反抗压迫、争取民族独立的优秀作品以及乌托邦小说《下一个世纪的小说》等。

现实主义文艺思潮及其代表人物

19世纪初，匈牙利现实主义文学创作也开始萌芽。现实主义取材于匈牙利社会现实生活并且在思想和内容上反映和批判社会现实。最早开始现实主义写作尝试的是著名诗人乔考诺伊·维泰兹·米哈伊（Csokonai Vitéz Mihály，1773—1805），他创作的诗歌《黄昏》《夏日》等聚焦反映日常生活和底层人民的思想感情，叙事诗《多萝佳》、讽刺喜剧《泰姆派菲伊》等都充满对社会现实的辛辣讽刺。

19世纪上半叶，匈牙利进入文化革新时代，现实主义文学得到进一步发展。改良时期，匈牙利小说创作逐渐体现出现实主义的创作倾向。小说家厄特沃什·约瑟夫创作的揭露鞭挞贵族特权的《乡村公证人》以及以1514年农民起义为主题的《匈牙利在1514年》等都是优秀的现实主义作品。1832年，法伊·安德拉什（Fáy András，1786—1864）创作的《贝尔泰基之家》成为匈牙利第一部深入匈牙利社会生活、阐述改革时代创新理念的现实主义小说。

1848—1849年资产阶级革命失败后，描绘和揭露幻灭成为匈牙利现实主义小说的一个重要任务。进入19世纪下半叶，现实主义在匈牙利诗歌中也开始占上风。阿兰尼晚年的诗歌作品开始走向客观化的抒情主义。小说领域，批判现实主义的创作方法逐渐形成。久洛·帕尔（Gyulai Pál，1826—1909）创作出《老庄园的最后主人》；凯梅尼·日格蒙德（Kemény Zsigmond，1814—1875）写就了《寡妇和她的女儿》《狂热分子》等代表作品。伊瓦尼·厄登（Iványi Ödön，1854—1893）、尤思特·日格蒙德（Justh Zsigmond，1863—1894）等也都是现实主义的优秀代表。米克沙特·卡尔曼（Mikszáth Kálmán，1847—1910）是匈牙利批判现实主义大师，擅长创作幽默讽刺小说，《圣彼得的伞》《在匈牙利的两次选举》《奇婚记》《菲利和玛丽的故事》《黑色的城市》等作品或深刻揭露当权统治阶级的丑恶面目，或抨击落后的封建制度和社会习俗，成为匈牙利批判现实主义小说中的经典作品。在戏剧创作领域，莫达奇·伊姆雷（Madách Imre，1823—1864）创作出《人的悲剧》《文明使者》《摩西》等著名剧作。其中，戏剧史诗《人的悲剧》（Az ember tragédiája）影响最为广泛深远，被译成30多种文字。这一剧作深刻地反映了当时欧洲社会文化生活的危机，思索人类社会的过去、现在和未来，探讨人生意义，是一部优秀的宗教哲学戏剧诗作。现实主义剧作家西格里盖蒂·埃德（Szigligeti Ede，1814—1878）和齐基·盖尔盖伊（Csiky Gergely，1842—1891）进一步推动了匈牙利戏剧从盛装历史剧和诗意浪漫戏剧向无产阶级大众化戏剧的转向。西格里盖蒂·埃德擅长在舞台上塑造农民等普通人的形象，代表剧作有《逃兵》《两支手枪》《牧马人》等。齐基·盖尔盖伊善于感受和呼应观众需求，创作贴近匈牙利现实生活的现代社会剧，他一生共创作了《阿特拉斯家族》等35部原创剧本。

随着文学艺术的蓬勃发展，文学史研究也取得一定进展。被称为"匈牙利文学史写作之父"的文学评论家托尔第·费伦茨（Toldy Ferenc，1805—1875）编写了《匈牙利民族文学史》《匈牙利诗歌史》《匈牙利民族文学简要》等文学史著作，至今仍是研究19世纪前匈牙利文学史的重要参考书。1897年，戏剧历史学家鲍耶尔·约瑟夫（Bayer József，1851—1919）出版了匈牙利第一部《匈牙利戏剧文学史》，回顾了匈牙利戏剧从诞生一直到1867年的历史。

四、舞蹈创新与民族戏剧的形成

匈牙利旧式舞蹈出现于中世纪，主要源自劳动人民的田间地头和军队，内容丰富、题材多样，颇具民族特性。少女圆环舞、征兵舞、农民舞、牧人舞、手工工匠舞等都是中世纪匈牙利民间舞蹈的重要表现形式。

如今在匈牙利中南部仍然十分流行的瓶子舞就是产生于女性的田间劳动，这种舞蹈是少女把盛着酒或果汁的瓶子放在头上，随着音乐节奏而做出各种美妙舞姿。

18世纪末，在匈牙利出现了一种由舞蹈和音乐组成的新型舞蹈形式——"维尔布克舞曲"（verbunk）。这种舞蹈最早被用于军队招募新兵。舞姿是在17世纪流行的征兵舞"豪伊杜舞蹈"（hajdútánc，在匈牙利语中是"士兵舞蹈"之意）的基础上创作产生的，为男子独舞。舞蹈音乐具有很强的节奏感，由慢板和快板两个部分组成，其音乐特

点是热情激烈、变化多端。维尔布克舞曲被称作真正具有匈牙利风格的舞曲。这种乐曲早期也曾受西欧音乐传统技法的影响，混杂了意大利和维也纳的音乐元素。18世纪后期，在有"吉卜赛小提琴之王"之称的音乐家比哈里·亚诺什（Bihari János，1764—1827）的推广和创新下，发展成为匈牙利民族特有的音乐形式。这一音乐风格的出现，进一步推动了匈牙利民族舞蹈的发展。19世纪中叶，在民间舞蹈和"维尔布克舞曲"的基础上发展形成"恰尔达什舞曲"（csárdás）。这是一种男女双人舞：男舞者高昂有力地跳动、旋转，表现出高傲的骑士精神；女舞者通常穿着匈牙利传统多层宽裙，旋转时宽裙会形成别具特色的形状。舞曲的音乐通常由吉卜赛管弦乐队演奏，节奏具有丰富而独特的艺术表现力，主要由慢板"拉绍"（lassú）和快板"弗里斯"（friss）两个部分组成，先由慢而忧郁的"拉绍"开始，继而转入快且兴奋的"弗里斯"部分。这些新形成和发展起来的舞蹈音乐形式，被广泛运用到作曲家们的音乐创作中。

舞蹈、音乐形式的创新以及文学创作的繁荣带动了民族戏剧和民族歌剧的发展。

匈牙利歌剧起源于18世纪末，最初是从意大利和法国引进后兴起。1793年，鲍查·加斯帕尔（Pacha Gáspár，1776—1811）与邱迪·约瑟夫（Chudy József，1753—1813）根据奥地利作家的作品创作了首部匈牙利歌剧《皮克王子与尤特卡·佩尔诗》（Pikkó herceg és Jutka Perzsi）。此后，在匈牙利上演的歌剧中也开始尝试融入具有匈牙利特色的维尔布克舞蹈和音乐形式。

1820年，考托纳·约瑟夫（Katona József，1791—1830）创作出版剧本《班克总督》（Bánk bán）。这部剧作主要描写了13世纪匈牙利贵族班克总督反对异族统治、杀死外籍王后的故事。1833年，《班克总督》首演并获得巨大成功。这是第一部结合匈牙利本土历史内容创作的戏剧，且具有强烈的现实意义，考托纳因此被称为"匈牙利民族戏剧的奠基者"。

到19世纪30—40年代，1848年民族革命前夕，匈牙利开始出现采用民族素材创作、以匈牙利语演唱、为匈牙利人民写作的民族歌剧。

匈牙利民族歌剧在内容上大多取材于匈牙利与异族统治的抗争，艺术家们借鉴法国和意大利歌剧程式，将西方歌剧的语汇移植到匈牙利的环境中，在器乐和声乐方面也从匈牙利本土乐曲中吸收养分，并有意识地创造匈牙利的歌剧语言。著名作曲家埃尔凯尔·费伦茨是匈牙利民族歌剧发展史上的重要代表人物。他创作的剧作大多取材于匈牙利的民族解放斗争，以歌颂本民族英雄和起义领袖为主题。1844年，埃尔凯尔创作了以15世纪反对异族封建统治为主题的歌剧《胡尼奥迪·拉斯洛》（Hunyadi László），描写已故匈牙利摄政王之子拉斯洛遭到奥地利王室的诬陷，在婚礼时被逮捕处决的悲剧故事。1861年，他对剧作家艾格莱什·贝尼（Egressy Béni，1814—1851）改编的剧本《班克总督》进行歌剧创作，获得巨大成功，成为匈牙利剧院百余年来久演不衰的保留节目。

埃尔凯尔在匈牙利的音乐历史上占有重要地位。他为诗人克尔切伊·费伦茨创作的颂歌《赞美诗》谱曲，1844年被选定为匈牙利国歌。1853年，他推动成立匈牙利最早的专业交响乐团——布达佩斯爱乐乐团。他曾长期担任布达佩斯爱乐乐团指挥、匈牙利音乐学院院长、匈牙利国家歌剧院第一位音乐总监等职。

民族戏剧和民族歌剧兴起的另一个标志是职业剧院的发展。1837年，匈牙利首个永久性的职业剧院——佩斯匈牙利剧院（Pesti Magyar Színház）成立，吸引和聚集了愿意为戏剧事业献身的剧作家、职业演员、导演等不同流派的戏剧人才。1840年，匈牙利剧院更名为国家剧院（Nemzeti Színház），进一步致力于推动民族戏剧的发展和繁荣。1875年，人民剧院（Népszínház）在首都布达佩斯正式开业，剧院主要以推广民间戏剧和轻歌剧为目的，是当时设备高端完备的一家现代化剧院。1884年，匈牙利皇家歌剧院（Magyar Királyi Operaház，现国家歌剧院）建成并对外开放。这个剧院由19世纪匈牙利建筑界最具代表性的人物、布达皇宫的设计者伊柏尔·米克洛什（Ybl Miklós，1814—1891）设计，灯光、音响以及舞台机械等都使用了当时的尖端技术。歌剧院不仅吸引了众多国际知名的艺术家登台，也为匈牙利民族歌剧的发展聚集起一支包括歌唱家、乐队、指挥、导演、舞美等在内的高水准的专业队伍。

课后练习

一、填空题

1. 现存最早用拉丁字母匈牙利语书写的文本是一部_____，约写于1200年。迄今为止发现的最早的匈牙利语诗歌是译自拉丁文的_____，约写于1300年。

2. 18世纪末19世纪初的语言革新运动由以_____为首的知识分子提出，他们主张_____。

3. 16世纪中叶到17世纪被奥斯曼土耳其侵占期间，匈牙利抒情诗人鲍洛希·巴林特创作了_____、_____等作品。

4. 19世纪上半叶，发生了两件具有划时代意义的事件：_____；_____。这两个事件标志着匈牙利民族语言文化的复苏，成为文化全面复兴的重要推动力。

5. 19世纪匈牙利浪漫主义文学的杰出代表_____于1825年发表的爱国史诗《卓兰的溃逃》，是匈牙利叙事史诗中的杰作。

6. 批判现实主义作家_____擅长创作幽默讽刺小说，他创作的《圣彼得的伞》《在匈牙利的两次选举》《奇婚记》等是批判现实主义小说中的经典作品。

7. _____是一种男女双人舞：男舞者高昂有力地跳动、旋转，表现出高傲的骑士精神；女舞者通常穿着匈牙利传统多层宽裙，旋转时宽裙会形成别具特色的形状。舞曲的音乐主要由_____和_____两个部分组成。

8. 18世纪末，匈牙利出现了一种由舞蹈和音乐组成的新型舞蹈形式_____，这种舞蹈根据17世纪流行的征兵舞"豪伊杜舞蹈"创作，为男子独舞，最早被用于军队招募新兵。

9. 1820年，考托纳·约瑟夫创作出版戏剧_____。这部剧作主要描写了13世纪匈牙利贵族班克总督反对异族统治、杀死外籍王后的故事。这是第一部_____，考托纳因此被称为"匈牙利民族戏剧的奠基者"。

10. 1837年，匈牙利首个永久性的职业剧院——佩斯匈牙利剧院成立，1840年更名为_____。

二、判断题

1. 中世纪的匈牙利书面文学作品多以宗教为题材。　　　　　　（　　）

2. 18世纪末的语言革新运动期间创造的词汇有千余个至今仍在使用。（　　）

3. 阿帕采依·切雷·亚诺什编写的《匈牙利百科全书》是第一本用匈牙利语编写的教科书。　　　　　　　　　　　　　　　　　　　　　（　　）

4. 基什法鲁迪兄弟是匈牙利现实主义文学的先驱。　　　　　　（　　）

5. 裴多菲将民间语言和平民题材写入文学作品，引领平民诗歌之风潮，他被誉为"匈牙利民族文学的奠基人"。　　　　　　　　　　　　　　（　　）

6. 阿兰尼·亚诺什创作的短篇小说《多尔第》是一部古典现实主义代表作。（　　）

7. 1897年，戏剧历史学家鲍耶尔·约瑟夫出版了匈牙利第一部《匈牙利戏剧文学史》，回顾了匈牙利戏剧从诞生到1867年的历史。　　　　　　　　（　　）

8. 19世纪上半叶民族意识的苏醒以及1848年争取民族独立的斗争为匈牙利民族文化带来了革命性的发展，文化艺术在民族革命中起到了重要的引领作用。　　（　　）

9. 19世纪30—40年代，匈牙利开始出现采用民族素材创作、以匈牙利语演唱、为匈牙利人民写作的民族歌剧。　　　　　　　　　　　　　　　　　（　　）

10. 1875年，人民剧院在首都布达佩斯正式开业，主要以推广民间戏剧和轻歌剧为目的，是当时设备高端完备的一家现代化剧院。　　　　　　　　　　（　　）

三、简答题

1. 东方文明在文化艺术、语言文字、生活习俗等方面对匈牙利文化产生了怎样的影响？试举例说明。

2. 简要分析文艺复兴运动和16世纪宗教改革运动对匈牙利文化发展走向产生了怎样的影响。

3. 结合具体实例，简要分析基督教对于匈牙利文化的重要意义。

4. 概述匈牙利浪漫主义文艺思潮的兴起及其代表性作品。

5. 简述匈牙利民族歌剧的兴起过程。

四、拓展题

1. 思考在遭受外族侵略统治时期，匈牙利社会文化得以传承发展的动力来源是什么？以匈牙利语为例，分析民族语言在文化发展中具有怎样的作用和意义。

2. 结合一部19世纪匈牙利文学作品（小说、诗歌、戏剧均可），具体阐述匈牙利语的社会发展对文学创作的影响。

第七章
匈牙利社会文化现代性的发展

第一节
民族特色现代文化艺术的兴起

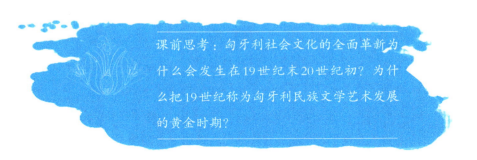

课前思考：匈牙利社会文化的全面革新为什么会发生在19世纪末20世纪初？为什么把19世纪称为匈牙利民族文学艺术发展的黄金时期？

进入19世纪下半叶，匈牙利社会剧烈动荡，阶级矛盾日趋尖锐，艺术家们扎根民族土壤，把艺术引向时代与生活，匈牙利社会文化迎来了全面革新时期。

一、民族音乐的拓展与繁荣

19世纪到20世纪初，匈牙利涌现出多位融合传统与现代的音乐大家。他们扎根匈牙利民间音乐，推动音乐创作形式和内容的改革，形成了独具一格的民族乐派。这一时期匈牙利音乐的拓展和繁荣奠定了匈牙利民族音乐在世界音乐史上的重要地位。

匈牙利作曲家、钢琴家李斯特·费伦茨（Liszt Ferenc，1811—1886）是19世纪最伟大的音乐家之一。他不仅是非凡的钢琴演奏家，还倡导音乐创新，首创出单乐章标题性交响乐——"交响诗"体裁，将标题音乐深化到了诗意和哲理性的高度。他还创新了钢琴独奏会表演形式，首创背谱演奏法。作曲方面，李斯特很好地把欧洲音乐与匈牙利传统音乐结合起来，创作出《匈牙利狂想曲》（Magyar rapszódia）、《匈牙利历史人物肖像》（Magyar történelmi arcképek）等大量的传世经典乐章。李斯特还是匈牙利音乐教育的重要奠基人。1875年，他推动创立了匈牙利第一所音乐高等教育学府——布达佩斯音乐学院（现匈牙利李斯特·费伦茨音乐大学）。

《匈牙利狂想曲》是李斯特创作的一组钢琴曲目的统称，共19首，以当时匈牙利民歌音调为主题，集民间歌舞、吉卜赛音乐为一体，是匈牙利民族音乐的典范，充分展现了匈牙利人民豪爽英勇的爱国主义、独立自由的民族精神以及淳朴自然的生活状态。

《匈牙利历史人物肖像》作于1870—1885年，共由7首小曲组成，分别追思、哀悼塞切尼·伊斯特万、厄特沃什·约瑟夫、魏勒什毛尔蒂·米哈伊、泰勒基·拉斯洛、戴阿克·费伦茨、裴多菲·山多尔、莫索尼·米哈伊（Mosonyi Mihály，1815—1870）等7位匈牙利民族历史人物，表达出强烈的爱国情思。

19世纪中叶，匈牙利民间音乐开始通过民间戏剧表演以及城市吉卜赛音乐家在餐馆的演奏等形式在全国甚至欧洲范围内传播开来。吉卜赛音乐家演奏民间音乐的现象十分普遍，以致当时许多欧洲国家甚至将匈牙利民间音乐称为吉卜赛音乐。

19世纪末20世纪初，随着民族主义思潮的兴起，不少作曲家开始将创作兴趣转移到匈牙利民族音乐的实地考察上。科学技术的发展推动民俗音乐学田野调查研究方法的创新。1895年，维卡尔·贝拉（Vikár Béla，1859—1945）成为匈牙利第一个使用留声机收集民间诗歌和民间音乐的人。此外，他还使用速记术记录并留存了大量关于民间故事和民间习俗的手稿。

巴托克·贝拉和柯达伊·佐尔坦是匈牙利音乐史上两位重量级的音乐大师，在他们的研究和推广下，匈牙利民间音乐得到蓬勃发展，焕发出勃勃生机。

巴托克被认为是匈牙利新民族主义音乐的杰出代表、现代音乐的领袖人物和古典音乐改革家。他通过对匈牙利和周边民族民歌的深入考察，指出古老的匈牙利五声音阶是

中亚、土耳其、蒙古和中国这个五声音阶大中心的一个分支。柯达伊被巴托克称为"最具匈牙利特点的作曲家和音乐教育家"。他倡导音乐应为全民所共有，鼓励发展每个孩子的音乐天赋，把音乐纳入儿童教育体系，把民歌作为音乐教育的素材。他所创立的柯达伊音乐教学法是当今世界影响最为深远的音乐教育体系之一，在中国也有一定的影响力。20世纪初，巴托克和柯达伊开始在匈牙利及其周边收集、整理和研究匈牙利民歌和民间器乐曲，对匈牙利民间音乐开展科学研究。他们实地走访匈牙利语地区，记录民间音乐曲调，整理并改编加工民歌，编写音乐教材，出版音乐专著，推动匈牙利民间音乐的国际比较研究。他们还在这些民间音乐的基础上创作了大量世界闻名的交响曲和歌剧，如柯达伊创作的《匈牙利诗篇》以及民谣歌剧《哈里·亚诺什》、巴托克的《15首匈牙利农民歌曲》《舞蹈组曲》以及歌剧《蓝胡子的城堡》等，这些都成为世界音乐史上不朽的传世名作。

世纪之交的世界范围内各种音乐思潮急剧变化，两位作曲家之所以被称为国际级音乐大师，是因为他们既关注新世纪西方作曲技法的新动向，又注重对音乐民族性的发扬，创作出大量既体现鲜明的匈牙利民间音乐精神同时又具有普遍世界性的音乐作品。

巴托克和柯达伊的创作模式影响了后来的音乐发展，使匈牙利的音乐教育形成了从民间音乐吸取养分的传统。两位作曲家的创举不仅对匈牙利音乐研究、音乐理论以及音乐教育事业的发展作出了卓越的贡献，更使正处于寻求挣脱奥匈帝国束缚的匈牙利民间传统得以在欧洲范围内展现。

二、民族绘画风格的形成与发展

19世纪上半叶，匈牙利的绘画艺术家们开始努力克服和摆脱维也纳学院派的影响，在借鉴欧洲现实主义美术的基础上创作出不少描写革命活动家的优秀肖像画和歌颂祖国大好河山的风景画，进而推动了匈牙利民族画派的形成。布罗茨基·卡罗伊（Brocky Károly，1807—1855）和马尔柯·卡罗伊（Markó Károly，1793—1860）是匈牙利民族画派的先驱者。他们创作了大量关于匈牙利乡土景观和宗教主题的风景画。到19世纪中叶，伴随着民族解放运动的高涨，现实主义的绘画风格开始出现。鲍劳巴什·米克洛什（Barabás Miklós，1810—1898）是匈牙利民族画派的杰出代表，他一生共创作了3 000余幅肖像画，其中包括民族英雄、音乐家、诗人、作家等，他还创作了大量以农村社会生活风习为题材的风俗画。现实主义画家马达拉斯·维克多（Madárasz Viktor，1830—1917）、塞盖伊·贝尔道兰（Székely Bertalan，1835—1910）、瓦格纳·山多尔（Wagner Sándor，1838—1919）等创作出许多以历史题材影射社会现实的历史画作，承载了大量的社会信息，包含着十分丰富的现实意义。

著名油画艺术家本茨尔·久洛（Benczúr Gyula，1844—1920）擅长肖像画和历史景观画，是当时有名的宫廷画师，绘制了多幅国王和贵族的画像以及一些宗教主题的画作，代表作有《圣·伊斯特万大教堂》《酒神》等。现实主义画家蒙卡奇·米哈伊（Munkácsy Mihály，1844—1900）是19世纪匈牙利最杰出的画家之一。他的作品大多关注社会底层劳动人民的真实生活、遭受的苦难和革命斗争，反映匈牙利的社会现实状况，朴实而有深度，表达了匈牙利人民为自由而斗争的革命性和民族性，开创了匈牙利民族绘画的新风格。蒙卡奇的主要代表作有《死囚的最后一日》《夜间的流浪者》《卷绷带的妇人》《负薪的农妇》《罢工》《打哈欠的学徒》等。蒙卡奇把民族绘画艺术推向了一个新的高峰，成为19世纪匈牙利民族绘画的领袖人物。在他之后涌现出一大批优秀的画家，他们继承了蒙卡奇的艺术风格，更直接地以绘画来表现人民群众的生活和斗争，将匈牙利现实主义绘画风格推动到新的发展阶段。

19世纪末，历史主义成为艺术领域的一大流派，涌现出一批旨在纪念匈牙利建国1 000周年的相关美术作品。本茨尔·久洛创作出《征服布达城堡》；以现实主义画家费斯蒂·阿尔帕德（Feszty Árpád，1856—1914）为首的10名画家费时两年创作了一幅鸿篇巨制——《费斯蒂全景画》。

《费斯蒂全景画》高15米，宽120米，气势磅礴，场面宏伟，以阿尔帕德大公等7位部落首领率领马扎尔部落经过漫长的迁徙到欧洲喀尔巴阡山盆地定居为主题，刻画了2 000个栩栩如生的人物形象，是迄今为止最宏伟的匈牙利全景图。此画作现陈列于欧普斯塔塞尔国家历史纪念公园（Ópusztaszeri Nemzeti Történeti Emlékpark）内。

受法国巴比松画派等欧洲艺术创作流派的影响，19世纪末20世纪初，一些志趣相投的匈牙利画家们向政府请愿，建立起多个艺术家聚居地，以聚居地命名形成不同风格流派的艺术群体，其中最为知名的当属索尔诺克（Szolnok）画派和纳吉巴尼亚（Nagybánya）画派。

索尔诺克画派以其聚居地——大平原地区的城市索尔诺克命名。这个画派画家的作品往往描绘匈牙利乡村民俗和人民的日常生活，追求诗情画意中现实世界的淳朴和简单。蒙卡奇的追随者戴阿克·埃布涅尔·劳约什（Deák Ébner Lajos，1850—1934）

是这一画派的早期代表，其代表作品有《索尔诺克市场》《收获》等。索尔诺克画派在继承和发扬印象主义风格的同时，加入现代性元素，创作出色彩强烈、画风纯粹的独特画法。西涅伊·默西·帕尔（Szinyei Merse Pál，1845—1920）的作品《五月的郊游》《融雪》等，充满了对生活的热爱和歌颂。费涅什·阿道夫（Fényes Adolf，1867—1945）的画作充满阳光和诗情画意，《日工》《兄弟》《母与子》等作品可以看作当地农民的日常生活画卷。比豪里·山多尔（Bihari Sándor，1855—1906）的代表作有风俗画《扎格瓦河畔》《廊上》以及表现农民和工人阶级斗争的画作《纲领性的演说》等。斯潘依·贝拉（Spányi Béla，1852—1914）创作了《秋之晨》《芦苇取景》等优秀的自然风景画。

纳吉巴尼亚画派的聚居地纳吉巴尼亚位于现今罗马尼亚西北部城市巴亚马雷（Baia-Mare）。这一画派深受欧洲自然主义和现实主义艺术风格的影响，以现实主义画家霍洛什·西蒙（Hollósy Simon，1857—1918）和费伦齐·卡罗伊（Ferenczy Károly，1862—1917）为领军人物。他们在创作理念上主张摆脱学院派的约束，走向室外，面向大自然，将自然与人类情感融为一体，作品往往具有丰富的生活情趣和社会现实意义。他们最早将印象主义引入到匈牙利，创造出纳吉巴尼亚式外光画法，对后世绘画产生一定影响。代表作品如霍洛什·西蒙的《剥玉米》《愉快的集会》，费伦齐·卡罗伊的《女画家》、乔克·伊斯特万（Csók István，1865—1961）的《记忆》《孤儿》等。

在城市，绘画艺术也开始注重在民众生活领域的现代性应用。匈牙利画家、雕刻家里帕尔·罗纳伊·约瑟夫（Rippl-Rónai József，1861—1927）是后印象主义的重要代表人物，作品有《十月》《马约尔的肖像》《带鸟笼的女人》等。他在布达佩斯举办大型现代艺术作品展览，推动发展现代装饰艺术，是第一位将现代艺术引进匈牙利的画家，推动绘画艺术发展的承前启后。20世纪初，画家佐贝尔·贝拉（Czóbel Béla，1883—1976）、马尔菲·厄登（Márffy Ödön，1878—1959）、蒂哈尼·劳约什（Tihanyi Lajos，1885—1938）等人成立前卫艺术运动团体"八人组"（Nyolcak），推动匈牙利现代主义画派的兴起。

"八人组"是匈牙利艺术史上十分重要的一个艺术团体，成员主要包括8位匈牙利当时知名的画家，分别是佐贝尔·贝拉、马尔菲·厄登、蒂哈尼·劳约什、贝雷尼·罗伯特（Berény Róbert，1887—1953）、齐加尼·戴若（Czigány Dezső，1883—1937）、科尔尼斯托克·卡罗伊（Kernstok Károly，1873—1940）、欧尔班·戴若（Orbán Dezső，1884—1986）、波尔·贝尔道兰（Pór Bertalan，1880—1964）。他们在1904—1914年间活跃于布达佩斯，将后印象派、野兽派、立体主义、表现主义等绘画风格引入匈牙利绘画艺术中，组织画展向国外介绍和展示匈牙利现代艺术创作成果。

与此同时，在政府的鼓励下，在各地建立起的艺术家聚居地里，艺术家们在进行自由创作的同时，也十分注重传承传统，在当地建立工作室和生产车间，推动应用艺术与当地社区生活的紧密联系。

1901年，画家科勒什弗伊·克里爱什·奥劳达尔（Körösfői Kriesch Aladár，1863—1920）、纳吉·山多尔（Nagy Sándor，1869—1950）等人在哥德勒建立艺术家集聚地，他们立足于匈牙利民间传统艺术，尤其是特兰西瓦尼亚地区的民间艺术对手工艺品等艺术形式进行创新，谋求建立真正意义上的民族艺术，掀起新艺术运动风潮。

1909年，纳吉巴尼亚画派的重要代表人物伊瓦尼-格鲁瓦尔德·贝拉（Iványi-Grünwald Béla，1867—1940）在凯奇凯梅特创立艺术家聚居地，以创新匈牙利民族装饰艺术为使命，推动国内产业与应用艺术和美术相结合，吸引了不少艺术家加入。

三、民族建筑与雕塑文化的复兴

在建筑领域，18世纪中后期，巴洛克风格开始衰落，古典主义重新回归。到19世纪上半叶，在风格题材上模仿古代艺术，讲究对称、比例和几何原理的新古典主义开始风靡。新古典主义建筑的杰出代表希尔德·约瑟夫（Hild József，1789—1867）、波拉克·米哈伊（Pollack Mihály，1773—1855）等设计建造了许多大型公共建筑、宗教建筑以及城镇住宅。匈牙利国家博物馆（建于1837—1847年）、链子桥（建于1839—1849年）、霍尔托巴吉九孔桥（建于1827—1833年）、爱盖尔大教堂（建于1831—1836年）、旧犹太聚会所（建于1843年）、圣·伊斯特万大教堂（建于1851年）、埃斯泰尔戈姆大教堂（建于1822—1856年）等都是新古典主义建筑的典型作品。

在进入相对和平的奥匈帝国时期后，匈牙利的城市建设获得了快速的发展。19世纪中后期，折中主义开始流行。这种设计结合了多种建筑风格，不讲求固定的法式，只讲求比例均衡，注重纯形式美。布达皇宫、马加什教堂等一大批著名建筑得以重建或扩建，匈牙利国家歌剧院、国会大厦、英雄广场建筑群、渔人堡等地标性建筑也都建于这一时期。新罗马式、新哥特式、新文艺复兴式、新巴洛克式等多种风格体现出匈牙利建筑风格的多元性，那个时期的城市规划与建设至今决定着当今匈牙利许多大城市的基本面貌。1846年，在北部城市瓦茨和布达佩斯之间开通了匈牙利第一条铁路线。1896

年，在布达佩斯建成了欧洲大陆的第一条地铁，这是世界上第一条电气化地铁，全程只有不到5公里，共11站，目前是布达佩斯地铁1号线的一部分，直到现在还能够准点运行。

与此同时，世纪之交的匈牙利建筑师们开始努力探索和创建新艺术风格的建筑样式。莱赫奈尔·厄登（Lechner Ödön，1845—1914）是匈牙利新艺术运动建筑的开创者和领军人物，他与他的追随者拉伊塔·贝拉（Lajta Béla，1873—1920）、寇斯·卡罗伊（Kós Károly，1883—1977）等设计大师尝试从传统民间艺术中去寻找主题和元素，把民间装饰图案与多种建筑风格相融合，大胆采用新材料、新技术，广泛地运用在建筑物的正面装饰上。应用艺术博物馆、格雷沙姆宫、德布勒森市政厅、布达佩斯盖勒特酒店等都是这种独具特色的匈牙利建筑风格的代表性作品。

19世纪以来，架上雕塑与城市雕塑也都有了进一步发展。费伦齐·伊斯特万（Ferenczy István，1792—1856）是古典主义雕塑大师，乔考诺伊塑像、克尔切伊塑像、考津齐半身像和牧羊姑娘塑像都是出自他手的名作。费伦齐·伊斯特万的学生伊若·米克洛什（Izsó Miklós，1831—1875）是复兴民族雕塑艺术的先驱，他创作了大量与他同时代的人物半身像，如阿兰尼·亚诺什半身像、法伊·安德拉斯半身像、艾格莱什·贝尼半身像等。大型城市雕塑方面的优秀作品主要有佐洛·久尔吉（Zala György，1858—1937）创作的布达佩斯英雄广场千年纪念碑上的天使加百利的青铜雕像、福德鲁斯·亚诺什（Fadrusz János，1858—1903）的代表作《国王马加什纪念碑》等。施特罗布尔·阿劳约什（Strobl Alajos，1856—1926）是19世纪末20世纪初最著名的城市雕塑家。他的代表创作主要有布达佩斯渔人堡广场中央的圣·伊斯特万雕像、国家博物馆门前的阿兰尼·亚诺什的雕像、布达城堡的马加什喷泉、爱盖尔城堡山上的多博·伊斯特万雕像、国家歌剧院正门两侧的音乐家埃尔凯尔和李斯特的雕塑等。

19世纪下半叶，匈牙利国内相对缓和的政治环境促使艺术收藏活动和艺术交易市场逐步走向繁荣，各式各样的官方艺术机构也次第建立起来。1861年，匈牙利美术协会成立。1871年，匈牙利美术大学（Magyar Képzőművészeti Egyetem）的前身——匈牙利皇家绘画学校建立。1872年，匈牙利应用艺术博物馆建立，1896年扩建为现如今新艺术运动风格的大楼。如今矗立于英雄广场两侧的布达佩斯现代美术馆和美术博物馆分别建成于1895年和1906年，前者主要收藏当代艺术品，后者则长期陈列包括埃及、古希腊罗马及欧洲的历史文物和雕塑、绘画等。

匈牙利国家博物馆门前的阿兰尼·亚诺什雕像

20世纪初，梅焦萨伊·伊斯特万（Medgyaszay István，1877—1959）等匈牙利建筑设计师们将传统的匈牙利民族图案、东方的装饰因素和新艺术风格混合使用在城市的建筑物上，并在建筑物外表和内饰上使用匈牙利民间图案的瓷釉面砖，颇具民族特色，从而创造产生出现代而独特的匈牙利新艺术风格。

匈牙利美术博物馆

匈牙利现代美术馆

四、民族文化复兴带动民族学兴起

19世纪90年代到20世纪初，随着匈牙利社会资本主义的发展，新兴资产阶级与封建贵族地主之间的矛盾进一步凸显，推动传统文化艺术纷纷进入全面革新时代。匈牙利逐渐形成了独立的现代文化艺术传统，涌现出一批具有独立创作风格的当代音乐家、舞蹈家、画家、雕刻家以及平面设计师等，他们的创作模式和风格甚至扩展影响到整个欧洲的文化艺术界。

19世纪成为匈牙利社会文化发展的黄金时期，也是匈牙利现代艺术的创世纪时代。语言的发展带来了匈牙利民族文化艺术的伟大复兴，音乐、舞蹈、戏剧、文学、美术等文化艺术形式都有了更为广阔的发展环境。这一时期匈牙利艺术逐渐摆脱对西方艺术的简单崇拜，各种艺术形式异军突起，百花绽放，建立起本民族的艺术风格。艺术家们或深深地扎根于民族的土壤，吸收和发扬民间文化的精髓；或针砭时弊，反映和抨击社会现实，所创造出的艺术作品逐渐显现出它的民族性，形成了独特的匈牙利风格。而这种匈牙利风格又是在吸收和融合历史养分的基础上形成的，兼具东西方色彩，扎根于匈牙利而又不仅仅只局限于匈牙利。

在文化变革复兴的大背景下，19世纪70年代，关注匈牙利民族共同体历史渊源和发展过程的民族学逐渐兴起并发展成为一门新兴学科。文化艺术的发展繁荣也将民族学研究带入第一个黄金时代。1872年，民族志博物馆从国家博物馆独立出来。同年，基什法鲁迪协会组织筹划的匈牙利民间诗歌集系列（Magyar Népköltési Gyűjtemény）第一卷出版。1889年，匈牙利民族志学会成立；1890年，学会期刊《民族志》的第一期出版。1896年，千年庆典将民俗文化和历史研究推到一个新的高潮。在民族学家扬科·亚诺什（Jankó János，1868—1902）的主持下，建起了用于举办大型国家民族志展览的千年民俗村。19世纪末，民族学相关研究和收集工作在官方和民间层面蓬勃展开，各大博物馆的民族志藏品得到进一步丰富，一大批民族学研究的成果陆续面世。除了巴托克和柯达伊丰硕的民间音乐成果外，还有基什·阿隆（Kiss Áron，1845—1908）在乡村实地采集的儿童游戏旋律——《儿童游戏歌曲集》、贝奈德克·埃莱克（Benedek Elek，1859—1929）编撰的《匈牙利童话和传说》、马格里奇·埃德（Margalits Ede，1849—1940）出版的《匈牙利谚语集》、毛隆尼奥伊·戴若（Malonyay Dezső，1866—1916）等艺术家出版的一套大型多卷本《匈牙利民间艺术手册》、卡尔曼尼·劳约什（Kálmány Lajos，1852—1919）自费出版的多卷本《匈牙利民俗学》等。

正当匈牙利民族艺术进入全面发展繁荣的时候，第一次世界大战爆发了。接连而来的两次世界大战不仅严重破坏和阻碍了匈牙利的经济和文化发展历程，还带来了社会、政治的剧变以及国民心灵的创伤，匈牙利文化记忆也被刻上了战争的累累伤痕。

第二节
战乱动荡时期的文学与艺术

一、战乱动荡时期的文学流派

第一次世界大战前后，匈牙利国内政治动荡，政见不同的政治派别丛生。这一时期的文学作品多描写和反映社会现实，文学观点反映出强烈的政治倾向和社会裂痕。文学

领域展现出多种发展道路，出现了持有不同观点立场的多个文学集团和流派，保守派文学、西方派文学、无产阶级革命派文学等交错纷呈。

保守派文学坚持固守传统，是官方文学的代表。他们提倡模仿古典，善于使用历史背景，倡导阶级调和，对现实社会的批判十分温和。剧作家赫尔采格·费伦茨（Herczeg Ferenc，1863—1954）是保守派的代表人物，他的代表作有小说《生命之门》、社会喜剧《三个保镖》、历史剧《桥》《拜占庭》等。1895年，赫尔采格·费伦茨等人创办文学杂志《新时代》（Új Idők），主要读者群体是匈牙利社会保守的上层和中产阶层。保守派代表人物还有剧作家多奇·劳约什（Dóczy Lajos，1845—1918），他强调戏剧的舞台性与台词的诗意，代表作品有《吻》《最后的爱情》《维拉伯爵夫人》等。此外，保守派阵营的作家代表还有拉科西·耶诺（Rákosi Jenő，1842—1929）、抒情诗人久洛伊·帕尔（Gyulai Pál，1826—1909）等。

西方派文学热衷于介绍和学习世界上不同流派的文学，尤其是西欧资产阶级进步文学和俄国批判现实主义文学。他们以创刊于1908年的《西方》（Nyugat）杂志作为主要阵地，并形成了文学团体"西方社"，聚集了一批极富新思想的中青年作家，引领匈牙利新文学运动的方向。他们一边引进和普及，一边开展创作，揭露社会弊端和丑恶现象。民主主义革命诗人奥第·安德烈（Ady Endre，1877—1919）是西方派的领军人物，他在1906年发表《新诗集》（Új versek），猛烈抨击当时的社会现实，引起文坛轰动。批判现实主义小说家莫里兹·日格蒙德（Móricz Zsigmond，1879—1942）善于描写乡村生活，展现乡村差异化社会图景，阐释民族文化的民间价值观，他的代表作有短篇小说《七个铜板》《穷人》以及长篇小说《挥金如土》《火炬》《我的生平小说》等。此外，西方派的代表作家还有卡夫卡·玛尔吉特（Kaffka Margit，1880—1918）、巴比奇·米哈伊（Babits Mihály，1883—1941）等。

随着马列主义哲学思想在匈牙利的传播，无产阶级革命派文学也成为一个新兴流派。这一时期，无产阶级诗人约瑟夫·阿提拉（József Attila，1905—1937）、拉德诺蒂·米克洛什（Radnóti Miklós，1909—1944）、安道尔·加博尔（Andor Gábor，1884—1953）等创作了大量爱国主义诗篇。第一次世界大战期间，工人出身自学成才的考沙克·劳约什（Kassák Lajos，1887—1967）主持创办《行动》（A Tett）、《今日》（MA）等革命期刊，聚集了一批反对战争的年轻艺术家和作家，推动以艺术为目标的激进思想的传播。

除以上流派之外，布罗迪·山多尔（Bródy Sándor，1863—1924）也是当时十分著名的作家。他是左拉自然主义的追随者，其作品关注城市无产阶级，善于描写生活的阴暗面，代表作有诗集《贫困》、战争剧《莉亚·里昂》等。

不同流派的文学家除了独立创作外，还创建和依附于一些文化刊物、机构和团体开展文化活动。保守派主导着文学领域的话语权，执掌基什法鲁迪协会、科学院文学部、文学史协会等文学团体及《新时代》《基督教评论》等刊物的领导权。代表城市资产阶级的一些青年作家则成立了裴多菲文学协会，揭露和批判社会现实，关注社会变革。革新派与保守的民族派之间的矛盾愈来愈凸显。

二、两次世界大战期间的文艺发展走向

第一次世界大战后《特里亚农条约》的签订对匈牙利知识阶层是一个沉重的打击，意识形态政治的分裂在文化领域得到更加明显的体现。

20世纪20—30年代，刚刚经历过战争创伤的匈牙利又接连遭遇农业危机、金融危机和工业危机，人民生活苦不堪言。统治阶级试图利用民族主义意识形态来掩盖紧迫的社会问题。1922—1931年，在贝特伦·伊斯特万政府时期（1921—1931），匈牙利经济趋向相对稳定，政府拨出近10%的财政预算用于文化方面的建设。时任宗教和公共教育部长克莱贝尔斯伯格·库诺（Klebelsberg Kuno，1875—1932）提出服务于国家文化崛起的"新民族主义"文化政策，推动了教育和科技领域的重大改革。

克莱贝尔斯伯格·库诺的教育改革包括改革基础教育体系、大规模建设民间学校、开办新的大学、在欧洲国家建立匈牙利文化机构、改善公共卫生和公共体育等。

保守主义文学仍然牢牢占据官方文学宝座，并且增加了新的舆论阵地。1923年，《日出》（Napkelet）创刊；1927年，《匈牙利评论》（Magyar Szemle）发行。文学史家霍尔瓦特·亚诺什（Horváth János，1878—1961）、克莱切尼·戴若（Kerecsényi Dezső，1898—1945）用系统化原则重构了匈牙利文学史的思想体系。1928—1941年间，塞克弗·久洛（Szekfű Gyula，1883—1955）与两度担任亲德政府教育部长的霍曼·巴林特（Hóman Bálint，1885—1951）共同编著出版8卷本《匈牙利历史》。在政府的鼓励下，民族学研究被视作一门国家科学。尽管领土边界的变更使得不少区域的实地考察和收集工作遇到一些困难，在杰尔夫·伊斯特万（Győrffy István，1884—1939）、巴特基·日格蒙德（Bátky Zsigmond，1874—1939）、维士基·卡罗伊（Viski Károly，1883—1945）、拜尔泽·纳吉·亚诺什（Berze Nagy János，1879—1946）、鲍尔特·卡罗伊（Bartha Károly，

1889—1956）等民族学家的共同努力下，1933—1937年，4卷本《匈牙利民族志》（A magyarság néprajza）陆续出版。

在大众文艺方面，19世纪末20世纪初，市井文学（ponyvairodalom）开始在匈牙利流行，其中代表性作家是小说家莱伊托·耶诺（Rejtő Jenő，1905—1943）。20世纪30—40年代，他将舞台剧写作中的幽默情节与他的创作相融合，开创了新的小说类型——幽默冒险小说，获得了极大的受众，其代表作包括《非洲三剑客》《消失的巡洋舰》《隐形军团》等。此外，1931—1944年间，保利尼·贝拉（Paulini Béla，1881—1945）组织发起的名为"珍珠花束"（gyöngyösbokréta）的农民歌唱和舞蹈团体的聚会，成为两次世界大战期间一项颇具影响力的民间文化活动。

市井文学是指在集市上出售的一种薄薄的印刷书籍和小册子，它们的印刷纸张通常比较粗糙，价格也相对低廉；一般由一些不甚知名的作家撰写，体裁十分多样，包括诗歌、散文、小说等。市井文学的内容与措辞简单易懂，能够满足受教育程度不高人群的阅读需求，因而能够广为流传。

这一时期，反共产主义、反犹主义、民族主义、沙文主义的意识成分在文化发展中占有很大的分量。1920年，历史学家塞克弗·久洛发表著作《三代：衰退时代的历史》，将一战后匈牙利的道德败坏和民族文化丧失归咎于双重君主制下的自由派政治家对犹太民族、资本主义等群体的态度，从而为反革命政权辩护，在当时产生了广泛的社会影响。

两次世界大战期间，民粹派（népiírók）发展成为匈牙利文坛的一个重要流派，成为与官方文学相对立的一支重要力量。民粹派作家对农民问题和农村生活有深入的调研，主张在作品中反映农民问题、关注人民和民间创造力，强调农民阶级和知识分子在社会生活中的领导力量。他们使用社会学科学的工具和方法（如社会调查等）开展文学创作，一种全新的文学体裁——社会学文学（szociográfia）出现了。这是一种融合社会学和文学的纪实文学，着重于对特定社会群体、阶层或地区的聚落生活方式进行描述性分析，于1930年代兴起并蓬勃发展成为匈牙利文学发展的一个特殊分支。纳吉·劳约什（Nagy Lajos，1883—1954）1934年创作的《基什昆哈洛姆》是这种文学形式的开创性经典杰作。1937年，伊耶什·久洛（Illyés Gyula，1902—1983）创作出版社会写实小说《普斯塔人》，描述了广袤的外多瑙河土地上农场仆人的生活。农民家庭出身的达尔沃什·约瑟夫（Darvas József，1913—1973）于1939年写就《一个农民家庭史》，成为乡村文学最成功的作品之一。费亚·盖佐（Féja Géza，1900—1978）创作了《风暴角》

（Viharsarok），描写了匈牙利中南部下蒂萨地区的历史、土地和人民。社会学文学创作的代表人物还有萨博·佐尔坦（Szabó Zoltán，1912—1984）、埃尔戴·费伦茨（Erdei Ferenc，1910—1971）、维莱什·彼得（Veres Péter，1897—1970）等民粹派作家群体的成员。

在白色恐怖的20世纪20年代初期，革命工人运动和共产党遭到反革命制度的残酷迫害，社会主义革命诗歌的重要代表人物科姆亚特·奥劳达尔（Komját Aladár，1891—1937）、工人阶级作家考萨克·劳约什、马克思主义理论家卢卡奇·久尔吉（Lukács György，1885—1971）等很多进步作家被迫移居海外，他们在莫斯科、维也纳等地活动，在国际革命文学的框架内创作，创作主题主要是描写和歌颂无产阶级革命活动和国际工人运动，宣传爱国主义思想，揭露白色恐怖。1926年，加尔·加博尔（Gaál Gábor，1891—1954）等人在克卢日创办《时代》（Korunk）杂志，成为两次世界大战期间发行时间最长和最有影响力的社会主义文学期刊。革命作家伊雷什·贝拉（Illés Béla，1895—1974）参加过两次世界大战，他聚焦两次世界大战期间的重大事件的历史叙事，创作出《蒂萨河在燃烧》《祖国的光复》《喀尔巴阡山狂想曲》等长篇小说，展示了波澜壮阔的历史画卷。

20世纪30年代，在共产国际大会提出的人民阵线政策的指引下，匈牙利左翼知识分子反法西斯力量开始寻求联合。1937年，民粹派、左翼资产阶级、共产党人等不同意识形态的进步作家共同发表"三月阵线"（Márciusi Front）纲领声明，提出关注人民的民主化、自由等社会要求，逐渐发展成为一场汇集和引领左翼知识分子和青年学生的政治运动。作家兹劳赫·劳约什（Zilahy Lajos，1891—1974）、费亚·盖佐、伊耶什·久洛等是这一文化政治运动中的核心人物。马克思主义者卢卡奇·久尔吉、安道尔·加博尔、列瓦依·约瑟夫（Révai József，1898—1959）等在著作中与资产阶级自由主义者的错误思想作斗争，进一步促进了反法西斯力量的集结。1938年，这场运动最终被反动当局镇压。

两次世界大战期间匈牙利重要的文学家还有世界语作家鲍基·久洛（Baghy Gyula，1891—1967），他在这一时期创作了《秋天里的春天》《牺牲者》《在血地上》等小说，得到广泛传播。被称为"匈牙利20世纪的记录者"的马洛伊·山多尔创作了青春小说《反叛者》以及自传体小说《一个市民的自白》，生动记录了奥匈帝国末期与两次世界大战期间新兴市民阶层的生活和思想状况。莫尔纳·费伦茨（Molnár Ferenc，1878—1952）是一个兼容并蓄不同流派的小说家和戏剧家。他的作品通俗幽默而又富有哲理，善于

将匈牙利的现实故事和舞台传统与来自西方世界的影响相融合，代表作如《恶鬼》《天鹅》《狼》《近卫军》《里里奥姆》《帕尔街的男孩》等，很多被改编成电影。其中，《里里奥姆》（Liliom）成为匈牙利以及世界上许多剧院常演不衰的经典剧目，后来还被改编成百老汇经典音乐剧《天上人间》（又名《旋转木马》）。

莫尔纳被称作匈牙利最为有名的儿童和青年文学作家之一。他创作的最为知名的儿童小说是《帕尔街的男孩》（A Pál utcai fiúk），描写了1889年春天布达佩斯两所学校两个帮派男孩为了争夺一块空地打球而进行的"战争"和"较量"。作品以儿童的视角着笔，写出了匈牙利儿童天真可爱和渴望成长的内心世界，在国际上享有很高的声誉，已被翻译成30多种语言。

第二次世界大战后期，匈牙利作家在战乱动荡的艰苦条件下坚持写作，创作出一批描写匈牙利被法西斯围困、箭十字党恐怖统治等场景的作品，被称为"围困文学"，如纳吉·劳约什的《地下室日记》、戴里·蒂博尔的《地狱游戏》、马洛伊·山多尔的《1943—1944年日记》等。

三、战乱时期的艺术潮流

战争等因素推动社会制度的变革，音乐、舞蹈、电影等表演艺术以及建筑、雕塑、绘画等视觉艺术也进入一个新的发展期，展现出新古典主义与现代主义两股并行发展的艺术潮流。

音乐

19世纪末20世纪初，维也纳开启了一种新的音乐戏剧形式——轻歌剧。匈牙利作曲家莱哈尔·费伦茨（Lehár Ferenc，1870—1948）是这种新型歌剧艺术形式的重要代表人物，由他谱曲的《风流寡妇》《卢森堡伯爵》在轻歌剧史上占有重要地位。1915年，卡尔曼·伊姆雷（Kálmán Imre，1882—1953）创作的轻歌剧《恰尔达什公主》首演，风靡一时。这部剧至今仍是匈牙利最有名的轻歌剧代表作品。卡尔曼·伊姆雷还创作了《玛利亚伯爵》等大量优秀的轻歌剧作品，被后世称为"轻歌剧之王"。他的生平在1984年被帕拉斯蒂·久尔吉（Palásthy György，1931—2012）导演拍成电影《有生命力的音乐》。此外，雅可比·维克多（Jacobi Viktor，1883—1921）、亚布拉罕·帕尔（Ábrahám

Pál，1892—1960）都是当时匈牙利轻歌剧创作的代表人物，他们的创作将轻歌剧推向了世界舞台。

轻歌剧是一种小型的戏剧作品，音乐清新、曲调优美，融合了歌剧的独唱、二重唱和合唱的特点，舞台布景恢弘，服装华丽，舞蹈优美，成为当时剧院文化的重要组成部分。

多赫纳伊·埃尔诺（Dohnányi Ernő，1877—1960）是20世纪匈牙利著名作曲家之一，他与巴托克、柯达伊一起并称为"匈牙利音乐三杰"。一战期间（1915），他从德国回到匈牙利，担任布达佩斯爱乐乐团指挥。两次世界大战期间，他担任布达佩斯音乐学院院长、匈牙利广播总监等职，致力于匈牙利音乐的创作、教育和传承，为匈牙利音乐的海外传播起到重要的推动作用。

两次世界大战期间，音乐民俗学家和作曲家巴托克和柯达伊继续开展民间音乐收集及相关历史文献的考察，并陆续出版了《特兰西瓦尼亚的匈牙利民歌》《匈牙利民歌集》等工作成果。1937年，柯达伊主持出版大型研究著作《匈牙利民间音乐》，系统展示了匈牙利民间音乐的全幅图景。两人在这一时期的整理和研究为匈牙利民间音乐库丛书出版项目——匈牙利民间音乐库（Magyar Népzene Tára）奠定了坚实的基础。

匈牙利民间音乐库是匈牙利音乐史上的一项伟大工程。1913年，巴托克和柯达伊基于采集整理的民间音乐的工作成果，向基什法鲁迪协会提出民间音乐出版计划，但未获得立项。1934年，匈牙利科学院委托巴托克组织匈牙利民间音乐的出版事项。1940年，巴托克因公开反对法西斯而被迫流亡美国，柯达伊继续他的工作。后因战争原因，这项工作暂时搁置，直到1949年才恢复。1951年，《儿童游戏歌曲》出版。1953年，匈牙利科学院专门成立民间音乐研究小组，负责实施"匈牙利民间音乐库丛书出版项目"。《儿童游戏歌曲》成为这个项目的第一卷。至2011年，该项目已出版12卷（14本），涉及儿歌、节日歌曲、婚礼歌曲、哀乐、民歌等多种音乐类型。

20世纪匈牙利乐坛上还活跃着许多著名的音乐家，其中较有影响力的作曲家有法考斯·费伦茨（Farkas Ferenc，1905—2000）、卡多萨·帕尔（Kadosa Pál，1903—1983）、库塔格·久尔吉（Kurtág György，1926— ）、利盖蒂·久尔吉（Ligeti György，1923—2006）以及钢琴家兼指挥家柯西斯·佐尔坦（Kocsis Zoltán，1952—2016）、音乐教育家拉伊塔·拉斯洛（Lajtha László，1892—1963）、韦纳·莱奥（Weiner Leó，1885—1960）等。他们将西方古典音乐中的现代元素加入匈牙利民族传统音乐中，创作出了大批优秀

的音乐作品，为匈牙利音乐赢得了很高的国际声誉。也有不少音乐家远走他乡，蜚声世界，如美籍匈牙利裔指挥家弗里茨·莱纳（Fritz Reiner，1888—1963）、美籍匈牙利裔指挥家兼作曲家尤金·奥曼迪（Eugene Ormandy，1899—1985）、多拉蒂·安塔尔（Doráti Antal，1906—1988）、英籍匈牙利裔指挥家乔治·索尔蒂（Georg Solti，1912—1997），以及19世纪后半叶德国小提琴学派的领袖人物约阿希姆·约瑟夫（Joachim József，1831—1907）等。

舞蹈

1902年，现代舞创始人、美国舞蹈家伊莎多拉·邓肯（Isadora Duncan，1877—1927）在布达佩斯进行首次公演，在匈牙利国内引起巨大反响。当时匈牙利最负盛名的女演员雅萨伊·玛丽（Jászai Mari，1850—1926）观看完公演后，撰文称赞邓肯的舞蹈是"古希腊雕塑的复活"。

20世纪初兴起的现代舞的潮流很快到达匈牙利。匈牙利舞蹈家迪奈什·瓦莱利亚（Dienes Valéria，1879—1978）被认为是推动匈牙利舞蹈艺术向现代舞蹈发展的重要人物之一。她在巴黎学习时与邓肯有过交集，1912年回到匈牙利，于1917年创办了一所面向公众的现代舞蹈学校。森特帕尔·奥尔佳（Szentpál Olga，1895—1968）是匈牙利现代舞的先驱、编舞和舞蹈理论家，她将达尔克罗兹音乐教学融入舞蹈教学，发展出一套独立的培训系统。

电影

20世纪初，伴随着欧洲无声电影的兴起，匈牙利的电影艺术也开始发端。1901年拍摄了第一部科教片《舞蹈家》。1912年，摄制了第一部故事片《今天和明天》。到第一次世界大战爆发前，匈牙利国内已有20余家电影制片厂。1920年代，欧洲先锋派电影运动对匈牙利电影发展也产生了一定的影响。在两次世界大战之间，电影获得进一步普及，《金人》《圣彼得的伞》等许多文学名著被改编成电影，电影产业得到一定程度的发展，电影院数量也在逐年增加，1920年有347家，1929年发展到496家，到1935年达到599家。与此同时，由于国内动荡的局势，这一时期有不少匈牙利电影艺术家迁居欧美谋求发展，他们在世界各地对电影艺术的发展作出了不可磨灭的贡献。

著有《电影美学》的著名电影理论家巴拉兹·贝拉（Balázs Béla，1884—1949）曾侨居德国、奥地利和苏联长达25年；拍摄过《罗宾汉历险记》《卡萨布兰卡》等影片的著名好莱坞导演迈克尔·寇蒂斯（Michael Curtiz，1886—1962）也是匈牙利人，一战后他在奥地利、德国等欧洲国家拍摄电影，1926年移居美国。匈牙利当时著名的喜剧明星高博什·久洛（Kabos Gyula，1887—1941）也于1939年前往美国发展。

建筑

第一次世界大战使得匈牙利许多知名建筑、雕塑遭到破坏，战后的修复工作引导绘画、雕塑等视觉艺术趋向传统的回归，在风格题材上模仿古代艺术的新古典主义重新兴起。与此同时，建筑师们也有针对性地寻求摆脱历史风格的束缚。受德国包豪斯现代主义建筑风格的影响，1928年，莫尔纳·法考斯（Molnár Farkas，1897—1945）、费舍尔·约瑟夫（Fischer József，1901—1995）等年轻的匈牙利建筑师们成立了倡导现代建筑和城市规划思想的"CIRPAC小组"（CIRPAC csoport）。他们关注因世界大战、全球经济危机等带来的住房危机，在设计中注重建筑的实用性和安全性，建设了一批住宅和公共建筑物。

"CIRPAC小组"指的是"当代建筑学问题国际研究委员会小组"，是1928年在瑞士成立的世界上第一个现代设计组织——国际现代建筑协会（CIAM）在各个国家层面的组织。"CIRPAC小组"除开展新建筑设计外，还在出版物、讲座和展览中推广CIAM大会的理念和现代建筑的成就。

雕塑

基什法鲁迪-斯特罗布尔·日格蒙德（Kisfaludi Stróbl Zsigmond，1884—1975）是20世纪匈牙利十分出色的雕塑家。他的作品技法精湛，寓意深刻，融合了现实主义和学院派风格。他在20世纪初创作的代表作品有《弓箭手》《维纳斯的诞生》《向星空》《萧伯纳肖像》等。现代雕刻家迈杰希·费伦茨（Medgyessy Ferenc，1881—1958）于1930年创作了著名的4件人物组雕《科学》《艺术》《建筑》《人文学》，获得1937年巴黎世博会大奖，如今矗立在德布勒森的戴里博物馆（Déri Múzeum）的门前。贝克·厄·菲利普（Beck Ö. Fülöp，1873—1945）、费迈什·贝克·威尔莫什（Fémes Beck Vilmos，1885—

1918）、费伦齐·贝尼（Ferenczy Béni，1890—1966）、博克洛什·比尔曼·戴若（Bokros Birman Dezső，1889—1965）等雕塑家在传承古典的同时倡导新艺术运动，他们的创作进一步丰富了匈牙利雕塑艺术的现代性。

绘画

20世纪初的匈牙利绘画艺术也表现出前卫、新潮的现代性特征。

奥鲍-诺瓦克·维尔莫什（Aba-Novák Vilmos，1894—1941）是新古典主义画派的重要代表人物，他的作品十分具有动感，有很强的表现力。代表作品有《鸟类的创造》《马戏团》《最后的审判》等。琼特瓦利·克斯特卡·蒂沃道尔（Csontváry Kosztka Tivadar，1854—1919）是后印象派画家的杰出代表，也是20世纪初前卫运动的代表人物，他创作了许多巨幅画作，代表作品有《孤独的雪松》《加捷斯瀑布》《去巴黎朝圣的路》等。

琼特瓦利有"匈牙利的梵高"之称，是20世纪初对后世最有影响力的印象派画家之一。他性格行为怪癖，绘画风格与主流格格不入，为了寻找文化根源，他长期在欧洲和近东地区游历。他的作品和才华直到他去世后才被广泛赞誉。他的生平故事曾在1980年被匈牙利著名导演胡萨里克·佐尔坦（Huszárik Zoltán，1931—1981）搬上荧屏。

1928年，一群年轻的先锋派艺术家组织成立旨在支持匈牙利美术和艺术文化发展的圣安德烈画家协会（Szentendrei Festők Társasága）。在当地政府的支持下，他们在风景如画的佩斯州小镇圣安德烈（Szentendre）建立了艺术家村，吸引来大批艺术家。佐贝尔·贝拉、鲍尔乔伊·耶诺（Barcsay Jenő，1900—1988）、瓦伊达·劳约什（Vajda Lajos，1908—1941）、科尔尼什·戴若（Korniss Dezső，1908—1984）、阿莫什·伊姆雷（Ámos Imre，1907—1944）等知名画家都曾来此定居。艺术家们十分注意收集匈牙利民间艺术图案，并将这些传统元素广泛应用于创作中。圣安德烈小镇成为19世纪30—40年代匈牙利最重要的艺术中心之一。现如今，小镇仍然是世界闻名的艺术家之乡，镇上拥有大量的博物馆和艺术画廊。

二战结束后，艺术家们认识到世界艺术发展已经处于一个全新的境地。1945年，匈牙利知名艺术人物潘·伊姆雷（Pán Imre，1904—1972）、迈泽伊·阿尔帕德（Mezei Árpád，1902—1998）、格格施·基什·帕尔（Gegesi Kiss Pál，1900—1993）、卡劳伊·埃尔诺（Kállai Ernő，1890—1954）、考萨克·劳约什共同发起创立艺术家团体"欧洲学派"（Európai Iskola）。这个团体与法国建构主义、超现实主义等艺术流派直接接触，旨在实现与欧洲文化生活同步并引领现代欧洲艺术的新趋势。在1945年到1948年间，他们组织了大量绘画、雕塑、摄影等领域的艺术展览，吸引不少同道加入。他们还通过撰写文章、编辑出版理论小册子和刊物、组织讲座等形式，在匈牙利展示现代国际艺术潮流。

第三节
社会主义时期的社会文化

一、社会主义现实主义的兴起

　　1945年匈牙利解放后，多党联合政府时期文化生活的主要任务是消灭法西斯残余，以民主的人民精神更新国家的文化和教育。随着旧体制的消失，共产党人、先锋派、民粹主义者等拥有不同政治倾向的文艺工作者在新时期发表思想言论、开展政治论争，一时间，作为各流派思想阵地的文学刊物大量增加。无产阶级作家群体曾创办坚持社会主义方向的《论坛》《现实》《星报》《当代》等杂志，代表西方派观点的文学刊物有《西方》《匈牙利人》《新月》等，表达民粹派思想的杂志有《回答》《新的耕耘》等。

　　随着拉科西政府加强意识形态领域的控制，匈牙利国内政治形势日趋紧张。这一时期的文化政策贯彻了文化革命的要求，对学校教育和宣传教育的内容加强思想意识的审查。在跟随苏联清洗"铁托分子"和"帝国主义代理人"的镇压运动中，许多非社会主义的文化杂志停刊、出版机构改组、文学团体停止活动，各种不同流派并存、相互辩论的局面不复存在。文艺领域也开始向苏联看齐。苏联文学文艺界倡导的社会主义现实主义文学艺术创作方法对匈牙利文艺界产生重要影响，成为社会生活中的主流文化模式，文艺工作者立足文学的现实功能和政治功用，创作出一批反映社会主义革命和建设的作品。

　　社会主义现实主义的创作方法于1930年代成为苏联文学与文学批评的基本方法，主张艺术家应从现实的革命发展中真实地、历史具体地描写现实，同时，艺术描写的

真实性和历史具体性必须与用社会主义精神从思想上改造教育劳动人民的任务结合起来。20世纪40—50年代，社会主义现实主义创作方法在社会主义国家文艺界广为传播。

这一时期的社会主义文学创作主题多聚焦阶级斗争和生产题材，描写社会主义革命和建设中工人生活、农村生活的变化，塑造了不少工农兵和知识分子的形象。年轻诗人尤哈斯·费伦茨（Juhász Ferenc，1928—2015）创作出《桑塔家族》《父亲》等描写劳动人民生活的叙事诗；戴里·蒂搏尔（Déry Tibor，1894—1977）完成了小说《回答》的两卷本，他因后来受到批判而未完成原计划的另外两卷；萨博·帕尔（Szabó Pál，1893—1970）创作出《一寸土》《上帝的磨坊》等经典作品；图丽·茹若（Thury Zsuzsa，1901—1989）写就《同一屋檐下》等；战时的民粹派作家维莱什·彼得创作出关注农民和农村生活的《三代人》。战争叙事仍然是文学创作的一个重要主题，考林蒂·费伦茨（Karinthy Ferenc，1921—1992）创作的《布达佩斯之春》是其中的优秀代表作。

戏剧领域，历史与现实的题材都有经典剧作产出。伊耶什·久洛创作出《欧佐若英雄》《火炬之光》等剧作，成为经久不衰的历史剧本。此外，还有哈伊·久洛（Háy Gyula，1900—1975）的《生命之桥》、沙尔卡迪·伊姆雷（Sarkadi Imre，1921—1961）的心理剧《九月》、胡鲍伊·米克洛什（Hubay Miklós，1918—2011）的《匈牙利之夏》、乌尔班·埃尔诺（Urbán Ernő，1918—1974）的讽刺戏剧《黄瓜树》等优秀的戏剧作品问世。

二战后初期，匈牙利电影面临着资金和资源匮乏等多重困难，每年产量不高，但也涌现出一些优秀作品。有一些反映社会主义建设的纪录片上映，不少优秀的经典文学作品也被改编成电影。如根据莫拉·费伦茨（Móra Ferenc，1879—1934）同名小说改编的《麦田之歌》（1947）、根据萨博·帕尔同名小说改编反映匈牙利解放前后农民生活和思想情感的《一寸土》（1948）、根据法泽考什·米哈伊（Fazekas Mihály，1766—1828）的长诗改编描写反抗阶级压迫的电影《牧鹅少年马季》（1949）等。由二战后重新回到祖国的巴拉兹·贝拉编剧、饶德瓦尼·盖佐（Radványi Géza，1907—1986）执导的《欧洲的某个地方》（1947）以及凯莱蒂·马尔顿（Keleti Márton，1905—1973）执导的讽刺生产上只追求数量而不注重质量的喜剧电影《废品的报复》（1951）等都是高质量且十分受欢迎的影片。

绘画、雕塑等造型艺术受社会主义文艺风格的影响，奉行回归传统价值观，纪念性及装饰性的作品大行其道。形象艺术和插图艺术开始流行，漫画、招贴画等服务于政治宣传的艺术形式也有了大幅度的发展。

绘画领域也涌现出一批聚焦革命和社会主义建设的作品。埃克·山多尔（Ék Sándor，1902—1975）创作出大量以士兵和革命为主题的版画、宣传画等平面艺术作品。以劳动人民的生活作为创作题材的绘画作品引领主流画风。费勒基哈兹·拉斯洛（Félegyházi László，1907—1986）的《家具厂的劳动模范》、班·贝拉（Bán Béla，1909—1972）的《科尼同志》《甘茨电气厂的劳动模范》等，具有鲜明的时代特征。多马诺夫斯基·安德烈（Domanovszky Endre，1907—1974）以简洁、自由的构图以及内敛而精致的色彩刻画了许多工人和农民形象，代表作品有《出钢前》《休息的矿工》《匈牙利农民代表团在苏联》等。

广场、地铁、文化宫等公共场所矗立起许多大型纪念像雕塑和建筑雕塑作品。基什法鲁迪-斯特罗布尔·日格蒙德主持建立了《解放纪念碑》《科苏特纪念碑》等作品。迈杰希·费伦茨创作的《舞者》、绍莫吉·约瑟夫（Somogyi József，1916—1993）创作的《打铁人》等都是十分优秀的雕塑作品。在今日布达佩斯的西南郊外，有一座纪念公园（Memento Park），汇聚展示着许多社会主义时期的大型雕塑作品。

《解放纪念碑》就是如今矗立在布达佩斯盖勒特山顶的自由女神像（Szabadság Szobor）。雕塑是一个手持棕榈树枝的女性形象，现已成为布达佩斯城市的重要地标之一。

布达佩斯纪念公园内的社会主义时期雕塑

音乐领域，艺术家们尝试将原本阳春白雪的交响乐创作与人民群众日常生活紧密结合在一起。作曲家法考斯·费伦茨根据魏莱士·山多尔（Weöres Sándor，1913—1989）的诗集创作出脍炙人口的《水果篮组歌》（Gyümölcskosár）。在20世纪50年代的匈牙利，大合唱成为一种流行的音乐创作形式，高峰时期全国有2 000余个合唱队。萨博·费伦茨（Szabó Ferenc，1902—1969）、塞尔万斯基·安德烈（Szervánszky Endre，1911—1977）等著名作曲家都曾为大合唱谱写乐章。

整体来看，这一时期的文艺创作推动工农阶层、平民文化成为社会文化的主流，为弥合长期以来匈牙利知识分子、贵族社会和特权阶层与人民之间的裂痕起到了一定作用。但在加强意识形态控制的高压政策下，拉科西政府一味跟随苏联奉行文艺为政治斗争服务的文化政策，在文艺创作中回避社会矛盾，公式化、概念化的教条主义思想十分严重，禁锢了文化的发展。

20世纪50—60年代，苏联和东欧社会主义国家文艺界围绕社会主义现实主义问题展开过一场广泛而持久的争论，匈牙利文艺工作者也积极参与其中，对文艺创作事件中的神话化、样板化和教条主义倾向进行批判和反思。文化领域愈演愈烈的辩论也上升到政治辩论的层面，引发了教条主义和修正主义思潮之间的斗争。

1956年"十月事件"中，一大批文艺工作者被捕入狱或者流亡国外。"十月事件"后，社工党在文化领域采取了思想启蒙、行政支持等措施，以消除对知识界的影响。直到1960年代中后期，社会主义文艺的发展方向进一步明确。卡达尔政府逐渐放松了对文化艺术的严苛管制，并为受迫害的文艺工作者恢复名誉。新老艺术家积极投身文学创作，关注社会生活中的重大事件，寻求现代性和民族性融合与创新，成为推动社会发展的重要力量。

二、文学创作的革新与发展

20世纪60年代后，匈牙利政府文化政策的改变促进了文学创作队伍的壮大和文学艺术创作风格的转变。

许多在"十月事件"中遭到排斥的作家重返文坛，被捕作家获释并得到平反，重新开始创作。与此同时，活跃在文坛的还有一批中青年作家和诗人，他们不但善于接受现代派的创作方法，也十分注重加强对文学传统的继承。文学创作的队伍不断发展壮大，老、中、青三代作家保持着强劲的创作势头。散文、戏剧、报告文学、自传体小说和回忆录等多种创作形式都有大的发展，匈牙利进入解放后文学发展的一个黄金时期。

社会生活和政治生活的变化深刻反映在文学创作领域，涌现出一批聚焦现实、探索现实、批判现实的优秀作品。山陀·费伦茨（Sánta Ferenc，1927—2008）创作的报告文学《二十小时》（Húsz Óra）对第二次世界大战以来匈牙利国内的个人崇拜和"十月事件"作了批判性描述和深刻的剖析，1965年被著名导演佐尔坦·法布里拍摄成电影。费耶什·安德烈（Fejes Endre，1923—2015）创作的畅销小说《铁锈坟场》（Rozsdatemető）是一部描写工人阶级生活状况的代表作。关注农民世界和农村生活的社会报道文学再次获得新生。多波兹·伊姆雷（Dobozy Imre，1917—1982）的小说《昨天和今天》（Tegnap és ma）反映了匈牙利乡村和农业正在发生的巨大变革。曾担任国防部长的维莱什·彼得发表小说《蒂萨河那边的故事》（Tiszántúli történetek），这是一部描写农村发展新矛盾和社会文化生活的成功之作。

自传体小说和回忆录文学迎来新的繁荣期。戴里·蒂博尔（Déry Tibor，1894—1977）、伊耶什·久洛 、沃什·伊斯特万（Vas István，1910—1991）、桑托·佐尔坦（Szantó Zoltán，1893—1977）、沃什·佐尔坦（Vas Zoltán，1903—1983）、杰特瓦伊·亚诺什（Gyetvai János，1889—1967）、弗多尔·约瑟夫（Fodor József，1898—1973）等老艺术家完成和出版个人回忆录，追忆历史过往，具有较高的文献价值。

20世纪70年代中期，社会学文学这种实况调查文学创作形式得以复兴。拉斯洛-本齐克·山多尔（László-Bencsik Sándor，1925—1999）的著作《底层视角看历史》（Történelem alulnézetben）记录了工人阶级的社区生活。贝尔科维茨·久尔吉（Berkovits György，1940—2018）《世界城市的边境》（Világváros határában）的写作基于对布达佩斯周围44个村庄的调查分析。作家、社会学家乔洛格·若尔特（Csalog Zsolt，1935—1997）通过纪录片采访的方式关注"小人物"的世界，创作出《9个吉卜赛人》《农民小说》等作品。莫尔多瓦·久尔吉（Moldova György，1934—2022）的作品中运用了大量实地旅行资料及他对参与者的采访，他于1981年出版的《圣牛》成为畅销书，其他此类作品还有《向科姆洛致敬》《岗哨的怨言》等。

这一时期文学创作发展的另一个趋势是创作主题开始聚焦重新评价民族的历史，探讨历史的动力和民族的良知。戴里·蒂博尔获释后发表了《革出教门》《没有判决》等自传体小说，主要描写他在1949年至1956年间的政治生活及不幸遭遇。贝尔克什·安德拉什（Berkesi András，1919—1997）的小说《十月风暴》《风暴之后》的创作主题聚焦"十月事件"。帕洛什·蒂博尔（Pálos Tibor，1919—1993）于1964年创作出小说《寒冷的日子》（Hideg napok），借由参与二战大屠杀的4个匈牙利官兵等待审判时的回忆，引发个人对于历史和民族责任的辩论及深入思考。1975年，作家凯尔泰斯·伊姆雷（Kertész Imre，1929—2016）创作的自传体小说《命运无常》（Sorstalanság）出版，小说以基于事实的平淡化描述开创了大屠杀文学新的写作方式。2002年，凯尔泰斯·伊姆雷因该部作品荣获诺贝尔文学奖，成为匈牙利首位诺贝尔文学奖作家。

随着经济现代化进程的推进，文学创作也开始转向描写现代生活的新尝试，这些作品关注公众利益，触及集体与个体关系、家庭问题、青年问题等当时十分敏感的社会问题。例如，曾创办《回答》杂志的内梅特·拉斯洛（Németh László，1901—1975）1947年创作的小说《憎恶》（Iszony）关注现代家庭的婚姻关系和性道德问题。这部小说是匈牙利心理学小说创作史上的一部重要作品。

在思想文化领域，20世纪50年代中期到60年代，匈牙利形成了一个所谓"新马克思主义"的理论流派，被称为"布达佩斯学派"。他们的核心人物是20世纪匈牙利最有影响也颇具争议的思想家、哲学家和文艺理论家卢卡奇·久尔吉。

卢卡奇·久尔吉于1918年加入匈牙利共产党，曾担任匈牙利苏维埃共和国教育人民委员。苏维埃共和国被颠覆后，他长期流浪国外，1923年在《历史和阶级意识》一书中集中阐述他所谓的"正统马克思主义"的理论，开启西方马克思主义思潮，被誉为"西方马克思主义"的创始人。到1950年代中后期，受当时社会政治环境以及西欧民主社会主义思潮的影响，卢卡奇提出的在美学上的马克思主义现实主义理论和"社会存在本体论"思想受到追捧。他一生著述颇丰，有著作30多部、论文和讲稿数百篇。

布达佩斯学派聚集了一批哲学家，例如赫勒·阿格妮丝（Heller Ágnes，1929—2019）、马尔库斯·久尔吉（Márkus György，1934—2016）、拉德诺蒂·山多尔（Radnóti Sándor，1946— ）等人。他们批判性地继承了卢卡奇的哲学和美学思想，以"继承和发展马克思主义"为旗号，纷纷著书立说，立足于现实的社会主义对马克思主义进行了阐释，宣扬马克思的人本主义"实践本体论"和个人的绝对自由，主张实行"民主社会主义"。布达佩斯学派的理论主张在当时的匈牙利、整个东欧乃至在世界范围内都产生了一定的影响。

新闻报刊在匈牙利公共文化生活中也扮演着重要的角色。这一时期，社工党的党中央日报《人民自由报》、理论刊物《社会评论》、组织工作刊物《党的生活》等党报、党刊发行量巨大，对社会舆论起到主要引导作用。其他比较有影响力的报刊还有《匈牙利新闻报》《匈牙利公报》《人民之声报》《经济评论》《观察家》等。

三、视觉艺术的形式创新

在相对宽松的文化政策下，视觉艺术冲破束缚，开始追求传统与新颖的结合。进入20世纪60年代，几何元素被更多地引入平面艺术以及雕塑创作中。这种创作形式尤其体现在前卫图形艺术家康多尔·贝拉（Kondor Béla，1931—1972）、雕塑家维尔特·蒂博尔（Vilt Tibor，1905—1983）等人的作品创作中。1960年代末，继承了后印象派创作风格的超现实主义绘画风格开始出现。1970年代初，强调探索艺术思想与艺术概念而不注重其物理实现的概念艺术在匈牙利美术、摄影等领域传播开来。1970年代中后期，匈牙利诗人、表演艺术家豪尧什·蒂博尔（Hajas Tibor，1946—1980）首次尝试在美术展览中引入行为艺术。

城市大型雕塑方面，在公共场所建立起许多解放纪念碑、名人纪念碑和大型公共雕塑。20世纪70年代，强调在作品中构建空间的新建构主义雕塑开始流行，欧普艺术、极简主义、概念主义等多种创作方法和风格同时出现。齐基·蒂博尔（Csiky Tibor，1932—1989）创造出《对立统一》《空间曲线》等优秀的钢木雕塑，博胡什·佐尔坦（Bohus Zoltán，1941—2017）是匈牙利玻璃艺术雕塑的先驱，绍姆·盖佐（Samu Géza，1947—1990）、瓦尔格·盖佐·费伦茨（Varga Géza Ferenc，1950—2002）等雕塑家的木雕创作坚持原生态雕刻，布克塔·伊姆雷（Bukta Imre，1952—　）的雕塑创作与农村日常用品和生活方式紧密相关。20世纪80年代兴起的新浪潮雕塑尝试使用各种雕塑材料和表达方式，力求在发展中反映时代的变化，马塔·阿提拉（Mata Attila，1953—　）的乡村雕塑、切什劳伊·久尔吉（Chesslay György，1957—　）的彩绘石雕是其中杰出的代表。

在建筑领域，20世纪60年代以后，社会主义现实主义的建筑风格逐步降温。70—80年代，随着社会思想文化领域的逐步放开，作为对形式统一、没有灵魂的建筑风格的反抗，主张人类居住与自然世界和谐统一的有机建筑在匈牙利悄然兴起。马科韦茨·伊姆雷（Makovecz Imre，1935—2011）是发展有机建筑的主要代表人物，他和切特·久尔吉（Csete György，1937—2016）等人发起并积极推动了匈牙利有机建筑运动。1989年，马科韦茨与卡姆皮什·米克洛什（Kampis Miklós，1935—2020）等人共同创建了寇斯·卡罗伊协会（Kós Károly Egyesülés），聚集了一批志同道合的建筑设计师。匈牙利的有机建筑扎根于匈牙利本土文化，主张将建筑视作活生生的生物，在设计上广泛运用天然形式与天然材料，并将匈牙利民俗文化和民间传统符号融入其中，设计出的建筑作品兼具人文关怀和民族灵性，成为匈牙利现代建筑发展史上的重要里程碑。

四、表演艺术的回归与创新

新浪潮与电影的发展

20世纪60年代中期，跟随法国、意大利等国家的电影革新运动，以扬索·米克洛什（Jancsó Miklós，1921—2014）为代表的匈牙利青年电影艺术家们掀起并引领了匈牙利电影新浪潮。新浪潮电影主张在影片创作上摆脱程式化、简单化的倾向，聚焦匈牙利的民族历史与自我认知等主题，对历史和社会进行深刻的剖析，内容往往极具思考力和哲学性。新浪潮运动催生了一大批优秀的电影作品，将匈牙利电影推向世界舞台并大放异彩。

新浪潮电影最著名的代表人物扬索·米克洛什擅长将历史史诗与民间文化、音乐等相结合。他在电影中常常采用象征主义、超现实主义和自由流动的长镜头。他创作了《红色赞歌》《红军与白军》《无望的人们》《静默与呼喊》《天堂的羔羊》等大量优秀作品。科瓦奇·安德拉斯（Kovács András，1925—2017）、马克·卡罗伊（Makk Károly，1925—2017）、萨博·伊斯特万（Szabó István，1938—　）等都是新浪潮运动的活跃分子。科瓦奇的代表作品包括根据帕洛什·蒂博尔同名小说改编的《寒冷的日子》（1966），以及《迷惘的一代》（1968）、《短暂的天堂》（1981）等。马克在这一时期执导了《着迷的人们》（1961）、《爱情》（1971）以及根据戴里·蒂博尔同名小说改编的电影《最后的手稿》（1987）等广受欢迎的作品。萨博·伊斯特万执导《幻想年代》（1964）、《父亲》（1966）、《布达佩斯的童话》（1977）等优秀影片。

曾于1953年拍摄出匈牙利第一部获戛纳金棕榈提名影片《旋转木马》的法布里·佐尔坦（Fábri Zoltán，1917—1994）在这一时期为匈牙利电影带来了更多的国际声誉。他执导的电影《帕尔街的男孩》（1969）和《匈牙利人》（1978）都获得了奥斯卡最佳外语片提名，此外，《20小时》《战争与和平》《托特一家》《未完成行动的141分钟》等多部电影获得莫斯科国际电影节大奖。20世纪80年代，更多的匈牙利电影走向世界。罗弗斯·费伦茨（Rófusz Ferenc，1946—　）导演的动画短片《苍蝇》荣获1980年奥斯卡最佳动画短片奖。1981年，萨博·伊斯特万根据著名德国作家克劳斯·曼的同名小说改编的影片《墨菲斯特》（Mephisto）获奥斯卡最佳外语片奖，这是匈牙利电影首次获得这一荣誉。

"舞蹈屋"运动与实验艺术运动的兴起

20世纪60年代后期，匈牙利发起了一项名为"飞翔吧，孔雀"（Röpülj Páva）的民间音乐电视大赛，吸引了众多具有音乐、舞蹈等天赋的民间遗产传承人参赛，这种才艺秀的形式成功激发出公众尤其是年轻一代对于民间文化艺术的兴趣。一时间，大量民间传统团体、乐队、舞蹈公司、创意民间艺术工作室和社区建立了起来。

20世纪70年代初，在匈牙利城市社区中兴起"舞蹈屋"（táncház）运动，掀起一股复兴传统民族音乐和舞蹈的热潮。1972年，谢博·费伦茨（Sebő Ferenc，1947— ）和哈尔莫斯·贝拉（Halmos Béla，1946—2013）两个年轻人组成的乐队发起了一项音乐实验，他们在城市社区组织了一场民间舞蹈集会，其间大量使用民间乐器，期望城市居民通过对民间舞蹈和民间音乐的亲身体验，唤起和恢复当地社区对传统农民舞蹈和音乐文化价值的认识。这种音乐形式一经推出，马上得到马丁·久尔吉（Martin György，1932—1983）、蒂马尔·山多尔（Tímár Sándor，1930— ）、瓦尔加什·劳约什（Vargyas Lajos，1914—2007）等艺术家的大力支持，并吸引了一些民间舞蹈团体以及管弦乐队的加入。

在匈牙利语中，tánc是"舞蹈"的意思，ház是"房子"的意思。táncház来自匈牙利农民传统，尤其是在特兰西瓦尼亚地区的乡间，每逢婚礼、节日、丰收、酿酒等节庆或重要活动，匈牙利人会寻找或者租借一间适合跳舞的屋子，在现场乐队的伴奏下尽情地跳舞庆祝。在文化贫瘠的年代，"舞蹈屋"几乎是村庄社区唯一的娱乐活动。这个传统在民间代代相传，到20世纪中期一度衰退。

一时间，"舞蹈屋"在城市社区四处涌现。1976—1978年，文化机构还推出了面向音乐家和舞蹈教师的为期两年的"舞蹈屋"训练课程。在多方力量的共同推动下，"舞蹈屋"成为一项公共文化计划，迅速在匈牙利传播，并经由生活在海外的匈牙利人从边境传播开来。"舞蹈屋"作为根植于传统农民文化的城市亚文化，逐渐发展成为都市青年的一种流行娱乐形式，引领了民间舞蹈和民间音乐在城市复兴的潮流，给匈牙利民俗史带来了一个巨大的转变。

20世纪70年代，实验艺术运动席卷多个艺术领域。艺术家们注重传统文化与现代

技术的结合，实验摄影、实验剧院、新音乐等多种综合、创新的艺术形式蓬勃涌现。插图、素描、版画等传统绘画形式因摄影、计算机等技术的发展而出现在图形艺术领域的广泛实验。匈牙利视觉艺术家毛雷尔·多拉（Maurer Dóra，1937— ）在摄影、电影、雕塑等多个领域都作过实验性探索。"180小组"（180-as csoport）是当时的一个新音乐乐团，他们倡导以极简的音乐风格表演当地音乐，得到广泛的关注和认可。将匈牙利民谣与现代音乐相结合的爵士和摇滚乐也开始兴起。Illés乐队、Metró乐队、Omega乐队是当时很有影响力的3个摇滚乐团。在戏剧领域，20世纪70年代，匈牙利西南部城市考波什堡（Kaposvár）的剧作家们将复调艺术引入创作领域，创造出一种新的表演风格。这种表演以多个主题和多个视角并列重叠带来多元审美，强调观众与演员之间的思想交流，引起社会的巨大反响。到1980年代，随着西方运动艺术在匈牙利的传播，创意运动工作室（Kreatív Mozgás Stúdió）、小型舞蹈剧院等开始出现。

课后练习

一、填空题

1. 匈牙利作曲家＿＿＿＿＿＿＿＿＿将欧洲音乐与匈牙利传统音乐结合起来，创作出《匈牙利狂想曲》《匈牙利历史人物肖像》等大量的传世经典乐章。

2. 20世纪初，＿＿＿＿＿＿＿＿＿和＿＿＿＿＿＿＿＿＿两位音乐家开始在匈牙利及其周边收集、整理和研究匈牙利民歌和民间器乐曲，为匈牙利民间音乐的科学研究作出不朽的贡献。

3. 柯达伊音乐教学法是当今世界影响最为深远的音乐教育体系之一。柯达伊倡导＿＿＿＿＿＿＿＿＿，鼓励＿＿＿＿＿＿＿＿＿＿＿，把音乐纳入儿童教育体系，把＿＿＿＿＿＿＿＿＿作为音乐教育的素材。

4. 19世纪匈牙利最杰出的画家是现实主义画家＿＿＿＿＿＿＿＿＿。他的作品大多关注＿＿＿＿＿＿＿＿＿＿＿＿＿＿＿，反映匈牙利的社会现实状况，表达了匈牙利人民为自由而斗争的革命性和民族性，代表作有《死囚的最后一日》等。

5. 20世纪初，匈牙利作曲家创作出一种新的音乐戏剧形式＿＿＿＿＿＿＿＿，它融合了歌剧的独唱、二重唱和合唱的特点，但风格更加轻松活泼。匈牙利作曲家创作的代表曲目有＿＿＿＿＿＿＿＿、＿＿＿＿＿＿＿＿等。

6. 19世纪末20世纪初的匈牙利建筑师们尝试从传统民间艺术中去寻找主题和元素，把民间装饰图案与多种建筑风格相融合，大胆采用新材料、新技术，广泛地运用在建筑物的正面装饰上，其中的代表人物有＿＿＿＿＿＿＿＿、＿＿＿＿＿＿＿＿等，代表作品有＿＿＿＿＿＿＿＿、＿＿＿＿＿＿＿＿、＿＿＿＿＿＿＿＿等。

7. 两次世界大战期间，＿＿＿＿＿＿＿＿发展成为匈牙利文坛的一个重要流派，成为与官方文学相对立的一支重要力量，他们对农民问题和农村生活有深入的调研，主张在作品中反映农民问题、关注人民和民间创造力，强调农民阶级和知识分子在社会生活中的领导力量。

8. 1975年，作家＿＿＿＿＿＿＿＿创作的自传体小说《命运无常》出版，这部小说以基于事实的平淡化描述开创了大屠杀文学新的写作方式。

9. 20世纪60年代中期，以＿＿＿＿＿＿＿＿为代表的匈牙利青年电影艺术家们掀起并引领了"匈牙利电影新浪潮"。

10. 20世纪70—80年代，主张人类居住与自然世界和谐统一的＿＿＿＿＿＿＿＿在匈牙利兴起。他们主张将建筑视作＿＿＿＿＿＿＿＿，主要代表人物是＿＿＿＿＿＿＿＿＿＿＿＿＿。

二、判断题

1. 巴托克倡导音乐创新，首创了单乐章标题性交响乐——"交响诗"体裁，将标题音乐深化到了诗意和哲理性的高度。　　　　　　　　　（　　）

2. 19世纪末20世纪初，随着民族主义思潮的兴起，不少作曲家开始将创作兴趣转移到匈牙利民族音乐。　　　　　　　　　　　　　　　（　　）

3. 匈牙利历史上第一个使用留声机收集民间诗歌和民间音乐的人是维尔卡·贝拉。　　　　　　　　　　　　　　　　　　　　　　　　（　　）

4. 19世纪上半叶，匈牙利民族画派的代表作家有布罗茨基·卡罗伊、马尔柯·卡罗伊以及巴拉巴什·米克洛什等。　　　　　　　　　　　（　　）

5. 民粹派作家使用社会学科学的工具和方法（如社会调查等）开展文学创作，并创

作出一种全新的文学体裁——社会学文学。　　　　　　　　　　　（　　）

6. 在霍尔蒂统治的白色恐怖时期，许多移民作家团体的创作主题主要描写和歌颂无产阶级革命活动和国际工人运动，宣传爱国主义思想，揭露白色恐怖。（　　）

7. 第一次世界大战后期，匈牙利作家在战乱动荡的艰苦条件下坚持写作，创作出一批描写匈牙利被法西斯围困、箭十字党恐怖统治的作品，被称为"围困文学"。（　　）

8. 匈牙利作曲家莱哈尔·费伦茨被称为"轻歌剧之王"。　　　　　（　　）

9. 20世纪50年代中期到60年代，在匈牙利形成了一个"新马克思主义"的理论流派，被称为"布达佩斯学派"。核心人物是思想家、哲学家和文艺理论家卢卡奇·久尔吉。　　　　　　　　　　　　　　　　　　　　　　　　　　（　　）

10. "舞蹈屋"作为根植于传统农民文化的城市亚文化，并未成为城市青年的流行娱乐形式。　　　　　　　　　　　　　　　　　　　　　　　　　　（　　）

三、简答题

1. 19世纪末20世纪初匈牙利社会文化是如何开启现代化转型的？
2. 概述两次世界大战期间匈牙利的文学流派。
3. 概述匈牙利社会主义时期文化的样态与特征。

四、拓展题

寻找匈牙利社会文化生活中民族传统与现代融合的典型事例，试结合本章学习写一篇小述评。

第八章

当代匈牙利社会文化发展现状

第一节
民俗与民风

课前思考：你知道在匈牙利现代生活方式
中哪些方面受传统文化的影响明显？现代匈
牙利在哪些领域处于世界领先地位？

一、传统服饰与手工技艺

传统服饰

传统服饰是民族生活方式与区域文化的重要体现。匈牙利传统服饰深受游牧文化的
影响，整体上比较宽松大方，只在袖口、裤口处收紧，既便于自由活动，又显得十分飘

逸干练；但在细节处又十分注重细琢精雕，搭配刺绣、蕾丝，并配以精美考究的配饰。匈牙利不同地区的服饰存在一定的差异性，但主体服饰以红白黑三色为主，女装更为多彩明艳。女士服装多为圆领绣花衬衫配多层衬裙，有时搭配坎肩，脚着黑鞋或皮靴。未婚女子可以佩戴一些头饰，而已婚妇女一般会使用头巾把头发包住。男士最经典的搭配是长袖绣花衬衫、绣着红边的外套或缀着圆钉的黑坎肩，下着宽松的裤子，配上长筒黑皮靴，头戴边缘装饰着多色饰带或者鸟的羽毛的黑色礼帽。有些地区男士也会在紧身裤子外面穿上绣花围裙。冬季传统服饰有华丽而庄重的羊皮外套、皮毛装饰的夹袄，搭配毛皮帽子等。

　　披风是匈牙利传统服饰中男子最常见的外套。不同地区的披风式样不一，外多瑙河地区的披风较短，只到腰部，大方领；蒂萨河以东地区的披风则是立领的，大草原上的牧羊人经常身披这种羊毛披风。19世纪起，随着批料加工和刺绣、缝纫技术的发展，花哨的羊皮披风（cifraszűr）开始流行。这种披风用特质羊皮裁制而成，在下摆、背部、胸前等多处装饰上丰富的贴花和刺绣图案。

　　在匈牙利农村，披风是小伙子去姑娘家求婚的必备物品，他如果中意姑娘，就会故意将披风留在姑娘家；如果姑娘也中意小伙子，就会将披风留下，而如果第二天看到姑娘家门口挂着这件披风，就说明小伙子遭到了拒绝。因此，在匈牙利语中，短语 kiteszi a szűrét（原意"把披风拿出去"）也表示"拒绝"之意。

　　匈牙利人十分注重服饰礼仪，他们出席宴会、盛典或者进出歌剧院等都要穿着西装礼服。在婚礼、新年等重要节日庆典上，匈牙利人会穿上传统衣着进行庆祝。传统民族服装还反映着年龄、身份、社会地位等复杂社交信息，尤其是在农村地区，参加宴请、婚礼、去教堂等不同场合需要穿着不同的服饰。在匈牙利农村，女子拥有的传统服饰的数量与其家庭的富裕程度直接相关。

　　当代匈牙利服装设计师热衷于从民族服饰中汲取创作灵感，把很多传统元素运用到现代服装的设计中，在传承中实现发展和创新。以祖布·卡提（Zoób Kati，1957— ）等为代表的现代匈牙利设计师巧妙地将民族缝纫技术和现代剪裁、世界时尚与匈牙利传统刺绣有机结合，使匈牙利民族服饰焕发出新的生机，引领时代潮流。如今，匈牙利首都布达佩斯是中欧地区一个重要的时装与设计中心。每年春夏、秋冬两届的布达佩斯中欧时装周（The Budapest Central European Fashion Week）现已成为欧洲地区十分著名的时尚盛会。

服饰手工艺

装饰刺绣图案和蕾丝花边是匈牙利传统服饰的一个重要特色。匈牙利人不仅会在衬衫、外套和礼服上装饰上丰富的刺绣，还会在帽子、围巾、长靴、腰带、披肩等配饰上也都绣上精致的图案，在领口、袖口、裙边、下摆等处还会装饰上精美的蕾丝花边。刺绣和蕾丝工艺除用于服饰装饰之外，还可制成精美的床罩、枕套、台布、靠垫、杯垫、手帕、毛巾等家用饰品，广泛应用于匈牙利人的日常生活。

匈牙利刺绣手工艺的历史可以追溯到中世纪。11世纪初，匈牙利王国创建了宫廷刺绣工场，匈牙利刺绣匠师在当时的欧洲名噪一时，其中不少成为欧洲皇室的御用绣匠。在后来的发展过程中，匈牙利刺绣的技艺、图案等也受到土耳其、意大利、阿拉伯民族等艺术风格的影响。19世纪末，匈牙利刺绣技艺得到进一步发展，创造出色彩艳丽、形式自由的彩色刺绣，以对比强烈的红色和绿色为主色调，喜用花卉、果实、蝴蝶等图案，明快而富有生气，具有独特的民族风格。在当今匈牙利，刺绣手工艺得到很好的继承与发展，形成了考洛乔刺绣（Kalocsa）、马乔刺绣（Matyó）、帕洛茨刺绣（Palóc）、布扎克刺绣（Buzsák）等不同地区的特色风格。最具代表性的当属2012年入选联合国非遗名录项目的"马乔民间刺绣"，以绣制独特的镂空花朵图案"马乔玫瑰"而闻名。

豪洛什蕾丝（Halasi csipke）是独具匈牙利特色的蕾丝手工艺技术。豪洛什（又称"基什昆豪洛什"，Kiskunhalas）是匈牙利南部巴奇–基什昆州的一个城市。这种手工缝制花边的技术起源于16世纪的意大利，20世纪初经匈牙利豪洛什的工匠创新改造，代代相传，流传至今。豪洛什蕾丝制作过程复杂，技术要求非常高，必须是纯手工缝制，制作时通常要用到非常细的漂白亚麻纱线或丝线，并按照一定的图案用极细的针编结而成。蕾丝图案以花叶、动物或者身着民俗服装的人物为主，所缝制的图案的轮廓之间填有装饰性的针脚。2010年9月，豪洛什蕾丝被列入匈牙利国家非物质文化遗产名录。

受传统游牧文化影响，马毛皮革等广泛应用于当今匈牙利人的搭配服饰、日常装饰和艺术创作等领域。在如今的贸易集市上，仍有形式多样的牛羊角制品、牛羊鹿头标本等商品售卖。

陶瓷手工艺

匈牙利传统手工技艺中享誉世界的还有陶瓷工艺。匈牙利瓷器受中国瓷器的影响很大。据记载，1336年，元朝派往欧洲的使团赠予匈牙利国王一件青白釉玉壶春瓶，这是目前有据可查的中国输送到匈牙利的第一件瓷器。18世纪，匈牙利工匠开始尝试仿制中国生产的瓷器。19世纪开始，匈牙利掌握了陶瓷制作工艺，陶瓷设计师结合传统工艺设计出了独具特色的造型和图案样式。

海蓝德瓷器（Herendi porcelán）是世界知名的手绘陶瓷品牌，以出产于布达佩斯西南部大约130公里的海蓝德镇而得名。海蓝德瓷器厂（Herendi Porcelánmanufaktúra Zrt.）建于1826年，生产的瓷器结合了东西方艺术特色，从拉坯成型到绘画上漆都采用传统手工艺方法制作，深受当时王公贵族的青睐，引来欧洲皇室纷纷定制。其中最为经典、最为奢华的产品是维多利亚系列，荣获1851年伦敦世博会金牌。如今，海蓝德瓷器不断改进创新，但仍坚持手工技艺绘制，形成了维多利亚图案、阿波尼图案、罗斯柴尔德图案、皇家花园图案等多个经典系列，销往世界各国，甚至得到收藏家的竞相收藏。

海蓝德瓷器的图案和造型中有不少临摹和借鉴自中国瓷器，善用花草、蝴蝶、飞鸟等，有一套称为"明图案"系列的瓷器的图案完全是仿制中国明朝时期的人物和场景。

出产于西南部历史文化名城佩奇（Pécs）的若纳伊（Zsolnay）陶瓷诞生于1853年。若纳伊陶瓷的特点是在民族特色中融合了波斯风格的装饰，且十分注重使用先进的材料和技术，多用于工业领域。19世纪末研发出釉面工艺，特殊的釉料配方和手工上釉技术使得瓷器外观具有金属光泽感。这一工艺在20世纪初的匈牙利新艺术风格建筑中得到广泛应用。布达佩斯中央市场、应用艺术博物馆等著名建筑的屋顶瓦就是使用的这种釉面瓷砖。

手工制陶手艺也是匈牙利十分有特色的民间传统。纳吉昆萨格（Nagykunság）南部的迈泽图尔（Mezőtúr）在历史上就是著名的陶器中心。这里从16世纪开始生产各种陶器，19世纪后期达到鼎盛。当时，全镇有近百个陶器生产点，产品运往全国各地。从最初的黑陶到饰有纯黑色线条、花朵或叶子的绿色、黄色和棕色的陶器，制作的工艺和技术不断发展并传承至今。

此外，东部大平原北部地区豪伊杜-比豪尔州的城市纳杜德瓦尔（Nádudvar）出产一种特制的黑陶，几百年来一直保留着家庭代代相传的古老的黏土制陶工艺。

匈牙利应用艺术博物馆

二、传统节日与节庆文化

匈牙利的节假日主要包括国定节假日，新年、劳动节等国际性节日，以及圣周五、复活节、圣灵降临节、万圣节、圣诞节等宗教性节日。节假日里学校放假，政府机关不办公，大多数商业场所歇业，公共交通也会有所限制。

匈牙利宪法中规定有3个国家纪念日（nemzeti ünnep），分别是3月15日、8月20日和10月23日。3个日期分别具有不同的纪念意义。

3月15日是为了纪念匈牙利人民反抗哈布斯堡王朝的1848—1849年革命和独立战争。1927年，匈牙利国会宣布这一天为国定假日。每年这一天，匈牙利人民会在各大广场举行集会纪念活动，不同的政党也会组织集会、发表政治演说等。这一天，还会举行全国文学艺术的最高奖项——科苏特奖（Kossuth-díj）及学术领域的最高奖项——塞切尼奖（Széchenyi-díj）的颁奖典礼，由匈牙利总统亲自向获奖者颁奖。

科苏特奖由匈牙利国会于1848年革命一百周年之际设立，用以表彰奖励在科学、艺术、文学以及在社会主义建设中取得杰出成就的人士。奖项以匈牙利政治家、1848年革命的领导者科苏特·劳约什的名字命名。从1963年起，该奖项只在文学艺术领域颁奖。目前是公认的匈牙利文学艺术领域的最高奖。

塞切尼奖设立于1990年，取代之前匈牙利政府"国家奖"，用以表彰在科学、技术

创新、研究、技术开发、医疗、教育等学术领域作出杰出贡献、取得国际公认成果的匈牙利人。奖项的名称是为了致敬"最伟大的匈牙利人"塞切尼·伊斯特万。

自1990年起，科苏特奖和塞切尼奖在匈牙利总理的推荐下由总统在每年3月15日向获奖者颁发奖章。

8月20日是正式国庆日，是为了纪念匈牙利建国以及建国国王圣·伊斯特万。1083年这一天，伊斯特万国王被封圣，因此这一天也被称为圣·伊斯特万日（Szent István napja）。自1771年以来，8月20日就被视为匈牙利国庆日进行庆祝和纪念。这一天，匈牙利政府会在国会大厦前的科苏特广场举行盛大的纪念和庆祝活动，包括升国旗、王冠展示、总统阅兵、特技飞行等内容。匈牙利民众纷纷走上街头，欢庆节日。晚间，多瑙河两岸还会举行盛大的焰火表演。

10月23日是为了纪念1956年"十月事件"，而且在1989年的这一天，匈牙利宣布将"匈牙利人民共和国"改名为"匈牙利共和国"。如今，每年这一天，匈牙利政府会组织举办集会游行以及悼念活动。

在千年历史发展过程中，匈牙利民族形成了独特而丰富多彩的节庆文化，传统文化节庆和各式文化艺术活动极大地丰富了匈牙利人的文化生活。

在匈牙利，冬日的习俗和信仰最为丰富。万圣节、圣尼古拉斯日、平安夜、圣诞节等一系列宗教相关的节日都聚集在这个时期。匈牙利民间至今保留着一些辞旧迎新的独特迷信习俗。匈牙利人相信洋葱能够防御病魔，在新的一年到来之际，他们会用盐腌制过的洋葱制作一个日历，据说还可以预测天气。新年大餐的标志性菜肴是烤乳猪和煮炖的小扁豆，据说能带来好运和财运。此外，单身女性会在新年午夜时分用下饺子的方式预测未来的配偶，她们在纸片上写下男性名字，粘在饺子上扔进沸水里，第一个浮上水面的将会是女孩未来丈夫的名字。

洋葱日历的制作方法是，把一个洋葱头切成两半，剥12层分别代表从1月到12月，串在一根漂亮的线上或者摆在盘中，然后在每瓣洋葱上撒上一点盐。到第二天，如果哪瓣洋葱上的盐融化了，预示着这个月会下雨；而盐没有融化的洋葱瓣代表的月份将是一个干燥的月份。

匈牙利人送别冬天、迎接春天到来的方式也热闹非凡、独具特色。他们通过举行面具狂欢节、假面舞会等喧闹的狂欢来吓跑邪灵，驱赶寒冬，迎接春回大地。每年2月末，在匈牙利南部靠近克罗地亚的边境城市莫哈奇市举办"布索"面具狂欢节（busójárás，字面意思为"busó在行走"）。节日里，狂欢者们装扮成令人恐惧的

"布索"（busó）形象，一大群"布索"载歌载舞，或沿多瑙河乘船，或与马车、机动车一起行进穿过城市，黄昏时分到达中心广场，在燃起的大篝火上燃烧棺木，尽情狂欢。狂欢节一般会持续数日。"布索"面具狂欢节2009年被列入联合国教科文组织《人类非物质文化遗产代表作名录》。每年这一时节，德布勒森、圣安德烈等城市、乡镇也会举行相似的祭祀游行活动。节日期间，除了尽情狂欢外，还会有多种手工艺展览，当地人也会在庆典时刻将面具雕刻的技巧方法和庆典仪式传授给年轻一代。

传说"布索"面具狂欢节起源于1526年匈牙利王国与奥斯曼土耳其的莫哈奇战役期间，当时匈牙利村民们装扮成可怕的怪兽试图吓跑来犯的土耳其军队。传统的"布索"形象头戴一个有角的羊皮连帽面具，面具一般用柳木雕刻而成，上面涂有动物血。除了面具，"布索"通常披着一件羊皮斗篷，裤子里塞满干草、套上五颜六色的羊毛针织长袜，穿着露出脚面的绑带鞋，腰上系着腰带或者牛绳，绳子上挂着能发出声响的克隆普（marhakolomp），手持可转动发出声响的转筒"开勒普略"（kereplő），或者木制权杖。

匈牙利人把水视作净化和更新的象征。几百年来，匈牙利民间一直保留着泼水（locsolkodás）这个独特的复活节风俗。每年3—4月间，在春分月圆之后第一个星期日，身着传统服饰的年轻男子会用向女孩泼水的传统方式来庆祝复活节，迎接春天，表达爱意。传说泼水还有助于增强女性的生育能力。这个传统的演变方式有很多种，其中比较流行的是男子为女子朗诵诗歌，然后在诗歌上"洒"香水。此外，在农村，很多重要的仪式活动，如农耕开犁等，也都有洒水祈福的环节。

欢庆丰收是农耕文化的重要传承方式。8月20日国庆日也是匈牙利一年一度庆祝丰收的面包节，匈牙利人用夏收后的新小麦粉做成新鲜的面包欢庆节日，来自全国各地身穿民族服饰的代表抬着本地出炉的第一炉面包参加在布达佩斯举行的国庆大游行，祈求来年五谷丰登。这一天，匈牙利民间还有向德高望重者赠送新麦秸做成的丰收花环的习俗。匈牙利是世界有名的葡萄酒生产国。9月，葡萄成熟的季节，爱盖尔、托卡伊、巴拉顿弗莱德等葡萄产地会举行盛大的葡萄采摘节，男女老少聚集在一起，采摘葡萄，榨取、畅饮葡萄汁，载歌载舞，欢庆丰收。到11月份的葡萄酒节上，人们再次聚在一起，品尝新酿造的葡萄酒。每年8月举行的德布勒森的花卉嘉年华、霍尔托巴吉镇的九孔桥文化集市等也是展示传统民俗文化、庆祝丰收的重要方式。

此外，匈牙利社会还有一些具有特殊意义的文化节日。

1989年起，每年1月22日被确定为匈牙利文化日（magyar kultúra napja）。据考，1823年这一天，克尔切伊·费伦茨创作完成了匈牙利国歌的手稿。之后每年这一天，匈牙利文化主管部门和文化各界会组织举办会议、展览以及类型丰富的文化活动，从而研讨、阐释、实践、宣传匈牙利文化的价值和意义。

匈牙利将20世纪伟大诗人约瑟夫·阿提拉的生日4月11日这一天定为匈牙利诗歌节（magyar költészet napja）。1964年以来，每年这一天，文化机构、文化团体以及图书出版商等会组织文学讲座、诗歌研讨、诗歌比赛、图书展示等活动庆祝。

匈牙利科学院将每年11月3日确定为匈牙利科学日（magyar tudomány napja）。这一天也是延续整个11月的匈牙利科学节（magyar tudomány ünnepe）开幕的日子，开幕式上会颁布由匈牙利专利局与匈牙利科学院共同设立的旨在表彰科技工作的创造者及其活动的学术专利奖。科学节期间，各研究机构通过开展讲座、研讨会议等形式展示科学研究前沿成果。

三、饮食风俗与美食文化

匈牙利饮食兼具东西方特色。由于曾是大草原上的游牧民族，当代匈牙利人的烹饪和饮食中仍带有明显的游牧生活痕迹。在长期的迁徙过程中，他们从到达过的地方吸收和学习当地的饮食习惯和烹饪方法，并加以吸收、改进和发展。

匈牙利汤

汤一般是匈牙利餐桌上的第一道菜肴。匈牙利最著名的菜肴之一就是古拉什牛肉汤（gulyásleves），名字来源于匈牙利语gulyás（"牧牛人"之意），这种汤原本为牧牛人的野餐。其传统做法是在草地上用架子吊起一口大锅（通常称作bogrács），将土豆、牛肉加上洋葱、辣椒粉、香叶等放入锅中，用锅底下生起的柴火慢慢炖煮。

牛肉是匈牙利餐桌上的重要肉类之一。匈牙利出产一种体型健壮的大角灰牛，遵循严格的养殖管理措施，肉质鲜美，口感独特。2011年，"匈牙利灰牛肉"申请成为欧盟受保护的地理标志产品。2012年以来，匈牙利每年在布达佩斯城市公园的沃伊达奇城堡（Vajdahunyadvár）举办规模宏大的灰牛美食节活动。

蒂萨河和多瑙河出产各种类型的淡水鱼。很多匈牙利家庭尤其是农村，保持着在春夏之交、9月入秋以及平安夜等时节喝鱼汤的传统习俗，他们相信这能带来平安和好运。匈牙利鱼汤（halászlé）有各种不同的做法，其中最有名的是蒂萨河鱼汤和巴拉顿鱼汤。蒂萨河鱼汤一般以大鲤鱼或鲟鱼为原料，先做好底料再放入鱼；巴拉顿鱼汤则用河鲈鱼做成，所有材料一起放入锅中。炖汤时会放上洋葱、油炸土豆丁等配料，还会撒上辣椒粉。如今，每年在布达佩斯、塞格德、包姚等地会举行声势浩大的鱼汤节。

此外，汤类还有鸡汤（húsleves）、浓豆汤（jókai-bableves）、酸奶水果汤（gyümölcsleves）、樱桃汤（meggyleves）等多个品种。

匈牙利炖菜

炖煮是匈牙利菜系最为传统的一种烹饪方式。

炖肉是匈牙利最为传统的主菜，多以猪肉、牛肉、羊肉或鸡肉为主料，配上洋葱、番茄、大蒜、辣椒等进行炖煮。炖肉有pörkölt和tokány两种做法，区别在于tokány一般不放红辣椒粉，且汤汁少一些。

炖菜以蔬菜或豆类为主要原料，加入面粉、牛奶或奶油增稠。以辣椒、番茄、洋葱为原料做成的浓稠蔬菜炖菜叫lecsó，以扁豆、土豆、菠菜、南瓜、青豆或卷心菜等做成的蔬菜浓羹叫főzelék。炖菜常常会配上香肠、培根或炒鸡蛋等。

以辣椒粉和奶油为主要辅料的炖菜被称作paprikás。最常见的如辣椒鸡肉（paprikás csirke）、辣椒土豆（paprikás krumpli）等，牛肉以及各种鱼类等也可以用这种形式烹饪。

匈牙利香肠

肉类加工品香肠（kolbász）是匈牙利餐桌上的重要美食，在炖菜、汤、沙拉甚至糕点中常常用到。匈牙利出产一种特有品种的猪——曼加利察猪（mangalica），这种家猪有着浓密而卷曲的毛发，繁殖率低、生长速度慢、寿命长，而且肉质肥腻、脂肪含量高，特别适合制作各式各样的香肠。位于匈牙利东北部贝凯什州久洛市的肉制品加工历史悠久，盛产香肠。久洛香肠（Gyulai kolbász）是匈牙利的老字号，1910年和1935年在布鲁塞尔世博会上获得金奖。2010年，欧洲委员会将久洛香肠列入原产地商品保护名录。离久洛不远的贝凯什乔堡（Békéscsaba）以辣椒红香肠闻名于世。

集市上的各式吊锅

匈牙利萨拉米肠（szalámi）久负盛名。这是一种特制的烟熏香肠，通常切成薄片食用，19世纪由居住在匈牙利的意大利人根据当地口味改良并加以推广。匈牙利最著名的两个萨拉米肠品牌是赫兹（Herz）和匹克（Pick），前者创立了匈牙利第一家萨拉米肠工厂，它的产品在1900年的巴黎世界博览会上获得大奖；后者生产的萨拉米肠被列入匈牙利精华（hungarikum）名录。

每年在布达佩斯、贝凯什乔堡等多地会举办热闹非凡的香肠节（kolbászfesztivál），节日期间不仅提供美味的香肠、葡萄酒、水果酒，还会有有趣的比赛和民间音乐表演，吸引成千上万的游客前来。除了香肠，猪肉还常常被加工成培根（szalonna）食用。在如今的匈牙利农村，做香肠或者熏肉仍然是重要节日的传统习俗。

主食及其他特色菜肴

汤和炖菜一般会配上面食、土豆或米饭进行食用。小麦一直是匈牙利国内使用和出口最重要的农作物之一。面包（kenyér）是农村和城市最主要的面食，最为常见的种类有羊角面包（kifli）、小圆面包（zsemle）等。还有一种比较常见的是被称为匈牙利饺子（nokedli）的面食，是在面粉中加入鸡蛋、盐做成的指甲盖大小的小面团。蜗牛面（csigatészta）是一种短的管状面食，里面是空心的，类似短通心粉，因形似蜗牛（csiga）而得名。匈牙利农村有吃蜗牛面利于生育的迷信说法，因此蜗牛面在婚礼宴请时经常上桌。奶酪面（túrós csusza）既是主食，也是一款十分经典的匈牙利菜肴，传统做法是在煮熟的自制饺子或意大利面上撒上白软干酪或酸奶油，以及炸过的酥脆培根。

鹅肉也是匈牙利餐桌上重要的肉类之一。11月11日圣马丁节这一天，匈牙利人会吃鹅肉庆祝节日。节日前后，各大餐馆也会提供烤鹅腿、炸鹅皮等各式鹅肉类特色菜。烤鹅肝（libamáj）是匈牙利名菜。匈牙利是世界第一大鹅肝出口国，法国、意大利、奥地利等国的鹅肝很多都是从匈牙利进口的。

此外，匈牙利传统菜中有一些包馅类的菜肴，其中有两种比较有特色：一种叫圆白菜卷（töltött káposzta），用经过泡制的卷心菜叶裹上用洋葱、大蒜、培根或者其他肉类等调制好的肉馅包成卷筒状，烹煮后在上面浇上酸奶油（tejföl）；还有一个菜叫辣椒塞肉（töltött paprika），整个辣椒掏空后塞满碎肉和大米，蒸熟后外面浇上番茄酱食用。

炖菜配匈牙利饺子

匈牙利辣椒

由于气候和土壤等原因，匈牙利盛产辣椒（paprika）。辣椒是匈牙利饮食中不可或缺的调味品，被称为匈牙利菜肴的"灵魂"。匈牙利的辣椒品种很多，根据其辣度一般分为3档：甜（édes）、半甜半辣（félédes）、辣（erős）。用最辣的一种辣椒做成的辣椒酱（erős pista）是匈牙利餐桌上的必备品。匈牙利餐的主菜和汤都习惯放一点红辣椒粉。辣椒或甜椒在匈牙利配菜中也是十分常见的。

南部城市考洛乔（Kalocsa）是匈牙利一大辣椒产区，城市及周边有20个左右的辣椒生产区、近8 000英亩的辣椒种植区域。另一大辣椒产区是历史上就有"辣椒城"之称的塞格德，这里也是匈牙利菜肴中另一大调味品大蒜的重要产地。考洛乔和塞格德这两座城市都建有一座辣椒博物馆（Paprika Múzeum），其中考洛乔辣椒博物馆建于1861年，是世界上第一座辣椒博物馆。

辣椒不仅在匈牙利人的饮食生活中不可替代，在日常生活的方方面面也随处可见，已经成为匈牙利文化的重要组成部分。红辣椒的形象标识被广泛应用到纺织和刺绣作品中，还被制成挂饰、胸针等各种装饰和观赏用品。

特色点心与小吃

匈牙利点心和小吃的品种十分丰富，且具有明显的地域特色。

薄煎饼（palacsinta）是匈牙利特色点心之一，有时也作为开胃菜或主菜。有名的Gundel煎饼，是在面粉、玉米粉等做成的薄饼里包入核桃碎、朗姆酒、葡萄干、橙皮和鲜奶油等混合物，折叠成三角形，外面再淋上一层黑巧克力酱。薄煎饼的做法和口味十分多样，火腿、蘑菇、卷心菜、杏仁、果酱或核桃粉等都可以作为馅料，霍尔托巴吉煎饼（hortobágyi palacsinta）的做法不是浇巧克力酱，而是放上辣椒粉与酸奶油。

蛋糕类点心比较流行的有多柏思蛋糕（dobostorta），由匈牙利蛋糕师多柏思·约瑟夫（Dobos József，1847—1924）在19世纪末发明并以其名字命名的一款巧克力奶油口味的经典分层海绵蛋糕，最上面一层为焦糖；以匈牙利艾斯特哈兹家族的名字命名的艾斯特哈兹蛋糕（eszterházy-torta）是一款4层核桃奶油蛋糕，蛋糕顶部有标志性的蜘蛛网图案；以奥匈帝国吉卜赛小提琴家里格·扬奇（Rigó Jancsi，1858—1927）

街头烤烟囱卷面包

的名字命名的慕斯蛋糕因其味道甜美以及背后甜蜜的爱情故事而广受青睐；烟囱卷（kürtőskalács）是一种圆筒状蛋糕，形似一个小烟囱，有核桃、肉桂和巧克力等口味；贝果面包卷（beigli）以其独特的罂粟籽口味而深受欢迎；索姆罗伊（somlói galuska）是一款匈牙利特色的屈莱弗奶油蛋糕，上面点缀着核桃仁或者在朗姆酒或葡萄酒中浸泡过的葡萄干。拉科齐蛋糕（rákóczi túrós）是一款匈牙利凝乳芝士蛋糕，底部是薄薄的酥皮糕点，中间是一层加糖的凝乳奶酪，上面是蛋白酥皮。

甜点中还包括各类甜馅饼（rétes），用水果、果仁、豆类或奶酪做馅，其中甜豆馅饼（édes babos rétes）最为有名。

Lángos被称作火焰饼，是匈牙利十分有特色的一款街边小吃。它是由发酵的面团制成的一种圆形油炸面饼，饼中间凹陷的部分根据个人口味放入奶油、奶酪、巧克力酱、果酱、香肠、辣椒粉、蒜末等各种调料。

匈牙利特色酒

匈牙利独特的土壤和气候十分适宜葡萄生长，早在11世纪葡萄栽培技术就已经在匈牙利普及。自16世纪以来，匈牙利一直是世界闻名的葡萄酒生产大国。

匈牙利葡萄酒品种众多，最为知名的是托卡伊葡萄酒（Tokaji）。2002年，托卡伊葡

托卡伊葡萄园

萄酒产地历史文化景观被联合国教科文组织作为文化遗产列入《世界遗产名录》。托卡伊葡萄酒有很多品种类型，最为顶级的产品叫作托卡伊阿苏（Tokaji aszú），这是一种采用独特技术酿造的上等甜白葡萄酒，色泽金黄，香气甜美，口感滑腻。这种酒的生产、制造和销售都遵循严格的标准，酒瓶颈部贴有匈牙利国徽，有匈牙利国酒之称。托卡伊葡萄酒中另一个中端品种叫萨莫罗得尼（Szamorodni），需酿制至少两年。

爱盖尔（Eger）地区特产的红葡萄酒——"爱盖尔公牛血"（Egri bikavér）是匈牙利最有名的干红葡萄酒。"公牛血"由几种葡萄混合酿造而成，颜色鲜红似血液。

爱盖尔镇位于匈牙利北部，是16世纪匈牙利人与奥斯曼帝国战斗的遗址。相传，在爱盖尔城堡战中，匈牙利军队与敌军在数量上悬殊，军士们打算破釜沉舟，战前喝了许多红葡萄酒，胡须、面颊甚至盔甲上染上了红色酒渍，土耳其人误认为匈牙利官兵饮了"公牛之血"，惊慌失措，匈牙利人则越战越勇，最终战胜了超过自己40倍兵力的敌军。

除了托卡伊和爱盖尔，匈牙利还有马特拉（Mátra）、塞克萨德（Szekszárd）、维拉尼（Villány）、巴拉顿等著名的葡萄酒产区。因生产的葡萄不同，各产区主打的葡萄酒品种也各有不同。例如马特拉产区出产雷司令、灰皮诺等葡萄，主要生产白葡萄酒；而塞克萨德产区和维拉尼产区则出产兰弗朗克、梅洛、赤霞珠等用于酿制红葡萄酒的品种。

帕林卡（pálinka）是匈牙利当地出产的一种水果白兰地，是一种强烈的酒精饮料，由水果糖化、发酵、蒸馏、陈化酿造而成。帕林卡有杏子、李子、樱桃、梅子、桃子等多种口味。匈牙利中部城市凯奇凯梅特（Kecskemét）、塞凯什费赫尔堡两地所出产的帕林卡最为有名。每年4月，塞凯什费赫尔堡会举办帕林卡酒节。

乌尼古（Unicum）是匈牙利特有的一种草药酒。最早发明于1790年代。最为正宗的乌尼古酒的配方来自茨瓦克（Zwack）家族，由40多种匈牙利草药混合而成。茨瓦克牌乌尼古酒的瓶身圆圆的像个炸弹，上面有个金十字标志。

啤酒除了嘉士伯、喜力等国际品牌外，也有一些匈牙利当地的自有品牌，比较常见的有Soproni、Borsodi、Arany Ászok、Dreher、Kőbányai等，主要分淡啤（világos sör）和黑啤（barna sör）两种类型。

第二节
文艺与体育

一、新世纪以来的文艺

匈牙利文坛群星闪耀，是欧洲和世界文坛的重要分支力量。近年来，匈牙利作家在国际上名声日隆。2002年，匈牙利小说家、随笔作家凯尔泰斯·伊姆雷获得诺贝尔文学奖，引起世界读者对匈牙利文学的进一步关注。当代小说家、剧作家萨博·玛格达（Szabó Magda，1917—2007）是匈牙利第三代"西方派"的代表人物，代表作有《壁画》《门》等，她的作品被翻译成30多种语言，在40余个国家出版。作家艾斯特哈兹·彼得（Esterházy Péter，1950—2016）被称为"匈牙利的乔伊斯"，他获得20余个匈牙利文学奖项以及维莱尼察国际文学奖、奥地利欧洲文学国家奖等多项欧洲文学大奖，曾多次获诺贝尔文学奖提名，代表作有《天堂的和谐》《修订版本》等。2003年获卡夫卡奖的匈牙利小说家、剧作家纳道什·彼得（Nádas Péter，1942— ）也已多次获诺贝尔文学奖提名，代表作有《回忆之书》《平行故事集》（三卷本）等。后现代主义小说家、编剧克拉斯纳霍凯·拉斯洛（Krasznahorkai László，1954— ）的创作以反乌托邦和忧郁主题以及复杂的结构而闻名，代表

作有《撒旦探戈》《反抗的忧郁》《都灵之马》等，均被匈牙利著名导演塔尔·贝拉（Tarr Béla，1955—）改编拍摄成电影。史皮罗·久尔吉（Spiró György，1946—）擅长历史小说，他在2005年出版的小说《囚禁》（Fogság）被翻译成英文，引起世界文坛的广泛关注。

匈牙利当代艺术跟随社会发展不断与时俱进，但仍然继承和延续着传统文化的精神意识。许多艺术形式都把传统文化作为发展的重要参照点，从中汲取养分和灵感。艺术家们十分珍视自己的民族文化，用实际行动开展文化寻根，担当起民族文化的守卫。为适应时代发展的潮流，许多艺术家们致力于传统艺术的革新，为传统艺术注入新的生命和现代色彩。绘画、雕塑等传统艺术越发贴近生活，融合现代科技，波普艺术、表现主义、抽象主义、结构主义等多种艺术流派，异彩纷呈。许多时装设计师们也从民族服装上获得创作灵感，展示匈牙利传统色彩与形式的现代面貌。以马尔库·伊万（Markó Iván，1947—2022）、博芝克·伊维特（Bozsik Yvette，1968—）等为代表的匈牙利现代舞艺术家们以勇于革新享誉世界，他们的创作在形式上融合民族舞蹈、经典俄罗斯流派以及当代欧洲和美国的舞蹈艺术于一体，并且十分注重思想内涵的表达。传统上的匈牙利歌剧古典剧目以展示舞台美术和服饰化妆取胜，而现代舞台不仅强调演员的歌唱功底、个性和角色塑造力，也越来越重视戏剧本身思想性的表达。这种在传统基础上的创新与变革吸引了年轻一代对民族艺术的关注和传承。

匈牙利音乐艺术一直处于世界先进水平。优秀的民族音乐底蕴和良好的音乐土壤造就了当代匈牙利音乐大师云集。著名钢琴家、指挥家科切什·佐尔坦（Kocsis Zoltán，1952—2016），小提琴家兼作曲家罗比·拉卡托斯（Roby Lakatos，1965—），艾德文·马顿（Edvin Marton，原名Csűry Lajos，1974—）等都是世界一流水准的音乐大师。当代音乐家以理解和传承匈牙利音乐传统为使命，将原生态的民族音乐元素加入创作中，有力地推动了匈牙利音乐的传播与推广。希达什·弗里杰什（Hidas Frigyes，1928—2007）、鲍洛绍·山多尔（Balassa Sándor，1935—2021）、索科劳伊·山多尔（Szokolay Sándor，1931—2013）、杜布罗维·拉斯洛（Dubrovay László，1943—）、瓦伊达·亚诺什·加博尔（Vajda János Gábor，1949—）等音乐家致力于创造一种流行且易于理解的匈牙利音乐风格。有"匈牙利民歌皇后"之称的塞巴斯蒂安·玛尔塔（Sebestyén Márta，1957—）与传统乐团"音乐家乐团"（Muzsikás）合作创作和演出，在国内外传播匈牙利民间音乐。20世纪下半叶，"舞蹈屋"运动中崛起了一批以保存和传播民族音乐和舞蹈艺术为使命的音乐团体，至今仍活跃在匈牙利艺术生活中。卡拉麦卡乐队（Kalamajka）、镜子乐队（Tükrös）、柜子乐队（Téka）等一直致力于演奏纯正的匈牙利民间音乐，条纹乐队（Csík）、轮子乐队（Kerekes）等则尝试将流行元素、新设备与民间音乐结合。他们的音乐创作在匈牙利乃至世界范围得到广泛认可。

二、体育运动概况

竞技体育强国

匈牙利国土面积不大，人口不足千万，但在体育上可以称得上是世界强国，在国际体育比赛中屡获佳绩。匈牙利参加了自1896年以来的大部分夏季奥运会，只缺席了1920年和1984年的奥运会，在历届奥运会中所获奖牌数基本能排在前10名。

击剑是匈牙利体育的传统强项。在重剑、佩剑、花剑项目上都具有相当优势。1908年，匈牙利在击剑项目上获得第一块奥运会金牌。在历届奥运会赛事金牌榜上，击剑项目为匈牙利贡献的金牌数高居榜首。世界击剑锦标赛曾多次在匈牙利举办。2010—2012年担任匈牙利总统的施密特·帕尔就曾是两获世界冠军的匈牙利重剑队的成员。击剑名将格雷维奇·奥劳达尔（Gerevich Aladár，1910—1991）曾7次夺得奥运金牌，是世界击剑史上的传奇人物。

匈牙利在游泳、水球、皮划艇等水上体育项目上具有传统优势。让匈牙利人引以为傲的是，现代奥运会历史上第一块金牌就是匈牙利人在游泳项目中获得的。在1896年第一届现代奥运会上，哈约什·阿尔弗雷德（Hajós Alfréd，1878—1955）为匈牙利争得了这一殊荣。匈牙利泳坛群星闪耀：道尔尼·托马斯（Darnyi Tamás，1967— ）是混合泳之王，他曾4次打破世界纪录；艾盖尔塞吉·克里斯蒂娜（Egerszegi Krisztina，1974— ）曾5获奥运金牌；全能运动员霍斯祖·卡汀卡（Hosszú Katinka，1989— ）被称为"泳坛铁娘子"，获奖无数。匈牙利有"水球王国"的美誉，水球也被称为匈牙利的国球。匈牙利国家男子水球队曾多次在奥运会等国际赛事中夺得冠军，涌现出乔尔玛蒂·戴若（Gyarmati Dezső，1927—2013）、法拉戈·托马斯（Faragó Tamás，1952— ）等水球名将。从在奥运会、世界和欧洲皮划艇竞速竞标赛中获得的奖牌数量看，匈牙利皮划艇竞技水平处于世界前列。科扎克·达努塔（Kozak Danuta，1987— ）、卡米勒·佐尔坦（Kammerer Zoltán，1978— ）等人是匈牙利皮划艇运动项目中冉冉升起的新星。

匈牙利是最早推行足球运动的欧洲国家之一。20世纪50—60年代，匈牙利足球曾一度在世界足坛占有绝对优势。在1950年代，匈牙利国家男子足球队对传统战术进行

创新，创造了连赢30余场国际比赛的足坛奇迹。如今，足球仍是匈牙利的第一运动项目。近年来，匈牙利政府加大资金投入，支持修建足球运动场馆，开展相应活动和加强人才培养。以匈牙利足球明星普斯卡什·费伦茨（Puskás Ferenc，1927—2006）命名的Puskás足球学院是匈牙利最大的足球教育学院。在专业赛事方面，匈牙利足球协会组织的职业足球联赛——匈牙利足球甲级联赛（Borsodi Liga），是匈牙利足球最高水平的联赛，联赛冠军能获得参加欧洲足球冠军联赛的资格。

2012年，匈牙利人波尔萨尼·加博尔（Borsányi Gábor，1977— ）和胡萨尔·维克多（Huszár Viktor，1985— ）发明了一项基于足球的新的运动项目——桌式足球"台科博"（Teqball），在一张两头向下弯曲的像"乒乓"桌的台子上踢足球。"台科博"已经列入2021年亚洲沙滩运动会和2023年欧洲运动会比赛项目。

除了足球，匈牙利在乒乓、体操等项目上也曾在20世纪蜚声世界体坛。此外，在帆船、拳击、马术等项目上，匈牙利长期保持领先地位，多次获得世界金牌。在国际象棋领域诞生了"波尔加三姐妹"这样的天才选手，尤其是三姐妹中最小的波尔加·尤迪特（Polgár Judit，1976— ）称得上是迄今为止国际象棋史上最杰出的女性选手。马术运动员考绍伊·劳约什（Kassai Lajos，1960— ）不仅是5项吉尼斯世界纪录的创造者，还致力于在世界各地推广现代骑射运动。

体育管理与大众体育

1989年剧变后，在政治经济转型发展的同时，匈牙利体育相关法律和政策法规也在不断完善。1996年，匈牙利颁布第一部《体育法》，首次将体育作为产业纳入法律框架。2000年，政府将体育提升至部级管理。2005年，匈牙利发布《体育21世纪：国家体育战略》（Sport XXI. Nemzeti Sportstratégia），确定所有体育领域的短期任务和长期目标。2014年，发布"健康匈牙利2014—2020"国家战略，将定期组织体育活动作为其优先事项。

以《体育法》为基础，匈牙利建立起一套服务于全民体育的公共体育服务体系。

匈牙利政府认为体育是增进公民福祉和改善健康状况的重要项目，会对匈牙利的经济发展产生积极影响。近年来，政府将体育部门的发展列入关键优先事项之一，不断加大对体育的经费资助，采取对从事体育工作的人员降税、企业支持体育组织获得税收抵免等政策扶持体育产业发展。2010年，政府确立足球、手球、篮球、曲棍球、水球5种体育运动为"观赏性团体运动"（látvány-csapatsportág），并加以特别支持。为了吸引资金以促进体育发展，政府于2011年推出了一项新的举措，企业向这5类"观赏性团体运动"组织捐款可以获得一定的税收优惠。2013年，匈牙利引入体育优先发展制度和追赶基金，政府确定首批16项重点体育项目，设立追赶基金，加大资助力度。重点体育项目会根据发展需求和实际情况进行调整，到2020年，政府已为水肺潜水、冰壶、高尔夫等20项重点运动设立了追赶基金。

目前，在国家层面，体育活动已归属政府文化部门下属的国家体育秘书处（Sportért Felelős Államtitkárság）。其职责包括制定与体育有关的发展战略和方案，建立和运作体育的治理和体制机制，推进体育设施发展管理以及体育活动实施等。匈牙利还成立了国家体育中心（Nemzeti Sportközpontok），主要负责运营匈牙利国家奥林匹克中心、国家体育博物馆，对体育资产设施进行开发和使用。

全国层面的体育公共机构主要有4个，分别是匈牙利奥林匹克委员会（Magyar Olimpiai Bizottság）、匈牙利残疾人奥林匹克委员会（Magyar Paralimpiai Bizottság）、国家竞技体育协会（非奥运项目）（Nemzeti Versenysport Szövetség）、全国学生和休闲体育协会（Nemzeti Diák-，Hallgatói és Szabadidősport Szövetség）。在体育训练、比赛和发展服务层面，各领域的体育联合协会是匈牙利协调个人运动各个方面的体育运动组织。匈牙利目前有水球联合会、击剑联合会、游泳联合会、田径联合协会等33个夏季奥运会运动和5个冬季运动方面的联合协会。此外，还有各种类型的职业和业余体育俱乐部，实施会员制，提供参赛、运动训练等服务。

体育教育

体育是匈牙利学校教育的重要组成部分，《公共教育法》《高等教育法》明确将体育纳入大中小学的课程体系。"身体活动与运动"在中小学国家核心课程中占有重要比重。2011年，《公共教育法》要求在公共教育阶段新增"每日体育课"，进一步强调了定期体育活动对儿童健康和发展的重要性。高校除安排体育课程外，还设有形式多样的体育俱乐部。匈牙利有一所体育专门高等学府——匈牙利体育学院，创建于1925年，是专门实施体育领域人才培养和体育科学研究的教学机构和学术机构。

为了在全体匈牙利人，特别是青年群体、大中小学生中促进健康的生活方式、规律的体育锻炼和体育运动，2016年，由匈牙利中小学生体育协会、匈牙利大学体育协会、匈牙利休闲体育协会3个创始会员发起组建全国学生和休闲体育协会，后陆续有匈牙利体育设施协会、匈牙利体育教师协会、匈牙利射箭协会、匈牙利国家渔民协会等成员加

入。协会开展全国范围内的活动，并拥有自己的俱乐部级会员。

第三节
教育与科技

一、教育体系

匈牙利现行的教育体系由学校体系以及学校体系以外的教育培训两大部分组成。根据教育层次，学校教育又分为初等教育（含学前教育）、中等教育和高等教育。匈牙利国会制定颁布《公共教育法》《高等教育法》，分别对初等教育、中等教育和高等教育进行规范和管理，《职业教育培训法》则主要管辖除高等职业教育外的校内外职业教育与培训。

学校教育在国家层面主要由中央政府文化主管部门下设的教育办公室（Oktatási Hivatal）管辖。其主要职责包括公共教育、高等教育、专业培训、继续教育相关活动管理以及语言考试认证、资格证书认证等事务。2015年，职业教育和培训由当时的创新与技术部整合管理，设立主管机构国家高等教育、创新和职业培训秘书处（Felsőoktatásért, Innovációért és Szakképzésért Felelős Államtitkárság），并于2022年起统一划归到文化与创新部管辖。此外，农业部、内政部、国防部等部门也会开设和运行一些特定领域的职业教育学校和培训项目。

匈牙利《基本法》规定，每个匈牙利公民都有受教育的权利。匈牙利通过普及推广公共教育、向全民提供免费义务初等教育、向全民提供免费中等教育、根据个人能力提供高等教育，以及提供符合法律规定的物质支持来保障受教育权。

公共教育

《公共教育法》管辖的公共教育（közoktatás）指的是学前教育、初等教育和中等教育，是匈牙利国家公共服务的任务。

匈牙利儿童满3岁时，当地幼儿园（óvoda）必须提供一个学前教育名额。为了督促儿童接受学前教育，减少错过上幼儿园的人数，匈牙利国会通过法案，规定从2020年1月1日起，只允许4岁及以下的孩子申请免费的幼儿园教育。错过这个年龄入园即要收费。根据经合组织数据统计，匈牙利学前教育入学率居经合组织国家前列。

匈牙利儿童一般从6岁开始读小学（általános iskola）。初等教育学制一般为8年，分初阶阶段（1—4年级）和高阶阶段（5—8年级）两个阶段。前者相当于国际教育分类标准1级，后者则相当于国际教育分类标准2级。初等教育高阶阶段为中等教育做准备，也可视作较低的中等教育阶段。

中等教育分为多种类型，为学生发展提供了多样选择。第一种类型是普通中学，亦称文法学校（gimnázium），提供为接受高等教育做准备的学术教育。毕业生可参加国家毕业考试（érettségi），获得高等教育入学证书。一般来讲，文法学校是进入高等教育的主要通道。这类学校有4—8年不同年制之分，部分学生在小学高阶阶段即选择进入这类学校就读。第二类是职业学校（szakképző iskola），提供职业/行业的实用技能培训，为就业做好准备。职业学校的学习年限通常为3年，第一年进行行业基础知识教育，第二年起进入"双元制"培训阶段，即同时接受学校的专业知识培训与对口企业的实习培训。毕业生获得国家职业资格证书，可以选择直接进入劳动力市场或者接受为期两年的夜校课程（esti tagozat），以获得中学毕业证书。第三类是介于两者之间的职业文法学校（technikum, szakgimnázium），分为技术中学（technikum）与艺术中学（szakgimnázium），一般为5年制，提供普通教育和职业教育。职业文法学校设置的必修科目与文法学校的教学内容与学时一致，技术中学在前两年教学中另外设置行业基础理论教育，第三年起进行为期3年的专业教学或"双元制"培训；而艺术中学一般设置4年文法学校课程与1年的艺术专业课程。职业文法学校毕业生可获得中学毕业证书与一个职业资格证书，技术中学毕业生可选择直接进入劳动力市场，或完成指定科目考试后获得高等教育入学凭证；艺术高中毕业生则根据艺术类要求进行考试，进入高等教育学习阶段。

除以上所列，还有专门为特殊学习需要学习者提供实践技能训练的技能发展学校（készségfejlesztő iskola）。

普通中学以高中毕业考试作为义务教育阶段结束的标志，职业文法学校和职业学校的义务教育结束时间则以完成第一个职业资格专业考试为标志，技能发展学校则到最后一个实践年为止。

匈牙利中等教育阶段的毕业考试根据难易程度分为两种。难度较低的考试合格后可被授予中学毕业证书，持这一文凭者无法报考高等院校，只能求职就业。难度较高的考试由国家考试委员会统一组织，也就是国家考试，考试合格可以获得高等教育入学凭证，考试成绩也会与大学的申请相关联。

匈牙利《公共教育法》对公共教育的内容进行规范和管理。自1998年起，匈牙利在公共教育阶段实施"国家核心课程"（Nemzeti Alaptanterv），由匈牙利政府组织制定，政府总理亲自签发。"国家核心课程"确立了公共教育的基本目标，列出了每个阶段的核心发展任务和关键能力，设置了公共教育的10大学科领域的综合框架及相应课程科目。"国家核心课程"在作为全国义务教育阶段所有学校遵守的基本课程标准的同时，也赋予学校一定的自主权，课程计划由每个学校具体负责实施，各学校也可根据地方特色和实际情况制定计划和校本课程，鼓励学生的多样化和个性化发展。

匈牙利"国家核心课程"规定的公共教育10大学科领域为：匈牙利语言文学、外语、数学、人与社会、人与自然、地球：我们的环境、艺术、信息技术、生活方式与实践技能、体育与运动。

1989年以后，匈牙利各地公共教育的财政投入和具体实施一直由地方政府主导。自2013年起，中央政府成立专门管理部门——克莱贝尔斯伯格中心（Klebelsberg Központ），加强了对公共教育机构的运行和经费投入等方面的集中管理。2017年，克莱贝尔斯伯格中心对公共教育机构的运营职能被在全国设立的60个学区中心取代，只保留了组织协调的职能。

克莱贝尔斯伯格中心的命名是为了纪念1922—1931年间担任匈牙利教育部长的克莱贝尔斯伯格·库诺。他在位期间积极推动教育改革，为匈牙利现代教育体系的建立奠定了基础。

高等教育

每位匈牙利公民都拥有接受高等教育的权利。中学毕业时的国家考试赋予学生接受高等教育的一般资格。高等教育院校依据国家的分数线划分标准以及申请者的表现开展招生工作。

匈牙利高等教育发展历史悠久。早在1367年，就在佩奇建立了第一所大学，这是欧洲最早的大学之一。1999年，匈牙利加入欧洲高等教育改革计划"博洛尼亚进程"，积极推进高等教育体制改革。2004年加入欧盟后，进一步加快了融入欧洲高等教育一体化的进程，有效提升了高等教育质量。目前，匈牙利高等教育实行"博洛尼亚进程"要求的三级学位制度，执行与欧洲学分转换系统兼容的学分制，积极参与欧盟内高等教育交流项目，是欧洲高等教育区建设的重要参与者。

匈牙利高等教育采用本科、硕士和博士三级学位体系。高等教育院校包括能够提供教育课程和相关学位的专业型高校和综合性大学两类。一般而言，具备博士课程授课能力和学位授予资格的综合性高校称为"大学"（egyetem），而不具备这种资质的专业型高校则被称为"学院"（főiskola）。学士项目（alapképzés）需要修满180—210个学分，学习期限一般为3—3.5年。硕士项目（mesterképzés）需要必修120个学分，学习期限一般为2年。博士项目（doktori képzés）必修180个学分，需要4年修读完成（2016年以前为3年），前2年主要是开展课程学习及课题研究，通过课程考试后获得"博士候选人"资格，后2年继续开展课题研究并撰写论文。有些资格证书在学士阶段是不提供的，而是需要经过5—6年的本硕连读项目（osztatlan képzés）学习后从硕士学位开始授予，如医学、兽医、药学和建筑学等。此外，高等教育体系里还有一个高等职业教育项目（felsőoktatási szakképzés），一般持续2—2.5年，毕业时授予高等教育资格证书，但不授予学位；如继续学习，所获得的学分可以转换为学士项目学分。

匈牙利《高等教育法》规定，政府、私人、商业实体、基金会、教会等均可开办教育机构。只有经过国家认证的教育机构才能获得办学资质、享有学位授予权。成立于1993年的匈牙利国家认证委员会（Magyar Felsőoktatási Akkreditációs Bizottság）是负责对高等教育机构的教育和相关研究活动开展外部评估和内部质量保障监控的权威机构，主要遵循欧洲高等教育质量联合会制定的欧洲高等教育质量保障标准和指导原则运行，其职责包括对新设高等教育机构的资质认证，对各类学位项目学习成果质量评估及项目认证，并组织开展5年一轮的院校认证以及博士院校认证。

匈牙利高等教育资源比较丰富。经2022年修订后的《高等教育法》中列出的国家认可的高等教育机构有64所，其中公立大学5所、私立大学36所、公立学院1所、私立学院23所。匈牙利高校的教学国际化水平普遍较高，尤其与欧盟国家在教学、科研等方面有密切互动，很多强势学科能用英语、德语、法语等外语开课。塞梅尔维什大学（Semmelweis Egyetem）、罗兰大学（Eötvös Loránd Tudományegyetem）、塞格德大学（Szegedi Tudományegyetem）、布达佩斯考文纽斯大学（Budapesti Corvinus Egyetem）、德布勒森大学（Debreceni Egyetem）、布达佩斯技术与经济大学（Budapesti Műszaki és

Gazdaságtudományi Egyetem）等匈牙利知名学府在欧洲甚至世界都有很高的显示度。其中塞梅尔维什大学的药学、罗兰大学的物理学和语言学、布达佩斯技术与经济大学的土木工程等专业处于欧洲乃至世界前列。

匈牙利大学校长、大学教授都由总统任命。高校在其自身运作、教学、科研活动以及内部管理章程制定等方面具有一定的自主权。

1945年到2012年间，匈牙利公立高校是免收学费的，主要由国家预算提供财政支持。私立院校也可以申请国家财政资助。2011年《高等教育法》修订，规定从2012年9月1日起，匈牙利公立高等院校以奖学金制度取代免收学费制度，大学生可以全额奖学金、半额奖学金和自费3种形式参加高等教育，自费、半自费学生可以申请政府助学贷款。

继续教育

匈牙利教育体系为想要进一步学习提升的成年人提供了多种进修渠道，主要分为隶属学校体系的成人教育项目（felnőttoktatás）和学校体系外的成人培训项目（felnőttképzés）。政府也会出台一些减免学费、专项培训支持等财政方面的激励政策，鼓励成年人开展继续教育。匈牙利人参加学校系统内职业学校开展的成人教育，获得第一个职业资格所受的教育是免费的。自2015年起，还提供第二个职业资格的免费学习机会。

各类校内教育机构会开办全日制以及晚间、函授等多种形式的非全日制的成人教育项目，主要面向那些在义务教育期间没有获得某一级别的正式学校证书或国家职业资格证书的人，或者想获得新的资格证书的人。例如，面向已经获得高等教育学位的人开展的研究生专业课程（szakirányú továbbképzés），学习者可以通过1—2年的学习获得研究生专业资格证书，但不能授予学位。

此外，以市场服务的形式运营的社会培训机构也会提供诸如语言培训、职业技能培训等十分丰富的培训项目。

二、科技发展

科技成果与人物

匈牙利底蕴深厚的文化土壤孕育了杰出的思想和非凡的创造力。匈牙利民族享有

"发明家民族"的美誉，这里诞生了电话交换机、全息摄影术、圆珠笔、魔方、维生素C等享誉世界的科技发明和发现，为现代科学发展作出了卓越的贡献。

1828年，匈牙利人耶德里克·阿纽什（Jedlik Ányos，1800—1895）发现了制造苏打水的方法并研制出相应的设备，他还在1861年记录了发电机的原理，为电动机的发明作出重要贡献。1836年，伊里尼·亚诺什（Irinyi János，1817—1895）发明了微噪音、平滑易燃的火柴，提升了火柴的安全性。产科医生、科学家塞梅尔维什·伊格纳茨（Semmelweis Ignác，1818—1865）被称为"母亲的救世主"，他于1847年提出用含氯石灰溶液消毒医护人员的双手，从而大大降低了当时孕产妇的致命疾病——产褥热的感染率和死亡率。塞梅尔维什对于这一发现的相关文献2013年被列入联合国教科文组织的世界记忆名录。1876年，普斯卡什·蒂沃道尔（Puskás Tivadar，1844—1893）形成了电话交换机的设计思路，使得多人可以同时使用一部电话。1893年，普斯卡什通过上百条电话线机进行新闻传播，发明了最早的有线广播技术。20世纪初，康铎·卡尔曼发明了一种新型的相位转换器，成为铁路电气化的先驱。1930年，布罗迪·伊姆雷（Bródy Imre，1891—1944）等人发明了氪灯，并于1937年投入生产。20世纪30年代初，圣-久尔吉·阿尔伯特（Szent-Györgyi Albert，1893—1986）成功找到了坏血病的治疗方法，他因发现了维生素C和延胡索酸的催化作用而获得1937年诺贝尔生理学或医学奖。1938年，比洛·拉斯洛·约瑟夫（Bíró László József，1899—1985）发明了圆珠笔并为其申请了专利。1940年，戈德马克·彼得·卡罗伊（Goldmark Péter Károly，1906—1977）发明了第一台彩色电视机。1943年，匈牙利化学家海韦西·久尔吉（Hevesy György，1885—1966）因在化学研究过程中使用同位素作为示踪物而荣获诺贝尔化学奖。1975年，匈牙利建筑师、雕塑家鲁比克·埃尔诺（Rubik Ernő，1944—）发明了"鲁比克魔方"（Rubik kocka）。与舞台艺术相结合的沙画表演艺术被认为是由匈牙利著名沙画大师曹科·费伦茨（Cakó Ferenc，1950—）在20世纪80年代所创造。

匈牙利在数学教育和数学研究领域处于世界前列。1894年，匈牙利创设了世界上最早的国家级中学数学竞赛。这里诞生了现代调和分析的奠基人之一费耶尔·利波特（Fejér Lipót，1880—1959）、泛函分析创始人之一里斯·弗里杰什（Riesz Frigyes，1880—1956）、20世纪最具天赋和最多产的数学家埃尔德什·帕尔（Erdős Pál，1913—1996）等世界著名的数学家。2006年，匈牙利数学家多莫科什·加博尔（Domokos Gábor，1961—）和瓦尔科尼·彼得（Várkonyi Péter，1979—）在前人研究基础上创造出一种

具有新的物理形态的均质平衡器——冈布茨（Gömböc）。

现代匈牙利在脑科学、信息技术、工程技术、环境技术、农业科学等领域也具有一定的科技研发优势。2017年，欧盟在匈牙利塞格德设立研究中心，实施极端光基础设施阿秒光脉冲源（ELI-ALPS）项目，成为匈牙利最大的研发项目，其科研成果有望对物理加工、生物学、医学和物质科学领域作出贡献。

在世界范围内，匈牙利裔科学家也为推动人类科学事业的发展作出了卓越的贡献。例如，在计算机领域，被称为"计算机之父"的科学全才冯·诺依曼、BASIC编程语言的开发者约翰·乔治·凯默尼（John George Kemeny，1926—1992）、创立"匈牙利命名法"的查尔斯·西蒙尼（Charles Simonyi，1948— ）等都是匈牙利裔。

在现代科学界的权威奖项诺贝尔奖中，除上文提到的圣-久尔吉·阿尔伯特、海韦西·久尔吉外，匈牙利作家凯尔泰斯·伊姆雷2002年获诺贝尔文学奖。此外，1905年诺贝尔物理学奖得主莱纳德·菲利普（Lénárd Fülöp，1862—1947）、1914年诺贝尔生理学或医学奖得主巴拉尼·罗伯特（Bárány Róbert，1876—1936）、1925年诺贝尔化学奖得主理查德·阿道夫·席格蒙迪（Richard Adolf Zsigmondy，1865—1929）、1961年诺贝尔医学奖得主盖欧尔格·冯·贝凯希（Georg von Békésy，1899—1972）、1963年诺贝尔物理学奖得主尤金·维格纳、1971年诺贝尔化学奖得主加博尔·德内斯（Gábor Dénes，1900—1979）、1982年诺贝尔化学奖得主约翰·查尔斯·波拉尼（John Charles Polanyi，1929— ）、1986年诺贝尔和平奖得主埃利·威塞尔（Elie Wiesel，1928—2016）、1994年诺贝尔化学奖得主乔治·安德鲁·欧拉、1994年诺贝尔经济学奖得主约翰·查理斯·海萨尼（John Charles Harsan，1920—2000）、2004年诺贝尔化学奖得主阿夫拉姆·赫什科（Avram Hershko，1937— ）等也都是匈牙利裔，并且他们中的绝大多数都是在匈牙利出生和接受教育的。

科技与创新管理

匈牙利政府十分注重科技与经济、文化的融合，采取多种举措促进科学研究与科技创新的发展。2011年，匈牙利推出新经济发展计划——"新塞切尼计划"，在其7个子计划中将科学与创新作为经济发展的起飞点之一。

国家研发与创新办公室（Nemzeti Kutatási, Fejlesztési és Innovációs Hivatal）是匈牙利主管科学研究和科技创新的政府部门，其前身是国家研究与技术署。2014年，政府通过一项决议，任命一名政府专员负责设立国家研发和创新办公室，主要职责是负责制定国家科技创新战略和政策，支持和监督研究、发展与创新活动的开展，协调与欧盟、与其他国家以及国际组织的双边和多边科技合作等。政府通过国家研发与创新办公室执行与研发和创新相关的公共资助任务。2015年，为加强公共资金的有效使用，匈牙利设立由国家研发与创新办公室统一管理的国家研发与创新公共基金（Nemzeti Kutatási, Fejlesztési és Innovációs Közalapítvány），旨在协调使用欧盟用于研发和创新的发展基金以及来自匈牙利国家层面的研发和创新基金，多渠道筹措资金加大对研究和创新发展的经费投入，推动创新产出。公共基金每年制订年度详细方案战略，由政府在咨询国家科学政策委员会后批准。国家研发与创新公共基金分为研究基金和创新基金两部分。研究基金主要用于支持高等教育机构、研究机构以及研究人员开展对社会有用的研究项目；创新基金用于支持商业创新和以市场为导向的研发活动。国内基金整合了创立于1986年的国家科学研究基金以及国家卓越计划奖学金、中小企业启动计划、大学创新生态系统等项目，每年通过招标的形式立项。此外，公共基金还通过提案征集的形式整合了"欧洲共同利益重要项目"（Important Projects of Common European Interest）、"欧洲地平线"（Horizon Europe）等欧盟来源的研发与创新资金。

创新指数是体现一个国家的创新活力和创新能力的晴雨表。在世界知识产权组织2018年的全球创新指数报告中，匈牙利被列为"能够将教育、研究和研发支出等方面的投资转化为高质量的创新产出"的佼佼者。2019—2022年，在全球经济体创新指数排行榜上，匈牙利在全球130多个经济体中分列第33、35、34、34位。在创新绩效方面，匈牙利处于欧洲的中等稍微偏下的水平，但在中东欧国家中排名靠前。欧洲创新记分牌（European Innovation Scoreboard）对欧盟成员国创新绩效进行综合评价和排名，"2020年欧洲创新记分牌"显示，匈牙利属于中等创新国家，创新绩效处于欧盟平均水平以下。在整体的创新格局上，汽车、化工、金融、保险等产业以及制药、信息通讯、石油炼制等领域的创新活动所占比例较高。

"欧洲创新记分牌"按照创新绩效将创新国家分为领先创新国家、强劲创新国家、中等创新国家、一般创新国家4类。

2020年，匈牙利国内研发支出占GDP比例为1.61%。匈牙利政府制定了《2021—2030年研究、发展和创新战略》《2021—2027年国家智能专业化战略》《国家研究基础设施路线图》等发展战略文件，确立到2030年发展成为强劲创新型国家的目标。为实现这一目标，政府承诺到 2030 年将研发支出提高到 GDP 比例的 3%。

为鼓励科技和文化创新，匈牙利设立了许多国家级奖项。比较有影响力的有以下几个：

Jedlik Ányos 奖以匈牙利发明家耶德利克·阿纽什命名，设立于 1996 年，旨在表彰杰出发明创造以及在保护工业产权方面的科学成就。每年 3 月 15 日国庆节进行颁奖。

学术专利奖由匈牙利专利局与匈牙利科学院于 1997 年合作设立，旨在表彰优秀科技工作者及其活动。颁奖典礼在每年 11 月 3 日匈牙利科学日的开幕式上进行。

千禧奖由匈牙利知识产权局在新世纪到来之际设立，主要用于表彰在知识产权保护方面发挥出重要作用的机构。自 2001 年起，在每年 4 月 26 日世界知识产权日颁发。

此外，还有一些由行业协会主办的奖项，如匈牙利设计委员会主办的匈牙利设计奖、拉斯洛·莫霍利-纳吉设计奖助金、设计管理奖等，匈牙利创新协会主办的创新大奖、全国青少年科技创新大奖等。

科研与创新机构

科研院所、高校和企业是匈牙利开展科研项目和创新活动的主要力量。

匈牙利科学院（Magyar Tudományos Akadémia）和匈牙利艺术研究院（Magyar Művészeti Akadémia）在匈牙利教育和科学研究领域具有崇高地位，且被写入了匈牙利宪法。

匈牙利科学院成立于 1825 年，是全国最重要的学术研究机构，在匈牙利科学研究与发展、科技成果推广以及国际科学交流合作中发挥着无可取代的作用。政府部门有关科学问题也会向科学院征询意见。匈牙利科学院设有语言学与文学、哲学与历史科学、数学、农业科学、医学、工程科学、化学、生物科学、经济学与法学、地球科学、物理学 11 个学部。每个学部负责监测、协助和评价相应学科的科学活动。科学院的研究网络包括 10 个研究中心和 5 个独立研究所，这些机构的运作由科学院各学部学术研究委员会（Akadémiai Kutatóintézetek Tanácsa）指导。会员大会（közgyűlés）是匈牙利科学院主要的决策机构，由院士以及从公共机构中选举产生的 200 名成员组成。会员大会每年举办一次全体会议，会上决定科学院运行的原则与规程、批准预算、实施选举等重要事项，并探讨前沿科学问题，发布和奖励最新科研成果。匈牙利科学院的博士委员会（Doktori Tanács）可以依托高等教育院校内的博士点开设博士课程，具有博士学位授予权。此外，匈牙利科学院在德布勒森、米什科尔茨、佩奇、塞格德、维斯普雷姆等5个城市设立了国内分院，还在罗马尼亚的克劳森堡设立了1个海外分院。

匈牙利科学院国内学者队伍由正式院士和通讯院士组成，总人数不超过365人。拥有博士头衔的匈牙利公民取得公认的、特别高质量和创造性的科学研究成果，可以当选为通讯院士。获得通讯院士资格后取得了重大科学成就的，可以当选正式院士。此外，科学院还评选聘任国外杰出科学家担任外籍院士、荣誉院士。

匈牙利艺术研究院成立于1992年，起初是一个自发性的社会组织。2011年，经《基本法》认可，正式成为全国最高艺术公共机构。同年，国会通过第CIX号法案，为匈牙利艺术研究院运行提供法律框架。匈牙利艺术研究院致力于文学、音乐、美术、应用艺术、设计、建筑、摄影、电影、表演、民间艺术等诸多艺术形式的学术研究、教育培训以及国内外推广普及，推动对传统艺术的保护以及艺术作品的创新，而且负责众多艺术团体的管理。艺术研究院院士都是在匈牙利艺术领域具有杰出成就的艺术家，正式院士人数不超过250人，通讯院士不超过50人。院士和通讯院士均由投票选举产生。匈牙利艺术研究院的官方期刊《匈牙利艺术》创刊于2013年底，每季一期。2013年，在匈牙利艺术研究院倡议下，匈牙利国会设立国家艺术家奖（Nemzet Művésze díja），表彰奖励戏剧、文学、音乐、美术、电影、建筑、舞蹈、应用艺术、摄影、民间艺术、马戏等11个艺术领域具有很高艺术修养和声誉的艺术家，授予他们"国家艺术家"称号。同时持有"国家艺术家"称号的全国总人数总体保持在70人以内。此外，为表达对杰出艺术成就和艺术生命的尊重，匈牙利艺术研究院向年满65周岁的科苏特奖等国家级艺术奖项的获奖艺术家定期发放艺术家年金（művészjáradék）津贴。

企业和高等院校深度参与科学研究和创新活动。目前匈牙利的研发支出有一半以上来自私营企业。医药、通信、汽车、金融、化工等行业领域的创新积极性高，属创新密集型企业。从区域上看，布达佩斯是大多数研发中心的集聚地，德布勒森、塞格德、米什科尔茨也是技术人才相对集中的城市。2019年，匈牙利国家研发与创新办公室启动大学创新生态系统计划，推动高校科技成果转化，并提升大学对欧盟研发和创新框架计划的积极参与。

为了促进学术界和商业部门在研发、技术和创新方面的合作，国家研发与创新办公室协调高等院校、科研机构、企业、政府部门等力量建立地方创新平台，通过开展主体性、专业活动或者举办研讨会等形式推动地方科技创新。2020年起，国家研发与创新办公室启动国家实验室项目，在工业与数字化、文化与家庭、健康、安全社会与环境等主题研究领域建立国家层面动态的、制度化的研究机构。例如归属于"文化与家庭"主题下的"数字遗产国家实验室"由罗兰大学牵头成立，米什科尔茨大学作为参与机构，2021年匈牙利国家档案馆、罗兰大学研究机构网络人文研究中心加入其中。

课后练习

一、填空题

1. 匈牙利传统服饰深受_____文化的影响，整体上比较宽松大方，但在细节处又十分注重细琢精雕。

2. ____世纪，匈牙利工匠开始尝试仿制中国生产的瓷器。____世纪开始，匈牙利掌握了陶瓷制作工艺，陶瓷设计师结合传统工艺设计出了独具特色的造型和图案样式。匈牙利最知名的手绘瓷器品牌是_____。

3. 每年3月15日，匈牙利举行全国文学艺术最高奖项_____以及学术领域最高奖项_____的颁奖典礼。

4. 1989年起，每年1月22日被确定为_____。每年这一天，匈牙利各地组织举办会议、展览以及类型丰富的文化活动。

5. 匈牙利香肠制作的过程中常会使用本国出产的一种特有品种猪_____作为原材料，这种猪肉肉质肥腻，特别适合制作各式各样的香肠。

6. 匈牙利辣椒的产区有_____、_____等。

7. 匈牙利人欢庆丰收的节日有_____、_____等。

8. 匈牙利产科医生_____被称为"母亲的救世主"，他提出了产科医护人员的手部消毒，从而大大降低了产褥热的感染率和死亡率。

9. 匈牙利负责对高等教育机构的教育和相关研究活动开展外部评估和内部质量保障监控的权威机构是_____。

10. 匈牙利全国最高艺术公共机构是_____。

二、判断题

1. 豪洛什蕾丝是独具匈牙利特色的蕾丝手工艺技术，2010年9月被列入匈牙利国家非物质文化遗产名录。 （ ）

2. 匈牙利的国定节假日是3月15日、8月20日和12月31日。 （ ）

3. 布索假面狂欢节是送别冬天迎接春天的节日。 （ ）

4. 匈牙利将诗人裴多菲·山多尔的出生日期4月11日定为诗歌节。 （ ）

5. 匈牙利是世界第一大鹅肝出口国。 （ ）

6. 托卡伊葡萄酒有很多品种类型，生产、制造和销售都遵循严格的标准，酒瓶颈部贴有匈牙利国徽，有匈牙利国酒之称。 （ ）

7. 匈牙利是一个内陆国家，因此在水上运动项目上没有竞争优势。 （ ）

8. 国家研发与创新办公室是匈牙利主管科学研究和科技创新的政府部门。 （ ）

9. 匈牙利科学院是全国最重要的学术研究机构，政府部门有关科学问题也会向科学院征询意见。 （ ）

10. 在匈牙利艺术研究院倡议下，匈牙利国会设立国家艺术家奖，表彰奖励各艺术领域具有高艺术修养和声誉的艺术家，授予他们"国家艺术家"称号。 （ ）

三、简答题

1. 请说出5个匈牙利特有的传统节日及其文化习俗。

2. 简述当今匈牙利教育体系的基本结构层次。

3. 举例说明匈牙利在竞技体育的优势项目及其代表性人物。

4. 列举并简要分析匈牙利科技创新的举措。

四、拓展题

1. 试从某一学科领域（如音乐、医学、农学等）考察匈牙利学校教育发展，并在此基础上分析教育与科技创新之间的关系。

2. 查阅资料，梳理匈牙利与中国在教育领域的合作情况，并作简要分析。

第九章

匈牙利公共文化服务与文化产业

第一节
公共文化服务法规与政策

课前思考：西方国家公共文化服务和管理机制有哪几种类型？你知道匈牙利最为繁荣的文化产业有哪些？

一、公共文化管理机制

　　公共文化建设和公共文化服务是匈牙利政府的重要职能之一。中央政府文化主管部门负责公共文化政策制定，确保公民的基本文化权利，履行公共文化服务国家任务，并对地方政府文化公共服务开展的质量进行监督。州和地方政府有提供公共文化服务的义务，负责保障公共文化服务机构和社区场所的运作，传承和发展民间艺术，为社区终身学习活动和高质量公共文化教育提供支持，以及推动创意和文化产业的发展。

匈牙利中央和地方政府为公共文化机构所承担公共文化服务任务的完成提供财政预算保障支持。进入21世纪以来，匈牙利不断加大在文化领域的资金投入，文化相关预算支出占国内生产总值的百分比不断增长，从2000年的0.7%提升到2020年的1.4%。与此同时，政府鼓励和调动社会力量投入公共文化事业，满足不同社会群体的文化需求。匈牙利相关法律规定，国家、地方政府、民族自治政府、地方自治团体、教会以及其他组织或者个人都可以在公共文化教育协议的框架内维持或者经营公共文化机构或者社区活动场所。在保障公共服务权益的情况下，当地政府可以与以公共文化教育为目的开展活动的组织、非营利经济公司或个人签订公共服务合同，由他们组织实施对公共文化机构的维护和运营。

为了保障公共文化服务的质量，在实施检查和监管的同时，匈牙利发布政府令，2010年起授予在公共文化质量提升中表现突出的公共文化机构以"合格公共文化机构"（Minősített Közművelődési Intézmény）称号，颁发"公共文化质量奖"（Közművelődési Minőség Díj）。称号和奖项由负责文化的部长根据专业认证机构的建议批准，每年颁发一次，有效期3年。

二、公共文化相关法规

匈牙利十分注重公共文化服务机构建设以及公共文化制度建设，发布了一系列保障民众公共文化权益和公共文化服务质量的法案和政府法令。匈牙利国会1997年颁布第140号博物馆、公共图书馆服务和公共文化教育法案，对博物馆、图书馆等公共文化机构的运营与发展进行了法律规范。2015年，匈牙利政府发布关于国家对公共文化任务履行情况实施专业监督的法令，明确由政府文化主管部门组织专家对公共文化机构工作开展情况进行监督和评估；2017年，发布关于规划和支持文化专业人才的进一步培训的法令，要求文化机构应制定文化专业人才的培训计划，提供相关培训；2018年，发布关于公共文化服务和公共文化机构、社区场所要求的法令，明确各类公共文化机构的准入资格和建设要求；2020年，发布关于从事文化活动公务员相关法令，对公共文化活动从业人员的资质、待遇等作了明确规定。

2019年，匈牙利国会通过"关于国家文化委员会、文化战略机构"第124号法案。法案规定，为保护民族文化和加强民族认同，确立国家文化战略机构的范围，列出了在表演艺术、创意艺术、社区文化、视觉艺术、公共收藏和政治记忆、民间传统等6大领域17个国家文化战略机构，并明确要加大对这些文化战略机构的经费支持，其运行和执行任务所需的资源由中央政府预算提供支持。此外，还依托这些机构成立全国文化委员会（Nemzeti Kulturális Tanács），委员会主席由政府任免，文化部长担任联合主席，成员由17个文化战略机构负责人、匈牙利艺术研究院院长以及国家文化基金会副主席组成，作为政府民族文化战略的决策咨询机构，负责探讨文化领域面临的战略问题，并协助政府文化战略规划的制订与实施。

匈牙利文化战略机构一览表

文化领域	机 构 名 称	文化领域	机 构 名 称
表演艺术	国家剧院非营利有限公司 Nemzeti Színház Közhasznú Nonprofit Zártkörűen Működő Részvénytársaság	公共收藏和政治记忆	匈牙利国家博物馆 Magyar Nemzeti Múzeum
	匈牙利国家歌剧院 Magyar Állami Operaház		美术博物馆 Szépművészeti Múzeum
	布达佩斯轻歌剧院 Budapesti Operettszínház		塞切尼国家图书馆 Országos Széchényi Könyvtár
	国家马戏艺术中心非营利有限公司 Nemzeti Artista- Előadó- és Cirkuszművészeti Központ Nonprofit Korlátolt Felelősségű Társaság		匈牙利国家档案馆 Magyar Nemzeti Levéltár Országos Levéltára
	Müpa 布达佩斯艺术宫非营利有限公司 Müpa Budapest - Művészetek Palotája Nonprofit Korlátolt Felelősségű Társaság		匈牙利研究所 Magyarságkutató Intézet
	国防军艺术团非营利有限公司 Honvéd Együttes Művészeti Nonprofit Korlátolt Felelősségű Társaság	民间传统	传统之家 Hagyományok Háza
创意艺术	裴多菲文学博物馆 Petőfi Irodalmi Múzeum		民族志博物馆 Néprajzi Múzeum
社区文化	国家文化研究所非营利有限公司 Művelődési Intézet Nonprofit Közhasznú Korlátolt Felelősségű Társaság		露天民族志博物馆 Szabadtéri Néprajzi Múzeum
视觉艺术	国家电影学会非营利有限公司 Nemzeti Filmintézet Közhasznú Nonprofit Zártkörűen Működő Részvénytársaság		/

第二节
公共文化服务机构与设施

公共文化服务机构是公共文化设施、公共文化活动等资源和服务的主要提供场所，在民众的日常文化生活中发挥着至关重要的作用。根据官方统计数据，2019年匈牙利全国拥有公共图书馆、公共博物馆、社区文化中心等各种类型的公共文化服务机构共计5 841个，平均每10万居民拥有的公共文化服务机构数量达到60个。

2019年，匈牙利公共文化服务机构组织开展教育类项目17 931项，创意文化社区11 632个，俱乐部、学习小组等11 617个，展览9 849场，艺术表演25 006场，流行艺术表演1 657场，娱乐节目12 809场，社区项目26 050个，培训4 370场。平均下来，每10万居民拥有的公共文化项目数达到1 240个。

公共博物馆和公共图书馆等公共文化服务机构在维护民族文化认同、继承民族传统、实施公共文化教育服务以及维护和展示文化多样性等方面发挥出十分重要的引领作用。

一、公共博物馆

匈牙利公共博物馆类型多样，可大致分为国家博物馆（országos múzeum）、国家专业博物馆（országos szakmúzeum）、州级城市博物馆（megyei hatókörű városi múzeum）、地方博物馆（területi múzeum）、专题博物馆（tematikus múzeum）以及一些博物馆藏品和展览场所。截至2022年，全国共设立博物馆机构699个，其中国家博物馆15个、国家专业博物馆13个。平均每10万居民拥有博物馆7.3座，居世界前列。其中，创建于1802年的匈牙利国家博物馆（Magyar Nemzeti Múzeum）是匈牙利第一个国家博物馆，也是匈牙利目前收藏和展示国家历史有形记忆的最大博物馆。

匈牙利国家博物馆、国家专业博物馆列表（截至 2022 年）

博物馆名称	Intézmény név	类　型
邮票博物馆	Bélyegmúzeum	国家专业博物馆
霍普・费伦茨亚洲艺术博物馆	Hopp Ferenc Ázsiai Művészeti Múzeum	国家专业博物馆
自然保护中心博物馆	Katasztrófavédelem Központi Múzeuma	国家专业博物馆
匈牙利商业与餐饮业博物馆	Magyar Kereskedemi és Vendéglátóipari Múzeum	国家专业博物馆
匈牙利奥林匹克与运动博物馆	Magyar Olimpiai és Sportmúzeum	国家专业博物馆
邮政博物馆	Postamúzeum	国家专业博物馆
邮政博物馆陈列中心	Postamúzeum Kiállítóhely	国家专业博物馆
中央矿业博物馆	Központi Bányászati Múzeum	国家专业博物馆
匈牙利环保与水资源博物馆	Magyar Környezetvédelmi és Vízügyi Múzeum	国家专业博物馆
匈牙利地理博物馆	Magyar Földrajzi Múzeum	国家专业博物馆
农具与农业机械发展史专业博物馆	Mezőgazdasági Eszköz- és Gépfejlődés-történeti Szakmúzeum	国家专业博物馆
核能博物馆	Atomenergetikai Múzeum	国家专业博物馆
匈牙利石油与天然气工业博物馆	Magyar Olaj- és Gázipari Múzeum	国家专业博物馆
布达佩斯历史博物馆	Budapesti Történeti Múzeum	国家博物馆
战争史研究所／博物馆	HM Hadtörténeti Intézet és Múzeum	国家博物馆
工业艺术博物馆	Iparművészeti Múzeum	国家博物馆
路德维希博物馆–当代艺术博物馆	Ludwig Múzeum-Kortárs Művészeti Múzeum	国家博物馆
匈牙利农业博物馆／图书馆	Magyar Mezőgazdasági Múzeum és Könyvtár	国家博物馆
匈牙利科技与交通博物馆	Magyar Műszaki és Közlekedési Múzeum	国家博物馆
匈牙利国家美术馆	Magyar Nemzeti Galéria	国家博物馆
匈牙利国家博物馆	Magyar Nemzeti Múzeum	国家博物馆
匈牙利国家博物馆塞梅尔维斯医学史博物馆	Magyar Nemzeti Múzeum Semmelweis Orvostörténeti Múzeuma	国家博物馆

博物馆名称	Intézmény név	类　　型
匈牙利自然科学博物馆	Magyar Természettudományi Múzeum	国家博物馆
民族志博物馆	Néprajzi Múzeum	国家博物馆
国家科技博物馆	Országos Műszaki Múzeum	国家博物馆
裴多菲文学博物馆	Petőfi Irodalmi Múzeum	国家博物馆
艺术博物馆	Szépművészeti Múzeum	国家博物馆
露天民族志博物馆	Szabadtéri Néprajzi Múzeum	国家博物馆

　　匈牙利政府发布《博物馆机构经营许可证法令》（376/2017号政府法令），对各级各类博物馆经营许可证获得所需要的场所区域、文化功能、开放时间、研究服务、人员配置等作出明确要求。文化主管部门对公共博物馆机构实施监管，并聘请专业人员开展定期检查，国家博物馆至少每3年开展一次检查，其他博物馆机构至少每5年一次。

二、公共图书馆

　　根据匈牙利中央统计局2021年统计数据，匈牙利国内拥有公共图书馆3 335个，另有学校图书馆近3 000个，研究型图书馆、工作场所图书馆455个，馆藏图书达15.62亿册。每10万居民拥有图书馆数量超过70个。这个数据还不包括地方政府、工会等机构负责维护的图书馆。

　　全国性的公共图书馆主要包括国家图书馆、国家专业图书馆、公立大学图书馆等类型。地方性的公共图书馆则分为地方政府设立的图书馆以及地方政府拥有的非营利性组织维护和运营的图书馆。

　　塞切尼图书馆是匈牙利法律认定的国家图书馆，也是匈牙利第一座公立图书馆，始建于1802年，由爱国政治家塞切尼·伊斯特万倡议并捐赠建设。目前是匈牙利国家文化遗产的重要组成部分。国家图书馆是中央独立预算机构，由主管文化的部长对其行使维护的权利和义务。国家图书馆收藏保存匈牙利古籍、匈牙利作家作品、匈牙利著名人物文献作品、国外出版的匈牙利语及与匈牙利有关的图书文献。

　　匈牙利有13个具有公共图书馆地位的国家专业图书馆，专门收藏特定学科专业的图书文献，向公众开放。

匈牙利国家专业图书馆列表（截止2022年）

图书馆名称	Intézmény név
布达佩斯技术与经济大学国家技术信息中心 / 图书馆	Budapesti Műszaki Egyetem Országos Műszaki Információs Központ és Könyvtár
国家健康科学图书馆	Országos Egészségtudományi Szakkönyvtár
匈牙利科学院图书馆 / 信息中心	Magyar Tudományos Akadémia Könyvtár és Információs Központ
匈牙利农业博物馆 / 图书馆	Magyar Mezőgazdasági Múzeum és Könyvtár
国会图书馆	Országgyűlési Könyvtár
国家外语图书馆	Országos Idegennyelvű Könyvtár
国家教育图书馆 / 博物馆	Országos Pedagógiai Könyvtár és Múzeum
萨博·埃尔文图书馆	Fővárosi Szabó Ervin Könyvtár
中央统计局图书馆	Központi Statisztikai Hivatal Könyvtár
匈牙利国家电影档案馆图书馆	Magyar Nemzeti Filmarchívum Könyvtára
军事历史研究所 / 博物馆的军事历史图书馆	HM Hadtörténeti Intézet és Múzeum Hadtörténeti Könyvtár
塞切尼国家图书馆图书馆研究所的图书馆学图书馆	Országos Széchényi Könyvtár Könyvtári Intézet Könyvtártudományi Szakkönyvtára
戏剧与电影大学的音乐和媒体图书馆	Színház- és Filmművészeti Egyetem Könyvtár, Kottatár és Médiatár

此外，《高等教育法》中所列出的公立大学的图书馆以及政府为运营高等教育机构而维护的大学图书馆也属公共图书馆之列。

2014年起，匈牙利政府为国家博物馆、国家专业博物馆、国家图书馆、国家专业图书馆以及公立大学图书馆设置了重点发展和建设任务，专项拨款予以支持。

三、公共媒体机构

创建于1881年的匈牙利通讯社（Magyar Távirati Iroda，MTI，简称"匈通社"）是世界上最古老的新闻机构之一，自1918年以来一直是匈牙利国家通讯社。匈通社面向匈牙利公众和海外匈牙利人提供新闻和图片服务，与世界上主要的通讯社建立了紧密的业务往来。1925年，匈通社匈牙利广播第一次开始播音。1950年，政府将广播功能从匈通社分离出来，正式成立匈牙利广播电台。1957年，整合广播和电视业务的匈牙利广播电视台成立。1974年起，匈牙利广播电台和匈牙利广播电视台分别独立运行。

剧变后，匈牙利国会于1996年通过一系列法案，将匈牙利通讯社、匈牙利广播电台、匈牙利广播电视台均改制为股份公司；成立国家广播电视委员会（Országos Rádió és Televízió Testület），对广播电视媒体的运营进行监管。2003年，发布《电子通信法》，成立国家通讯管理局（Nemzeti Hírközlési Hatóság），对电子通信领域进行规范性管理。2010年，匈牙利国会成立公共服务基金会（Közszolgálati Közalapítvány），其下设4个公共媒体服务提供商，分别是匈牙利电视台非营利有限公司、多瑙河电视台非营利有限公司、匈牙利广播非营利有限公司、匈牙利通讯社非营利有限公司。政府整合国家广播电视委员会和国家通讯管理局两个部门的职能，成立国家媒体和通讯管理局（Nemzeti Média- és Hírközlési Hatóság），作为国家独立监管机构，根据《电子通信法》《媒体服务和大众通信法》对匈牙利媒体、电信、邮政、IT服务市场以及服务提供商进行内容和运营监管，并每年向国会报告工作情况。

2015年，匈牙利政府进一步强化对公共媒体组织的统一管理，新成立多瑙河媒体服务非营利公司（Duna Médiaszolgáltató Nonprofit Zrt.），以此作为履行国家公共媒体服务任务的主要机构。多瑙河媒体服务非营利公司整合4家公共媒体有限公司的服务内容，成为匈牙利唯一的公共服务媒体服务提供商，目前主要提供通讯社、广播、电视3大板块业务，此外还按专题集成了3块业务的在线内容，设立在线媒体库。

匈通社仍然是公共媒体的一个重要组成部分，主要负责为广播、电视和网络公共媒体提供新闻内容。

多瑙河媒体服务公司业务架构（网络截图）

匈牙利公共广播电台主要有7个。成立于1925年的科苏特电台（Kossuth Rádió）是一个综合性的公共服务电台，一直扮演着国家广播电台的角色；巴托克电台（Bartók Rádió）以播放古典音乐为主要特色；裴多菲电台（Petőfi Rádió）则侧重播放欧洲和世界各地的最新和最流行的音乐；丹科电台（Dankó Rádió）以播放古典歌曲、民歌、吉普赛音乐为特色；多瑙河世界电台（Duna World Rádió）主要为居住在国外的匈牙利人提供信息和娱乐广播；少数民族广播（Nemzetiségi adások）主要服务于生活在匈牙利的少数民族；国会电台（Parlamenti Rádió）主要对国会会议进行现场直播。

匈牙利公共电视媒体主要有2个，分别是匈牙利电视台和多瑙河电视台。匈牙利电视台（Magyar Televízió）是匈牙利历史最为悠久的电视台，成立于1957年，目前有M1、M2、M3、M4 Sport、M5，共5个频道。多瑙河电视台1992年设立并开播多瑙河频道，成立之初为私营商用性质，2002年由政府接管成为公共电视机构，2010年新增加多瑙河世界频道。

此外，各地也有自己的地方电视台和电视频道，例如德布勒森的Alföld TV、塞格德的Városi TV、艾盖尔的Eger TV、考波什堡的Kapos TV、萨博尔奇-萨特马尔-贝拉格州的Kölcsey TV、索尔诺克的Szolnok TV、松博特海伊的SZTV等。

四、社区公共文化场所

匈牙利各级地方政府为公共文化活动提供专门场所，促进文化社区的建立。社区公共文化场所的主要职责是加强对当地社区历史、文化习俗、民间艺术和应用艺术的文化价值传承，为社区居民提供公共文化教育服务等。

根据社区人群分布等实际情况，匈牙利设立了类型多样的社区文化服务机构，并对社区文化机构运营的场地标准和人员配置进行了规范。根据服务范围、场馆规模以及设施条件的完善程度从低到高排序，依次是文化小屋（művelődési ház）、文化中心（művelődési központ）、文化馆（kulturális központ）。这些文化机构需要有专职的专业人员进行管理和运营，设有表演、排练、娱乐、展览空间或者多功能室，文化中心和文化馆还提供创意工作坊、课程项目等文化服务内容。

民间学校（népfőiskola）是为当地民众提供免费教育的社区机构，旨在通过塑造人格来提高其成员的教育水平，从而改善社会。民间大学提供终身学习的条件，组织成人职业培训，教育内容注重解决社会和个人生活领域的实际问题。科研院所、专业培训机构、大专院校以及公共文化机构都会参与民间学校的课程项目开发。

除了各种形式的课程和职业培训外，民间学校比较有特色的学习形式是定点区域的社会调查研究项目。组织者一般是高校、学术机构的研究者和学生，吸引当地社区人员加入。通过对特定社区和定居点的探访，寻找优秀民间传统，对其进行价值探索。研究成果采取出版、研讨等措施在社区进行传播和推广。

此外，社区文化机构还包括手工艺活动的创意工坊——民间手工艺屋（Népi Kézműves Alkotóház），在为当地从事民间工艺的匠人提供工作空间和基础设施的同时，也是开展手工艺培训、展览传统物件和民间工艺文化的重要场所。

第三节
特色文化产业的发展

丰富的文化资源和突出的创造能力决定了匈牙利在文化创意产业领域具有强劲的发展潜力。文化产业在匈牙利国民经济中占据重要位置，近年来，文化创意产业更是进入快速发展阶段，成为国民经济增速最快的领域之一。文化产业细分领域十分广泛，现仅介绍在匈牙利文化生活中影响深远且独具特色的几个类别。

一、新闻出版和广播影视业

出版业

匈牙利图书出版行业发展较早，是成立于1896年的国际出版商协会的创始成员国之一。社会主义时期，匈牙利的图书出版机构基本上为国家所有。剧变之后，国外资本、私人资本迅速进入这一领域，外资以及合资经营成为行业的主要格局。

匈牙利图书和期刊种类十分丰富。官方数据显示，2020年，匈牙利出版各类图书

14 694 种，印量 2 802.5 万册；发行定期出版物 775 种，印量 4.59 亿册。

匈牙利具有一定规模和影响力的出版机构主要有科苏特出版集团（Kossuth Kiadói Csoport）、Libri 出版集团（Libri Kiadói Csoport）、中央出版集团（Central Kiadói Csoport）、Móra 出版集团（Móra Kiadói Csoport）、Líra 集团（Líra Csoport）等几大出版集团。除了传统的出版和发行市场，这些出版集团都拥有自己的网上书店。此外，bookline.hu 是匈牙利十分受欢迎的网上图书销售平台。在学术出版方面，创建于 1828 年的匈牙利科学院出版社（Akadémiai Kiadó）是一家以出版科学和学术图书、期刊为特色的专业出版社，在中东欧地区具有一定的影响力。

匈牙利出版商和发行商协会（Magyar Könyvkiadók és Könyvterjesztők Egyesülése）是匈牙利最大的图书协会组织。它拥有 130 家会员公司，涵盖匈牙利图书市场 90% 以上图书的出版和发行。协会每年组织并参与国际图书节、图书周、图书展等活动，组织开展书籍相关的培训，运营读书俱乐部，并与文化机构共同发起促进阅读的运动。协会还是欧洲出版商协会的成员和国际出版商联合会的合作伙伴。

随着网络阅读的不断便捷化，近年来匈牙利报刊的发行数量总体上呈现逐年下降的趋势。日报发行量相对较大，影响力也相对广泛。当前匈牙利发行的日报约有 30 种。《匈牙利民族报》（Magyar Nemzet）1938 年创刊，为政治类日报，2000 年与《每日匈牙利报》（Napi Magyarország）合并，2019 年，原《匈牙利时报》（Magyar Idők）改称《匈牙利民族报》，现由国家出版有限公司发行。《世界经济报》（Világgazdaság）为经济类日报，创办于 1969 年，出版商是维也纳资本合伙公司的子公司 Mediaworks Hungary。《人民之声》（Népszava）是一家中间左翼的日报，创刊于 1877 年，1890 年起曾作为匈牙利社会民主党的机关报，是社会主义时期十分重要的官方报纸之一，目前由 21 世纪传媒有限公司运营。《匈牙利新闻报》（Magyar Hírlap）创刊于 1968 年，私有化时期被瑞士媒体企业荣格集团收购，现在由匈牙利富商塞莱什·加博尔（Széles Gábor，1945— ）经营。《国家体育报》（Nemzti Sport）于 1903 年开始发行，是发行量最大的体育日报。《人民自由报》（Népszabadság）是政治类日报，创刊于 1942 年，其前身是匈牙利社工党的党报《自由人民报》（Szabad Nép），曾经是匈牙利最畅销的报纸之一，2016 年关闭。区域性报纸中阅读量比较大的有杰尔地区发行的《小平原报》（Kisalföld）等。

此外，匈牙利还有一些发行量十分可观的小报类日报。《地铁报》（Metropol）由瑞典传媒集团《地铁日报》于 1998 年创办，在上下班时间于地铁站等人流密集的地区免费发放，至 2016 年关闭营业前，《地铁报》一直是匈牙利发行量最大的免费日报。2020年,《地铁报》被匈牙利中欧传媒基金会购买,并于同年7月再次发行。Bors同属中欧传媒基金会,是匈牙利现代意义上的第一份小报,自1989年开始发行,经过多次改名,自2007年起启用Bors为小报名。Blikk是由瑞士的林格尔(Ringier)传媒公司创办的匈牙利语小报,自1994年开始发行,是目前匈牙利发行量最大的小报日报之一。

周刊类比较受欢迎的有《世界经济周刊》(Heti Világgazdaság)、《匈牙利之声》(Magyar Hang)、《观察者》(Figyelő)、《168小时》(168 óra)、《生活与文学》(Élet és Irodalom)、《匈牙利橙》(Magyar Narancs)、《自由土地》(Szabad Föld)、《妇女》(Nők Lapja)等。华文报刊中比较有影响的是《新导报》和《联合报》。月刊种类也十分丰富,涉及政治、经济、文化、家庭、信息、科学、运动、休闲等多个领域。

随着互联网技术的不断发展,纸质媒体的阅读量不断下降,数字阅读消费激增,许多报刊都建立了专门网站,推出网络版本。网络阅读需求的不断提升也带动了新闻门户网站的发展。index.hu、24.hu、origo.hu、blikk.hu、hirklikk.hu是匈牙利阅读量排名前几位的门户网站,est.hu、exit.hu、port.hu是点击量最多的三大娱乐节目咨询查询网站。网站提供的新闻简短、迅速、便捷,适应年轻一代快餐文化需求。在互联网和移动互联领域,自媒体博客站点、博客网站、社交平台成为公众交流和获取讯息的重要来源。欧盟统计局公布的统计数据显示,匈牙利社交媒体利用率在欧盟高居榜首。在这一领域,Facebook、Twitter、YouTube等国际性大公司产品的市场占有率处于压倒性优势地位。

在新闻内容生产方面,除了匈通社,匈牙利还有一家知名的私人通讯社——哈瓦利亚通讯社(Havaria Press),1994年由年轻记者创立,擅长提供快速新闻和现场报道。

影视业

匈牙利具有优越的地理位置、优美的建筑和风景、完善的基础设施、相对低廉的劳动力以及政府对电影业的税收优惠,吸引了世界各地的电影投资商和制作商。近年来,匈牙利电影产业得以快速发展。以2019年为例,匈牙利共登记电影作品319部,其中在匈牙利拍摄的电影作品228部、合拍片8部、引进外国作品83部。2019年,匈牙利全国共有影院181家、影厅428个,座位数共计74 932个,影院全年共上映50.1万场,上座1 511.1万人次,人均观影消费1 454福林。

欧美影视节目在匈牙利广受欢迎。匈牙利本土电影产量不高，每年拍摄30部左右，却频频在国际电影盛典上获得大奖。内麦什·耶莱什·拉斯洛（Nemes Jeles László，1977— ）执导的《索尔之子》（Saul fia）获得第68届戛纳国际电影节评委会大奖、第88届奥斯卡金像奖最佳外语片奖、第73届美国电影电视金球奖最佳外语片奖、第70届英国电影学院奖最佳外语片奖等多项大奖。2017年，戴阿克·克里斯托弗（Deák Kristóf，1982— ）执导的儿童题材剧情短片《校合唱团的秘密》（Mindenki）获得第 89 届奥斯卡金像奖最佳真人短片奖；恩伊达·伊尔蒂蔻（Enyedi Ildikó，1955— ）执导的爱情故事片《肉与灵》（Testről és lélekről）获得第67届柏林影展最佳影片金熊奖。2019年，格拉·玛丽娜（Gera Marina，1984— ）凭借在电视电影《永恒的冬天》（Örök tél）中的出色表演，荣获第47届国际艾美奖最佳女主角。电视剧方面，《心理咨询》（Terápia）、《社交游戏》（Társas játék）、《我们的小村庄》（A mi kis falunk）、《黄金人生》（Aranyélet）等是近年来匈牙利收视率较高的本土电视连续剧。

广播电视媒体方面，除公共媒体外，匈牙利还有不少商业化运作的电台和电视台。根据国家媒体和信息通信管理局的统计数据，2021年匈牙利共有167个广播电台在运行，除了7个公共电台，还有83个商业电台和77个社区电台。私营电台以音乐电台居多，Radio 1、Retro Radio 等都是全国性的商业性音乐电台。TV2集团是匈牙利最大的私营电视台，旗下有10余个频道，包括TV2、SuperTV2以及电影频道Mozi+、儿童频道V2 Kids、美食频道TV2 SÉF、女性频道FEM3、体育频道Spíler等。RTL Hungary是德国RTL集团1997年在匈牙利开办的商业电视台，旗下有 RTL Klub、RTL Gold、RTL 等频道。其他比较有影响力的商业电台有 Antenna Group、BPTV、ATV等。Mediaworks是匈牙利十分有名的的综合性私营媒体集团，旗下产品包括日报、广播、电视体育节目等多种媒体类型。

随着网络媒体时代和大众自媒体传播时代的到来，传统的传媒产业也逐渐向数字化发展。通信行业发展是数字经济发展的重要基础。匈牙利通信基础设施建设比较完善，通信市场完全自由化，外资企业在该国通信市场中占据支配地位。目前，匈牙利固定电话市场约一半的市场份额由德国电信（Telekom）及其子公司匈牙利电信（Magyar Telekom）控制。移动通讯市场由德国电信、挪威电信公司（Telenor）和英国沃达丰公司（Vodafone）三分天下。互联网市场有数十家服务供应商，在宽带服务方面，匈牙利电信占据约三成市场份额，其次是数码集团（Digi csoport）、沃达丰、Invitel电信。

随着信息技术的发展，影视作品的传播不再局限于传统的影院和电视，而是凭借网络在各种电子设备中传播，网络媒体与影视传媒深度融合的视频类门户网站得到快速发展。filmkatalogus.hu、mafab.hu、port.hu、videa.hu 是匈牙利访问量十分靠前的几个影视门户网站。

匈牙利国家电影局（Nemzeti Filmintézet Magyarország）是管理和协调匈牙利电影行业的非营利性公司，它还通过实施媒体赞助计划，为电影、电视和在线电影的开发、前期制作以及制作和发行提供资金支持。国家电影局旗下设有提供电影后期制作服务的电影制片厂 Magyar Filmlabor，负责国家电影遗产的保护、保存、研究、修复和出版的电影档案馆（Filmarchívum），以及为国内外影视制作提供演播室和户外布景、道具、服装和武器租赁服务的影视基地 Mafilm。

国家媒体和信息通信管理局对广播电视媒体提供的节目内容实施年龄限制分级等监管。

匈牙利居民文化生活部分指标一览

	出版书籍		公共图书馆藏书量（万册）	进出影院人次（万）	进出剧院人次（万）	参观博物馆	
	数量	印数（百万册）				人次（万）	千人指标
2000年	8 986	35.2	4 390.6	1 429.4	393.8	989.5	987
2003年	9 204	32.6	4 503.1	1 365.4	419.8	1 032.1	1 019
2006年	11 377	38.3	4 290.2	1 163.1	415.6	1 161.8	1 153
2009年	12 841	36.0	4 394.6	1 070.4	448.8	951.2	949
2012年	11 645	29.2	4 372.9	/	512.8	837.2	844
2015年	12 572	28.1	4 405.6	1 251.2	673.6	956.3	972
2018年	12 877	30.5	4 234.5	1 547.7	862.8	1 095.5	1 122

注：
1. 数据来源于匈牙利中央统计局网站
   http://portal.ksh.hu/pls/ksh/docs/eng/xstadat/xstadat_long/h_zkk001.html
2. 进出剧院人次统计未包含露天剧院。

二、剧院和音乐节庆文化

匈牙利拥有历史悠久的剧院文化。1837年建立起第一家上演匈语戏剧演出的民族剧

院——匈牙利剧院，这是现布达佩斯国家剧院的前身。19世纪末，匈牙利剧院和剧院文学发展达到鼎盛，那时的戏剧作品有不少至今仍在上演。1884年，驰名世界的匈牙利国家歌剧院（Magyar Állami Operaház）建成。这座新文艺复兴风格的剧院拥有1 300个座位，在视觉、声学质量等方面都具有很高的水准，在当下仍能跻身世界顶级歌剧院之列。国家歌剧院还设有匈牙利最为著名的古典芭蕾舞团——成立于1884年的国家芭蕾舞团。

在今天，戏剧仍然是匈牙利人生活中十分重要的组成部分。根据匈牙利国家统计局数据，2022年全国日常运行的剧院有237个，每10万居民拥有剧院2.4个。这些剧院平均每年演出2—3万场，上座观众达到700—800万人次。除此以外，还有露天剧院30余处，每年也会有几百上千场的演出。2005年正式对外开放的艺术宫（Művészetek Palotája，Müpa）是一个能为戏剧、音乐、视觉等多个艺术分支提供展示空间的多功能文化设施，也是匈牙利最现代化的文化机构之一。肖普朗的裴多菲剧院、布达佩斯喜剧剧院、考波什堡的齐基·盖尔盖伊剧院以及2019年刚刚完工的国家舞蹈剧院等都是十分有特色的著名剧院。

匈牙利是音乐的国度，匈牙利的音乐文化一直处于国际领先水平。音乐艺术是匈牙利人日常生活中不可或缺的组成部分。这个不足千万人口的国家拥有上千个合唱团和交响乐团，平均每年举办音乐会六七千场，上座观众以百万人次计。全国各地文化节、音乐节、艺术节等文化节庆活动长年不断。

布达佩斯春季文化节是匈牙利规模最大的综合性艺术节庆，自1981年起每年3月至4月举行。节庆期间会举办几百场包括古典音乐、歌剧、爵士乐、舞蹈、戏剧和视觉艺术等在内的艺术活动。全国优秀艺术人才在此汇集，许多国外表演艺术团体也会受邀来到布达佩斯进行演出。与春季文化节侧重于古典音乐相呼应，发端于1992年的布达佩斯秋季文化节则注重表现近年来现代艺术的发展和创新，每年9月中旬至10月中旬举行。

自1993年起，每年8月初到8月中旬在布达佩斯举办的"岛节"（Sziget Fesztivál）是匈牙利最具影响力的轻音乐艺术节，也是欧洲最大的文化集会之一。Sziget在匈牙利语里是"岛屿"的意思，每年的音乐节都会在布达佩斯不同的岛上进行，音乐节由此得名。音乐节期间会推出艺术展览、文化讲座、戏剧表演、马戏团表演以及持续一周的音乐演出。

除布达佩斯外，各地露天文化节、音乐节等文化节庆活动此起彼伏。比较有名还有巴拉顿音乐节、索普朗音乐节、久洛夏季文化节、德布勒森爵士音乐节、塞格德露天嘉年华、爱盖尔室内歌剧节等。

匈牙利音乐水平享誉世界，除了节庆活动外，这里还会举办一些国际性的音乐赛事。比较有影响力的赛事有：

布达佩斯国际音乐比赛，起源于1933年创设的李斯特国际钢琴比赛，1948年改为现名称。这个赛事是欧洲比赛协会的创始成员，在世界性比赛中久负盛名。比赛项目包括声乐、小提琴、中提琴、大提琴、钢琴、长笛、乐队指挥等类型。

巴托克·贝拉国际合唱比赛创建于1961年，每两年举行一次，是世界上最知名的无伴奏合唱比赛之一。比赛地点在德布勒森市。比赛期间举办国际民俗节活动，参赛合唱团可以在民俗节音乐会上身着民族服饰表演来自家乡的民俗传统，演唱或者演奏民族乐器。

布达佩斯国际合唱比赛开始于1988年，每两年举办一届，一般在三四月份举行。2015年起，比赛期间同时举办布达佩斯国际合唱节以及音乐节，让来自世界各地的歌手和合唱团相互了解彼此的文化。

匈牙利演艺产业市场十分繁荣。为了鼓励演艺产业发展，一直以来，匈牙利政府赋予剧院、各种舞蹈和音乐艺术团体以及艺术基金会等表演艺术机构企业税收抵免的政策。2019年，政府取消对表演艺术的企业税支持，建立起通过预算拨款直接支持表演艺术部门的制度。

匈牙利十分注重表演艺术专业人才的培养。在基础教育阶段就设立了6—12年制的艺术小学，授课专业有音乐、美术与工业美术、木偶与舞台戏剧、舞蹈、马戏。成立于1865年的匈牙利戏剧与电影大学（Színház- és Filmmüvészeti Egyetem）是一所专门培养戏剧和电影方面人才及开展相关科学研究的公立大学。创建于1875年的李斯特·费伦茨音乐大学以及从李斯特音乐大学体系中独立出来的塞格德大学音乐学院是目前匈牙利音乐领域高等教育人才培养的两大基地。舞蹈艺术专业人才培养方面，匈牙利舞蹈大学（Magyar Táncművészeti Egyetem）（原匈牙利舞蹈学院）2017年成功跻身国立大学之列；2004年成立的布达佩斯当代舞蹈学院（Budapest Kortárstánc Főiskola）则是一所私立性质的舞蹈教育高等学府。

三、文化旅游及温泉文化

旅游产业是匈牙利的一个战略性部门，旅游收入长期占到匈牙利GDP总量的

1/10以上，是经济发展的重要引擎之一。匈牙利旅游主管部门匈牙利旅游局（Magyar Turisztikai Ügynökség）2017年发布《2030年国家旅游发展战略——旅游2.0》，明确匈牙利旅游业的使命是讲述匈牙利的历史，并通过旅游业的发展确保国家的繁荣。匈牙利各地文化和创意氛围浓厚、特色明显，文化旅游作为十分重要的组成部分列入国家旅游发展战略。

匈牙利丰富的文化遗产、自然和人文景观吸引着来自世界各地的游客。进入新世纪以来，匈牙利每年入境旅游人次呈现连年增长的趋势，从2009年的4 062万增长到2019年的6 140万。新冠疫情爆发以后，入境旅游人数骤减到4 000万人次以下。在旅游开发的同时，匈牙利很好地保持了文化遗产的原貌。在文化旅游项目中，原生态展现民俗文化，不断唤起和增强人们文化保护的意识以及对建筑文化和建筑艺术等文化遗产的保护和维护。

除了丰富的文化遗产、文化景点、文化活动和文化创意产品外，在匈牙利文化旅游品牌中尤其值得一提的是温泉和水疗场所。特殊的地质断层结构造就了匈牙利独特的温泉文化。据统计，仅首都布达佩斯就有不少于118处天然泉眼，匈牙利全国有大约1 300个水疗和温泉点。天然温泉水中含有具有治疗功效的多种矿物质，12世纪开始，匈牙利人就开始利用温泉治疗慢性病。奥匈帝国时期，温泉浴所得到快速发展，当时匈牙利全国建造了近800座温泉场馆，其中不少是内部装修豪华的高端温泉浴所，提供各项医疗服务和疗养设施。温泉如今成为匈牙利人休闲娱乐、养生保健、避暑疗养的日常场所，也得到世界各地游客的青睐。温泉场所见证了匈牙利沧桑的历史和社会文化的变迁。位于布达佩斯盖勒特山旁的鲁道什温泉浴场（Rudas Gyógyfürdő）建成于16世纪，是一座典型的土耳其风格的建筑，其内部的八角形浴池相当有特色。不远处的布达一侧是1918年开业的盖勒特温泉浴场（Gellért Gyógyfürdő），其建筑则是新艺术运动风格，拥有玻璃穹顶和金碧辉煌的大厅画廊。位于布达佩斯城市公园中心的塞切尼温泉浴场（Széchenyi Gyógyfürdő）始建于19世纪末，目前是欧洲规模最大和最受欢迎的温泉洗浴场所之一，主体建筑呈现出洛可可式建筑风格。塞格德的安娜浴场也已经有100年的历史，主体建筑属于新文艺复兴风格。

匈牙利温泉疗法享誉世界。除了布达佩斯，黑维兹、豪伊杜索博斯洛（Hajdúszoboszló）、佐洛卡罗斯（Zalakaros）、萨尔堡（Sárvár）等地都是以温泉为特色的著名旅游胜地。温泉湖黑维兹湖及其传统温泉疗法入选匈牙利国家精华名录。

课后练习

一、填空题

1. 为了保障公共文化服务的质量，在实施检查和监管的同时，2010年起授予在公共文化质量提升中表现突出的公共文化机构"合格公共文化机构称号"，颁发_____ _____。

2. _____是匈牙利第一座公立图书馆，目前是国家文化遗产的重要组成部分。

3. 匈牙利具有一定影响力和较大规模的出版集团有_____、_____ _____、_____等。

4. 创建于1881年的_____是世界上最古老的新闻机构之一，自1918年以来它一直是匈牙利国家通讯社。

5. 2015年，匈牙利政府进一步强化对公共媒体组织的统一管理，新成立_____ _____，作为履行国家公共媒体服务任务的主要机构。

6. 匈牙利各级地方政府为公共文化活动提供专门场所，设立类型多样的社区服务机构，匈牙利人可在_____、_____、_____等文化机构获得文化服务内容。

7. 匈牙利拥有历史悠久的剧院文化，匈牙利知名的剧院有_____、_____、_____等。

8. 每年8月初到8月中旬在布达佩斯举办的_____是匈牙利最具影响力的轻音乐艺术节，也是欧洲最大的文化集会之一。

9. 温泉和水疗场所是匈牙利重要的文化旅游品牌之一，匈牙利知名的水疗和温泉有_____、_____、_____等。

10. 匈牙利专门培养戏剧、影视、音乐、舞蹈等表演艺术人才高等院校有_____、_____、_____等。

二、判断题

1. 2019年，匈牙利国会通过"关于国家文化委员会、文化战略机构"第124号法

案，确立国家文化战略机构的范围，列出6大领域17个国家文化战略机构。　（　　）

2. 匈牙利出版商和发行商协会是匈牙利最大的图书协会组织。它拥有130家会员公司，涵盖匈牙利图书市场90%以上图书的出版和发行。　（　　）

3. 目前，匈牙利通讯社是匈牙利境内唯一的一家通讯社。　（　　）

4. 多瑙河媒体服务非营利公司整合4家公共媒体有限公司的服务内容，成为匈牙利唯一的公共服务媒体服务提供商。　（　　）

5. 匈牙利电视台是匈牙利唯一的公共电视媒体。　（　　）

6. 布达佩斯春季文化节是匈牙利规模最大的综合性艺术节庆，自1981年起每年3月至4月举行。　（　　）

7. 布达佩斯秋季文化节注重表现近年来现代艺术的发展和创新，每年9月中旬至10月中旬举行。　（　　）

8. 成立于1865年的匈牙利戏剧与电影大学是一所专门培养戏剧和电影方面人才及开展相关科学研究的私立大学。　（　　）

9. 布达佩斯国际音乐比赛是一项具备国际影响力的音乐赛事，比赛项目只有钢琴一项。　（　　）

10. 塞切尼温泉浴场始建于19世纪末，是欧洲规模最大和最受欢迎的温泉洗浴场所之一，主体建筑呈现出洛可可式建筑风格。　（　　）

三、简答题

1. 简要介绍匈牙利公共媒体机构的基本情况。

2. 简述匈牙利社区公共文化服务场所建设情况。

3. 结合所学知识，简要分析匈牙利音乐产业发展的社会基础。

四、拓展题

1. 选择一个感兴趣的匈牙利国家博物馆，查阅相关资料，结合相关社会背景对其发展史和馆藏特色进行介绍。

2. 结合本章温泉文化与前几章内容的学习，梳理"水"文化在匈牙利民俗民风、文学艺术、体育休闲等领域的具体表征，并作简要分析。

第十章

匈牙利传统文化保护与文化对外传播

信息化、全球化和现代化带来了国家边界渐趋消失，全球社会文化生活不断跨越时间和空间的障碍。一方面，民族文化全方位交流和沟通成为时代的主题，"民族的就是世界的"成为世界文化交流中的共识，文化成为外交和国际交流的重要工具。另一方面，强势文化的传播也给民族传统文化带来极大的冲击。如今的匈牙利，英语在国内尤其年轻人中间相当普及，他们习惯于用Facebook、Instagram、Twitter等社交软件与来自世界各地的人分享观点；美国模式的流行音乐、好莱坞电影、牛仔服、可口可乐和美式快餐等元素充斥着现代匈牙利年轻人的文化生活；具有特色的民族传统文化在现代通俗文化的洪流中日渐式微，部分传统手工艺等传统文化形式陷入后继乏人的困境。传统文化是构成民族身份的基本要素，文化的传承与保护，已经刻不容缓。

与在全球化浪潮中不断寻求多元发展空间的城市文化不同，匈牙利的民族传统文化在乡村得到了更好的传承、保护和推广。匈牙利平原广阔，土地肥沃，气候条件优越，历史上就是一个以农业为主的国家，农业生产在国家经济中所占比重达到7.5%，远高出欧盟国家4%的平均值。匈牙利乡村居住人口占全国总人口的30%左右，传统的民族艺术、风俗习惯在乡村得到更好的保存，农业文化遗产也得到了很好的传承、保护、研究和推广。

在经济全球化不断发展的今天，匈牙利官方和民间的民族文化护卫者不懈努力，推动匈牙利民族文化艺术得以传承和创新，并进一步走向国际舞台。

第一节
传统文化保护与传承

课前思考：民族传统文化在当代社会面临怎样的机遇和挑战？民族传统文化如何传承、保护与发展？

一、文化保护的法规与政策

主管部门与政策法规

20世纪90年代，匈牙利中央政府曾设立专门的民族文化遗产部，2001年撤销。此后政府部门多次进行调整。目前文化与创新部和总理府是匈牙利主管文化传承与遗产保护的行政部门。

文化与创新部负责制定政府的文化政策及其实施和执行，制（修）订关于博物馆、图书馆、档案馆等公共文化机构的立法等。文化与创新部下设文化国务秘书处，具体负责支持发起和推动文化的创造性发展以及国家和世界文化遗产的保护。

总理府总体协调文化遗产保护相关工作，其中包括：制定文化遗产保护的相关立法以及国家遗产保护相关标准；登记和保护文化遗产、考古以及古迹和文物；与负责文化的部门和自然保护部门合作，执行与世界遗产和纪念地有关的国家任务。总理府下设建筑与遗产保护局，负责协调与古迹认定与保护、世界遗产和考古相关的任务；另设文物监督局，负责可移动的文化遗产——古董、艺术品和艺术珍品的登记和保护。

首都和州一级的政府办公室（kormányhivatal）作为文化传承和遗产保护的地方管理机构，设立专门的文化遗产保护办公室作为执行相关任务的专业行政机构。

匈牙利政府十分注重加强文化和文化遗产保护的立法基础和制度保障。匈牙利《基本法》规定："我们致力于促进和保护我们的遗产、我们独特的语言、匈牙利文化以及生活在匈牙利的各民族的语言和文化。"

1985年，匈牙利加入联合国教科文组织《保护世界文化和自然遗产公约》。2001年，匈牙利制订出台《文化遗产保护法》（第64号法案），此后多次进行增补修订。2006年，匈牙利通过第38号法案，通过颁布法律的形式批准加入联合国教科文组织《保护非物质文化遗产公约》，成为该公约第39个缔约国。2011年，匈牙利出台《世界遗产法案》（第77号法案），对文化遗产的保护提出了更高的要求。2018年，匈牙利政府发布第68/2018号政府法令，对文化遗产保护的主管机构、组织以及遗产保护规则作了进一步的明确。

相关支持和保障机构

在政府主导下，匈牙利还成立了专门服务于文化传承和保护的咨询、推广和支持保障机构。

1993年，匈牙利通过"国家文化基金"第23号法案，为支持国家和普遍价值观的创造、保存以及国内和跨境传播而设立国家文化基金（Nemzeti Kulturális Alap）。2017年起，国家文化基金交由匈牙利政府设立的人力资源基金管理机构——人力资源支持办理处（Emberi Erőforrás Támogatáskezelő）统筹管理。基金会主席由文化部长担任，基金委员会是国家文化基金的主要管理、协调和决策机构，成员1/3来自文化部门、由部长任命，1/3由匈牙利艺术研究院推荐，其余1/3来自相关专业组织。国家文化基金为了保护和加强匈牙利的文化遗产而面向文化和艺术项目提供资金支持，主要支持的领域包括国际国内文化展览和文化活动，文化领域的周年纪念和文化节日，艺术作品、建筑遗产以及文化研究活动等。目前其资金主要来源于博彩游戏税和版权税。基金资源主要分配给约20个常设委员会，包括艺术类和非艺术类，基本涵盖艺术和文化所有领域。此外，基金根据需求支持若干个非常设的临时项目，例如"裴多菲200"项目就是为筹备纪念裴多菲诞辰200周年而设立的临时性项目。

国家文化基金艺术类常设委员会的类别包括建筑、电影、摄影、应用艺术、美术、民间艺术、小说、戏剧、舞蹈、音乐等，非艺术类常设委员会有传播与环境文化、流行音乐、出版、图书馆和档案、公共文化教育、文化节、博物馆、文物保护等。

匈牙利联合国教科文组织全国委员会（UNESCO Magyar Nemzeti Bizottság）下设的

世界遗产委员会和非物质文化遗产委员会作为匈牙利政府执行文化遗产保护任务而设立的提议、评论和决策机构，主要负责文化遗产及其保护方案的活动策划与制定、文化遗产名录的论证、协调相关部门的行动，共同促进文化遗产的保护。

匈牙利于1948年加入联合国教科文组织。匈牙利联合国教科文组织全国委员会是教科文组织在匈牙利的国家合作机构，下设教育委员会、科学委员会、社会科学委员会、文化委员会、信息与传播委员会、世界遗产委员会和非物质遗产委员会等7个专业委员会，从不同领域提供专业咨询，推动与教科文组织的合作，促进匈牙利教育、科学与文化的发展。

2010年起，匈牙利将每年9月的第三个周末设定为文化遗产日（kulturális örökség napja）。这一天，各地会举办一些历史建筑的步行游览参观，非物质文化遗产的社群也会通过演讲、表演、小型展览和手工坊等形式，向大众展示它们的丰富遗产内容。

2013年，匈牙利成立国家遗产研究所（Nemzeti Örökség Intézete），旨在加强对国家古迹、历史遗址以及纪念碑、墓地等国家记忆的研究性保护和运营。国家遗产研究所组织评定出在匈牙利国家或民族历史上具有决定性意义的地方，通过政府法令将其确定为国家纪念地（nemzeti emlékhely）或历史纪念地（történelmi emlékhely），并予以立碑保护。为了宣传和推广这些遗址，国家遗产研究所将每年5月的第二个周六定为"纪念地日"（emlékhelyek napja），在这些地点组织丰富多彩的纪念活动。

匈牙利还专门设立了一个遗产保护的政府奖项——施恩维丝奈·伊斯特万奖。这个奖项以匈牙利知名考古学家、科学考古学的奠基人施恩维丝奈·伊斯特万（Schönvisner István，1738—1818）命名，旨在表彰在保护考古遗产方面取得杰出成就和开展卓越探索的人员。

匈牙利相关法规文件中明确的文化遗产保护专业咨询机构有3个。分别是：

考古遗产发掘委员会（Ásatási Bizottság），成立于1963年，由匈牙利国家博物馆、布达佩斯历史博物馆、匈牙利考古协会、地方博物馆代表以及考古学学者组成，为政府在考古遗产保护领域的政策制定和实践提供专业咨询。秘书处设在匈牙利国家博物馆国家考古研究所。

国家建筑规划委员会（Országos Építészeti Tervtanács），由匈牙利艺术研究院建筑艺术部、匈牙利建筑师协会、匈牙利工程师协会以及各地首席建筑师代表等在城市规划、建筑设计及遗产保护领域具有杰出理论和实践知识的人员组成，为建筑规划、建筑活动和建筑遗产修复的合理性及其是否危及受保护古迹的价值等提供专业咨询。

文化艺术品委员会（Kulturális Javak Bizottsága），由匈牙利国家博物馆、塞切尼国家图书馆、美术博物馆、国家档案馆等全国文物保护机构以及匈牙利全国艺术品经销商和画廊协会的代表组成，作为50年以上的、具有保护价值的文化艺术品的专业咨询机构，其秘书处设在总理府文物监督局。

二、传统文化保护与传播措施

民间传统保护与民俗博物馆

为了保护和促进民间音乐、民间舞蹈、民间风俗等民间传统，匈牙利政府于2001年整合相关资源，成立文化遗产保护机构——"传统之家"（Hagyományok Háza）。这个机构主要由3个相对独立而又相互联系的部分组成：一是成立于1951年的匈牙利民乐团，致力于收集并在舞台上呈现匈牙利传统和现代的音乐、舞蹈等民间艺术传统形式；二是民俗文献中心的图书馆和档案馆，提供记录喀尔巴阡盆地地区民俗文化的视听和文本文件，民俗文献开发部为文献的保存、数字化处理以及成果出版提供科学支持；三是民间艺术方法论工作坊，通过课程、会议、"舞蹈屋"、剧场、工艺示范、出版等形式推广匈牙利民间艺术，这个部门的职责还包括匈牙利应用民间艺术博物馆的运营。

匈牙利政府指定"传统之家"为执行与保护民间传统有关任务的国家机构，对于从事民间传统相关工作的人员实施资格认定制度，并对民间艺术作品实行分类管理。

匈牙利法律规定的传统民间艺术相关职业主要包括民间舞者、民谣歌手、器乐民间音乐家3个民间表演艺术领域的职业，以及制陶、刺绣、编织、皮革加工、雕刻等44个民间手工艺领域的职业。

匈牙利政府高度重视民俗文化的价值，设立若干奖项，表彰在民间艺术和传统文化方面的突出贡献者。"民间艺术大师"（Népművészet Mesterei）奖项设立于1953年，用于表彰那些长期从事民间艺术传统的传承与保护实践、取得突出成就的民间艺术家。"青年民间艺术大师"（Népművészet Ifjú Mesterei）奖项创立于1969年，颁发给15—35岁的民间艺术创作者和表演者，以表彰他们在民间艺术各个分支中出色的表现。"马丁·久尔吉奖"（Martin György-díj）授予民间手工艺、民间舞蹈、民间音乐、民歌、民间故事等民间艺术活动的优秀组织者以及取得杰出成就的艺术家或艺术理论家。"乔考诺伊·维泰兹·米哈伊奖"（Csokonai Vitéz Mihály-díj）则旨在表彰从事业余表演和创作的优秀个人和团体。

匈牙利有很多致力于推广和保护传统文化的民间组织，有全国性的也有地方性的，有综合性的也有某个分支领域的。20世纪90年代初，由于政治体制的转变，国家对于公共文化机构的预算补贴和人员配置锐减，各类艺术团体纷纷联合起来成立民间组织以寻求新的发展路径。仅以民间舞蹈领域为例，就有多个全国性的协会组织在这个时间段成立。舞蹈屋协会（Táncház Egyesület）成立于1990年，通过举办活动、开展培训、出版和收藏等方式维护和传播"舞蹈屋"运动。全国青少年民间艺术传承协会（Örökség Nemzeti Gyermek- és Ifjúsági Népművészeti Egyesület）成立于1990年，是一个汇聚专业舞蹈团队和舞者、面向匈牙利儿童和青少年推广和教授民间舞蹈的协会组织。同样成立于1990年的穆哈拉伊·艾莱梅尔民间艺术协会（Muharay Elemér Népművészeti Szövetség）致力于保存和传播舞蹈、音乐和传统习俗。马丁·久尔吉民间舞蹈协会（Martin György Néptáncszövetség）成立于1993年，是匈牙利全国业余民间舞蹈团体的专业协会，通过组织成人民间舞蹈运动等形式保护民间舞蹈传统。

各类文化艺术团体通过举办丰富多彩的文化庆典活动，向年轻一代介绍和推广匈牙利文化传统。成立于1980年的匈牙利民间艺术协会联合组织（Népművészeti Egyesületek Szövetsége，NESZ）是目前匈牙利最大的民间手工艺领域的非政府组织。协会以保护和提升匈牙利传统民间手工艺的价值为目标，吸收和团结全国各地60余个相关民间组织作为会员单位，拥有会员近5 000人。NESZ通过组织活动、展览、交易会、专业培训、夏令营、比赛等形式，在推广民间传统艺术的同时，也倡导维护民间手工艺者和创作者的利益。民间艺术协会联合组织最具影响力的活动是在布达城堡山上举办的手工艺节（Mesterségek Ünnepe）。这个活动最早开始于1987年。如今每年8月中下旬国庆节前后举办，包括传统手工街道、民间艺术市场、工艺展等系列活动。在为期4天的活动期间，工匠们将工作坊搬到布达城堡山的广场，向人们现场展示木匠、铁匠、陶艺师、皮革手工艺者、刺绣手工艺者等各种传统手工职业者如何工作，还会安排现场教学，让公众参与到创作过程中。舞台上还会有民间乐团、民间舞蹈团体、管弦乐队以及木偶戏等现场演出。布达佩斯手工艺节期间还会邀请世界各地的民间艺人参展，现如今已经为国际性的民间艺术集会，每年都会吸引国内外成千上万慕名前来的参观者。

民俗文物博物馆是民俗文化和民族文物的保护和研究中的一个重要主体力量。位于布达佩斯的民族志博物馆（Néprajzi Múzeum）成立于1872年，是匈牙利乃至欧洲最早的民族学和民俗专题博物馆之一，最初是匈牙利国家博物馆下设的民族学部门，1947年从国家博物馆分离出来而成为一个独立机构。民族志博物馆记录、收藏和展示匈牙利、欧洲和非欧洲社区的传统和现代文化古迹，是匈牙利最重要的民族科学、欧洲民族学和人类文化学机构。匈牙利全国有许多露天博物馆（skanzen）和乡村博物馆（falumúzeum），以保留和还原古老民间建筑的形式展示民间文化和传统乡村生活方式。位于圣安德烈的露天民族志博物馆（Szabadtéri Néprajzi Múzeum）是匈牙利境内最大的露天博物馆。该博物馆成立于1967年，总面积近60公顷，十分直观地展示了匈牙利不同地区在历史上各个时期的典型房屋建筑、生活方式、传统服饰以及手工艺形式。1968年开放的格切伊村庄博物馆（Göcseji Falumúzeum）是匈牙利最早的露天博物馆。此外，位于欧普斯塔塞尔（Ópusztaszer）的国家历史纪念公园、厄尔谢格民俗古迹群（Őrségi Népi Műemlékegyüttes）、森奈露天民族志博物馆（Szennai Szabadtéri Néprajzi Gyűjtemény）、绍士托博物馆村（Sóstói Múzeumfalu）、沃什博物馆村（Vas Múzeumfalu）、帝豪尼露天民族志博物馆（Tihanyi Szabadtéri Néprajzi Múzeum）等都是十分有特色的露天博物馆。除此之外，在其他综合性博物馆，如匈牙利历史博物馆中，也有大量民俗方面的展陈。

国家价值保护：匈牙利精华清单

2012年匈牙利国会通过"匈牙利民族价值观和匈牙利精华"第30号法案，为识别和记录对整个匈牙利人民至关重要的价值观提供了法律框架。法案提出，要保护匈牙利特有的民族价值，将最具匈牙利民族独特性、代表匈牙利最高品质特征的事物统称为"匈牙利精华"；"匈牙利精华"代表着匈牙利最为优秀、最为突出的民族价值，是国家重要的形象品牌，需要对其进行保护、传播以及可持续开发。同年10月，匈牙利成立"匈牙利精华"全国委员会，作为实施以上职责的国家机构。

"匈牙利精华"既有物质方面的，也有非物质性的，包含民族文化、精神和物质创作以及自然形成或者人工创造的作品，主要涉及8大领域，分别是农业与食品工业、健康与生活、工业技术解决方案、文化遗产、旅游与餐饮、运动、建筑环境、自然环境。

"匈牙利精华"的产生是一个自下而上、层层选拔的过程：任何个人和机构都可以发起申请，经过二级地方政府评估通过的项目可以入选"国家价值"（nemzeti érték）清单；入选"国家价值"清单的项目经州一级政府评估通过后进入"杰出国家价值"（kiemelkedő nemzeti érték）清单；尔后再经"匈牙利精华"全国委员会从"杰出国家价值"清单中遴选，入选者才能被认定为"匈牙利精华"。

"匈牙利精华"全国委员会由匈牙利中央政府各部委、匈牙利科学院、匈牙利艺术研究院、国家知识产权局等部门主要负责人以及匈牙利国会、匈牙利人常设论坛的代表组成。此外，还设立由专业领域人士组成的委员会，整合8大领域设立6个委员会，另加1个"匈牙利精华"标志认证委员会。

匈牙利人常设论坛（Magyar Állandó Értekezlet）是由旅居海外的匈牙利人代表与匈牙利政治力量共同组成的政治协商组织，成立于1999年，旨在加强境外匈牙利社区与匈牙利之间的联系。匈牙利不同政府对这个组织的态度有显著差异。

截至2022年底，全国委员会已经评选出87项"匈牙利精华"，除了众所周知的入选世界文化遗产的项目外，还有如乌尼古苦味利口酒、塞切尼·伊斯特万伯爵的知识遗产、百人吉卜赛管弦乐团、匈牙利轻骑兵、匈牙利灰牛、若纳伊陶瓷等诸多项目。

匈牙利评选认证"匈牙利精华"的方式，是一项一举多得的创新性文化保护举措。它有效整合了政府各部门、学术机构以及民间团体等多方面的力量，合力遴选、保护和推广优秀的民族传统文化遗产，从而强化民族认同意识；此外，借此还能够打造出民族品牌的系列特色产品，这些有形和无形的文化产品能够带动和刺激国民经济的持续发展，塑造良好国际形象。

文化景观保护：国家公园体系

为了保护和展示动植物物种及其栖息地形成的大面积自然生态系统及其文化景观和文化遗产，匈牙利自20世纪70年代起在全国设立国家公园，目前已建成10个。这些国家公园各具特色，总面积超过5 000平方公里，且保护区域仍在不断扩大中。

霍尔托巴吉国家公园（Hortobágy Nemzeti Park）、基什昆萨格国家公园（Kiskunsági Nemzeti Park）、科洛什-马洛什国家公园（Körös-Maros Nemzeti Park）位于多瑙河和蒂萨河之间的大平原地带，主要为野生动物、湿地、大沼泽地和盐碱草原的保护区域。

霍尔托巴吉是匈牙利最大的草原，也是欧洲最大的自然草原之一。鉴于这一区域独特的自然和人文价值，1973年，霍尔托巴吉国家公园被选为匈牙利第一个国家公园，目前仍是国家公园中规模最大的一个。公园包括霍尔托巴吉和纳吉昆萨格（Nagykunság）的景观以及蒂萨湖的部分地区，总面积超过800平方公里。1999年，霍尔托巴吉国家公园——普斯陶区域被联合国教科文组织列入世界文化遗产。

基什昆萨格国家公园创建于1975年，主要是为了保护多瑙河与蒂萨河相互连接地带的原始图像，包括自然景观以及地质构造和水域等自然生态。公园占地面积超过500平方公里，园内有湖泊、草甸、沙丘、沼泽、森林等多种形态的自然景观，2/3的区域被纳入联合国教科文组织世界生物圈保护区网络。该区域生活着匈牙利最大的鸨种群。

科洛什−马洛什国家公园建立于1997年，建立之初的主要目的是保护这一区域的鸟类。公园内拥有白湖、鱼塘、普斯陶等多种类型的国际保护湿地，每年为数十万只鸟类迁徙提供栖息繁衍场所。公园由13个分散的区域组成，总面积目前已经超过520平方公里，绝大部分面积被盐碱草原覆盖，园内放牧着大量匈牙利灰牛、家养水牛以及茨盖羊（cigája）、拉卡羊（racka juh）等匈牙利原产的绵羊品种。公园内还生长着匈牙利最稀有和最濒危的植物之一——伏尔加侧金盏花（volgamenti hérics）。

位于匈牙利北部山区的比克国家公园（Bükk Nemzeti Park）建立于1977年，是个与比克群山融为一体的山区森林公园，95% 的区域被森林覆盖。匈牙利海拔最高峰凯凯什峰（Kékestető）就在这个公园区域内。茂密的森林、山中的岩溶洞穴、溪流、水道以及山地草甸和牧场为多种濒临灭绝的鸟类和野生动物提供天然庇护所，滋养着喀尔巴阡山脉丰富的天然植物群和受保护动物种。

阿格泰莱克国家公园（Aggtelek Nemzeti Park）建立于1985年，位于匈牙利东北部山脉阿格泰莱克−鲁道巴尼奥山脉（Aggtelek-Rudabánya）的戈梅尔−托尔瑙（Gömör-Torna）喀斯特地区，因区域内拥有丰富的喀斯特溶岩洞穴系统闻名于世。公园的建立旨在保存、维护和展示匈牙利北部喀斯特地区的地质、地形和地貌的自然价值。公园内有280个大小不一的洞穴，这些洞穴连同斯洛伐克喀斯特洞穴于1995年一起被列入联合国教科文组织《世界遗产名录》。

巴拉顿高地国家公园（Balaton-felvidéki Nemzeti Park）建立于1997年，整合了小巴拉顿（Kis-Balaton）、凯斯特海伊山脉（Keszthelyi-hegység）、塔波尔曹盆地（Tapolcai-medence）、卡利盆地（Káli-medence）、佩切伊盆地（Pécselyi-medence）和蒂豪尼半岛（Tihanyi-félsziget）6个原本各自独立的景观保护区，组建成一个覆盖整个巴拉顿高原地区、连续的生态保护体系。公园总部设在巴拉顿地区最大的城市维斯普雷姆（Veszprém）。公园内部分区域属于联合国教科文组织沿多瑙河五国生物圈保护区——迈拉·德拉瓦·多瑙河区（Mura-Dráva-Duna Bioszféra-rezervátum）的组成部分。

多瑙河−伊波伊河国家公园（Duna-Ipoly Nemzeti Park）位于匈牙利中部多瑙河从格德（Göd）到历史古城埃斯泰尔戈姆之间的区域，建于1991年，以1978年建立的皮利什（Pilis）景观保护区和波尔若尼（Börzsöny）景观保护区为基础扩建而成。公园在地理上处于河流、山脉和平原的交汇点，由皮利什-维谢格拉德山脉、波尔若尼山脉、伊波伊山谷和多瑙河组成一个和谐共存的自然生态体系。多瑙河在皮利什-维谢格拉德山脉之间形成地质和景观价值兼具的、著名的多瑙河湾（Dunakanyar）。公园内的皮利什景观保护区入选联合国教科文组织生物圈保护区，伊波伊山谷列入国际湿地公约保护名单。

多瑙河-德拉瓦河国家公园（Duna-Dráva Nemzeti Park）位于匈牙利西南部与克罗地亚边境，建立于1996年。公园主要沿多瑙河和德拉瓦河两条河流延伸，流经区域形成广阔的泛滥平原。河流、森林和沼泽地成为多种多样的动植物的栖息地。公园占地490平方公里，其中近40%的区域列入国际湿地公约保护名单。公园覆盖了多瑙河五国生物保护区——迈拉·德拉氏·多瑙河区在匈牙利段的大部分区域。

费尔特-汉萨格国家公园（Fertő-Hanság Nemzeti Park）位于匈牙利与奥地利边境的费尔特湖区（奥地利称之为新锡德尔湖），1991年进入国家公园名单。公园在匈牙利境内的占地面积为237平方公里，是国家公园中面积最小的一个。1994年以来，匈牙利和奥地利两国一直联合开展这一区域的保护工作。2001年费尔特湖/新锡德尔湖文化景观入选联合国教科文组织《世界遗产名录》。

厄尔谢格国家公园（Őrség Nemzeti Park）位于匈牙利西部边境，Őrség在匈牙利语中是"警卫"的意思，地名意指这一区域是保护匈牙利西大门的"警卫"。国家公园建于2002年，占地440平方公里，旨在保护这片兼具自然、文化历史和人种学价值的美妙景观区域。这块区域是马扎尔人定居中欧以来唯一一块匈牙利人一直居住的地方，至今保留着最原始的乡村图景。因此，除了是众多动植物物种的栖息地，这片区域对于匈牙利民族也具有特殊的文化意义和民族志价值。

联合国教科文组织沿多瑙河五国生物圈保护区成立于2021年9月，跨越奥地利、斯洛文尼亚、克罗地亚、匈牙利、塞尔维亚，是世界上第一个横跨5个国家的生物圈保护区。整个生态圈包括迈拉河、德拉瓦河和多瑙河沿岸近700公里、覆盖93万公顷的土地，是欧洲最大的河流保护区。

学校教育中的民族文化传承

学校教育是民族文化传承的重要渠道。传统文化和民间艺术教育贯穿匈牙利小学、中学和高等教育。除了语言文化知识以及多种形式的艺术课程的学习外，匈牙利公共教育阶段十分强调创造力、创意创造、自我表达以及文化意识方面的能力。匈牙利"国家核心课程"体系中，要求小学阶段开设"环境"（környezetismeret）必修课，中学生阶段开设"自然"（természetismeret）、"历史、社会和人民"（történelem, társadalmi és állampolgári ismeretek）以及民俗学类必修课程"民族和民间知识"（hon-és népismeret），旨在帮助学生建立对民族传统文化价值的充分认知。在音乐教育方面，基本所有的匈牙利学校都在实践柯达伊音乐教学法，将传统民歌作为中小学音乐教材中十分重要的组成部分。

匈牙利相关法律鼓励学校将实地参观纳入公共教育阶段的课程体系。博物馆、国家公园、图书馆、文化遗产景观以及民间手工艺组织等文化场所和机构在其中扮演着十分重要的角色。这些公共文化机构和文博机构不仅协助学校组织运营传统文化教育、环境教育等方面的课程和活动，还为不同年龄阶段的学生提供丰富多彩的课外活动项目，诸如"森林学校"（erdei iskola）、野外观察、专题参观、手工制作等，其中不少课外活动项目是经过管理部门严格认证，纳入学校教育体系的。有些中小学与当地文化中心和民间艺术组织合作，引进了民间手工艺教育展示及体验等活动内容。圣安德烈小镇露天民族志博物馆的博物馆教育与培训中心（Múzeumi Oktatási és Módszertani Központ）在推动博物馆作为校外教育场所中发挥出十分重要的作用。该机构不仅会为儿童组织夏令营等常规活动，还主要面向公共教育领域的教育工作者和博物馆专业人士开展现代博物馆使用培训，推动博物馆在公共教育中占有一席之地。

20世纪初期，匈牙利民间音乐研究、民间舞蹈研究、民间故事研究、结构主义以及民俗符号学就曾闻名世界。如今，民族文化研究在匈牙利也是一门显学。匈牙利很多大学设置"民族学""考古学""文化人类学""博物馆学"以及"文化遗产研究"等人文艺术相关专业，注重加强传统文化保护和相关课题研究。匈牙利文化机构有参与高等教育的传统，这些机构的专业研究人员会直接参与高校教学活动。此外，这些机构也为相关专业大学生提供实习实践场所。

三、匈牙利世界文化遗产

匈牙利拥有十分丰富的文化和自然宝藏，是世界文化遗产最为集中的国家之一。截至2022年底，全国共有8处物质文化遗产被联合国教科文组织列入《世界遗产名录》，其中世界文化遗产7处，世界自然遗产1处。另有6项非物质文化遗产入选联合国教科

文组织非物质文化遗产名录（名册），其中人类非物质文化遗产代表作名录4项，非物质文化遗产优秀实践名册2项。

匈牙利联合国教科文组织全国委员会下设的世界遗产委员会、非物质文化遗产委员会负责协调文化遗产保护相关活动和计划。世界遗产委员会的秘书处设在总理府建筑与遗产保护局，非物质文化遗产委员会的秘书处设在圣安德烈露天民族志博物馆。

2002年，第26届世界文化遗产大会在匈牙利布达佩斯召开。2014—2018年，匈牙利当选保护非物质文化遗产政府间委员会的成员。2017—2021年匈牙利当选世界遗产委员会成员国。

物质文化遗产

布达佩斯（包括多瑙河两岸、布达城堡区和安德拉什大街）（Budapest — a Duna-partok, a Budai Várnegyed és az Andrássy út）1987年列入《世界遗产名录》世界文化遗产，其中安德拉什大街是2002年扩增进去的。自旧石器时代以来，布达佩斯所在的这一段多瑙河区域就一直有人类居住，这里曾是罗马城市阿昆库姆的所在地。入选世界文化遗产名录的这几处区域保留了匈牙利历史上不同时期的遗迹，融合了罗马式、哥特式、巴洛克式等多种建筑艺术风格，是世界城市景观中的杰出典范。多瑙河两岸的历史建筑包含自由桥、玛格丽特桥、链子桥、伊丽莎白桥等9座连接布达和佩斯的桥梁以及布达佩斯技术与经济大学主楼、盖勒特浴场、盖勒特山上的自由雕像及城堡区域、国会大厦、格雷沙姆宫、匈牙利科学院、罗斯福广场等。布达城堡最早建于13世纪中后期，后经多次破坏后重建。城堡的旧皇宫部分目前一分为三，分别是布达佩斯历史博物馆（Budapesti Történeti Múzeum）、匈牙利国家美术馆（Magar Nemzeti Galéria）、塞切尼国家图书馆（Országos Széchényi Könyvtár）。城堡建筑群还包括新哥特式风格的马加什教堂及其后面新罗马式风格的渔人堡。安德拉什大街建于1872—1885年，连接伊丽莎白广场与城市公园。道路两边是新文艺复兴风格的宫殿和房屋，其中最为有名的是匈牙利国家歌剧院。城市公园前的英雄广场是为纪念匈牙利民族在欧洲定居1 000年而兴建的，是布达佩斯的中心广场。广场中间矗立着布达佩斯最重要的地标——千年纪念碑。广场两侧分别是现代美术馆（Műcsarnok）和美术博物馆（Szépművészeti Múzeum）。与安德拉什大街一起列入遗产名录的还有匈牙利最早的一条地铁线路，建于1893—1896年，目前仍在运行。

布达城堡

英雄广场

霍洛克古村落及其周边（Hollókő ófalu és környezete）1987年列入《世界遗产名录》世界文化遗产。霍洛克古村落位于匈牙利东北部诺格拉德州，是一个具有悠久历史的小村庄，也是第一个被列为世界文化遗产的村庄。村庄的主要部分建立于17—18世纪，至今仍保留着匈牙利传统乡村生活最原始的风貌，这种乡村文化也被称为帕洛茨（Palóc）文化，在语言、服饰、饮食、音乐、刺绣等方面都极具特色。帕洛茨刺绣是匈牙利著名的极具装饰性的刺绣风格之一。霍洛克古村落附近的里莫茨（Rimóc）村落也是这种文化风格的典型代表。除中世纪建筑风格的房屋、教堂、手工艺作坊外，最具特色的是，霍洛克村落会全年不间断地庆祝和举办许多保留下来的传统节日和活动，居民们穿上帕洛茨特色的服装，庆祝历史悠久的习俗。复活节是村里最著名的庆祝活动，同时还有丰收节、葡萄酒节和许多宗教节日的庆祝活动。

帕农哈尔玛修道院及其自然环境（Az Ezeréves Pannonhalmi Bencés Főapátság és természeti környezete）1996年入选《世界遗产名录》世界文化遗产。修道院是匈牙利目前保存最为完整的本笃会修道院，位于匈牙利西北部帕农哈尔玛小镇的一座小山上，始建于公元996年，12世纪被一场大火烧毁，目前的建筑是12—13世纪重建的，马加什国王在位期间又进行了改建。修道院在促进中欧地区文化的发展中发挥出重要作用。修道院建立之初，为了教化匈牙利人创办了匈牙利第一所国家学校，至今这里仍然是中小学教育和职业教育的一个重要区域。修道院建筑群中带有古典主义色调的基督大教堂塔楼、钟楼以及文法学校的教学楼都已有千年历史。巴洛克风格的图书馆建于19世纪，里面收藏着古老而珍贵的文化遗产。馆内保存着一份撰写于1055年的匈牙利文档案，这是目前能够找到的、最古老的匈语档案。

霍尔托巴吉国家公园——普斯陶区域（Hortobágyi Nemzeti Park — a Puszta）1999年入选《世界遗产名录》世界文化遗产。霍尔托巴吉国家公园是匈牙利的第一个也是最大的国家公园，普斯陶指的是面积辽阔的草原和湿地，也是全球濒危动物最重要的饲养地之一。几个世纪以来，霍尔托巴吉普斯陶区域一直生活着牧民，周围定居点的居民生活也是以放牧为基础的畜牧业为主。从16世纪开始，这一区域被以租赁的形式用于放牧。如今的霍尔托巴吉保留了匈牙利放牧生活的许多古老特征，这一区域是由游牧社会塑造的文化景观，仍然完好无损地保留着数千年传统的土地使用方式和痕迹。在努力恢复和保护自然景观的同时，霍尔托巴吉公园内牧场也致力于打造保护生物多样性的牧区社区，支持传统的畜牧业和匈牙利特有品种牛羊的保护性放牧。如今，草原上仍然生活着一群如千年前祖先一样过着游牧生活的匈牙利人。霍尔托巴吉草原不仅具有很高的历史、自然与人类学价值，体现出人与自然的和谐关系，而且具有极高的文化价值。以这片草原为灵感，匈牙利艺术家们创作出大量文学、美术、音乐以及电影经典作品。

佩奇（索皮阿尼亚）的早期基督教陵墓（Pécs (Sopianae) ókeresztény temetője）2000年作为文化遗产列入《世界遗产名录》。佩奇位于匈牙利西南部，是一座历史文化古城，在罗马时期这里被称作索皮阿尼亚，是当时重要贸易路线的交汇点。公元4世纪，索皮阿尼亚蓬勃发展，成为当时一个十分重要的经济、文化和宗教中心。列入文化遗产的基督徒墓地大约建造于4世纪早期，遗址于1782年被发现。200多年来，对该墓地的考古研究与保护工作一直在持续。墓地建造精巧，墓室建筑和壁画的装饰创作精美细腻，以极其多样和复杂的方式展示了罗马帝国北部和西部省份的早期基督教墓葬的埋葬艺术以及建筑艺术，显示出当时宗教势力的强大，在建筑史和艺术史上都具有十分重要的研究价值。

托卡伊葡萄酒产区历史文化景观（Tokaj-hegyaljai történelmi borvidék kultúrtáj）2002年作为文化遗产列入《世界遗产名录》。托卡伊位于包尔绍德–奥包乌伊–曾普伦州，曾普伦山脉的南部，地处低山河谷地带，因其独特的地理位置、火山土壤和气候环境而成为世界闻名的葡萄酒产区。托卡伊具有历史悠久的葡萄酒酿造传统，中世纪时就有葡萄酒生产，到16世纪得到快速发展。直至今日，当地形成的葡萄种植与葡萄酒生产传统仍以原始的形式继续存在着。尤其是近3个世纪以来，托卡伊葡萄酒的每个酿造过程，其质量和生产过程都受到严格的管理和控制。托卡伊葡萄酒被认为是世界上最优秀的葡萄酒品种之一。托卡伊世界遗产地是一个繁杂庞大的葡萄园体系，包括葡萄园、农场、村庄、小城镇，还有历史遗留下来的网络般的地下酒窖，其历史悠久且不断更新的葡萄栽培和酿酒文化、独特的自然资源和多样化的建筑遗产蕴含着丰富的自然价值和历史人文价值。

阿格泰莱克洞穴与斯洛伐克溶洞（Az Aggteleki-karszt és a Szlovák-karszt barlangjai）经匈牙利和斯洛伐克共同申报，1995年入选《世界遗产名录》自然遗产项目。这个世界遗产项目在地貌上分为阿格泰莱克洞穴和斯洛伐克溶洞两部分，但在地理上形成一个相连的单元，已发现1 200多个不同形态的洞穴，是地球上已知的最密集的洞穴喀斯特地区。这其中有280个洞穴在匈牙利境内，主要集中在位于匈牙利东北部的阿格泰莱克国家公园内。这些大小不一的溶液腐蚀形成的喀斯特岩溶洞穴形态丰富，保存完整。这些洞穴系统既是美丽的自然景观，也是濒危物种重要的栖息地，并且具有很高的生

物、地质、古生物和考古价值。比较有名的洞穴有鲍劳德洛洞穴（Baradla）、长屋顶洞穴（Hosszú-tető）以及拉科齐洞穴（Rákóczi）等。

费尔特湖/新锡德尔湖文化景观（Fertő/Neusiedlersee kultúrtáj）2001年作为文化遗产列入《世界遗产名录》，由匈牙利与奥地利共同申报。费尔特湖位于多瑙河中游平原西部，匈牙利与奥地利边境，大部分区域在奥地利境内。费尔特湖是匈牙利对这个湖的称呼，奥地利将这个湖泊称为新锡德尔湖。费尔特湖是个草原浅水湖，湖面开阔，湖区自然风光优美，生物物种和土壤类型复杂多样。几个世纪以来，这里一直是不同文化的集聚地，沿湖区两侧是历史悠久的城镇与多种风格的乡村建筑，人类活动和自然环境相互作用形成独特的文化景观。

非物质文化遗产

2008年起，匈牙利开始建立非物质文化遗产保护计划的国家名单。2011年起，优秀实践活动也开始纳入名单。截至2022年底，载入名单的国家级非物质文化遗产名录有48项、优秀实践名册共10项。

匈牙利有6个项目列入联合国教科文组织《保护非物质文化遗产公约》非物质文化遗产名录（名册），其中人类非物质文化遗产代表作名录4项，非物质文化遗产优秀实践名册2项。

莫哈奇布索节——辞冬假面狂欢习俗（Mohácsi busójárás, maszkos télűző szokás）2008年入选匈牙利国家级非物质文化遗产名录，2009年入选联合国教科文组织人类非物质文化遗产代表作名录。如今，这一传统越冬活动每年2月末在全国各地多处上演，许多孩子也会戴上面具加入游行队伍中，将这一民俗传统传承下去。（见第八章第一节）

马乔民间艺术——一项传统的社区刺绣文化（A matyó népművészet — egy hagyományos közösség hímzéskultúrája）2010年入选匈牙利国家级非物质文化遗产名录，2012年入选联合国教科文组织人类非物质文化遗产代表作名录。马乔（matyó）是马扎尔民族的一个亚群，主要居住在匈牙利北部城市迈泽克韦什德（Mezőkövesd）及其周围地区。马乔民间文化艺术历史悠久，手工刺绣是其文化的一个重要符号。19世纪后半叶，在纺织品和皮革上装饰色彩丰富的花卉图案的刺绣工艺形成并迅速发展，逐渐成为当地传统服饰的基本元素。马乔刺绣具有独特的配色方案、花卉图案和针迹技术，工艺沿袭至今。其中最具代表性的是"马乔玫瑰"（matyórózsa），被广泛应用于纺织、家具图案绘制等多种艺术形式。

人类活态遗产——猎鹰训练术（Solymászat mint élő emberi örökség）2010年被列入匈牙利国家级非物质文化遗产名录，2012年入选联合国教科文组织人类非物质文化遗产代表作名录（与阿联酋等13个国家共享）。猎鹰在欧亚大陆许多地区具有悠久的历史传统。游牧民族起源的匈牙利，猎鹰训练自古有之，到17世纪蓬勃发展，如今仍然在匈牙利文化中占有一席之地。猎鹰训练最初是人类获取食物的一种方式，在现代它已经发展成为人类与自然和谐共处的生活方式和社区实践，包括对猛禽、自然和狩猎的热爱；猎鹰的饲养、繁殖、训练以及传统猎鹰设备的使用。此外，猎鹰训练者组建的社区还致力于探索猎鹰训练的历史传承，并传授猎鹰训练的相关知识和技能。

蓝印花布印染传统（A kékfestés hagyománya）2015年被列入匈牙利国家级非物质文化遗产名录，2018年入选联合国教科文组织人类非物质文化遗产代表作名录（与奥地利等5个国家共享）。蓝印花布印染是一种应用于纺织品的颜色图案技术。早在公元8世纪，欧洲已经有了这种工艺。Kékfestés在匈牙利语中的原意是"蓝色绘画"，名称源于这一工艺的原始制作形式，通常是在蓝色背景上印上白色图案。这一工艺传到匈牙利后，在18世纪下半叶印染技术得到进一步发展，蓝染成为匈牙利绘画行业的一个特殊分支。近几个世纪以来，蓝色染料的面料在匈牙利民间服饰和家纺中占据重要位置。

两项优秀实践名册分别是非物质文化遗产传承的匈牙利模式——"舞蹈屋"模式以及基于柯达伊理念的民间音乐遗产保护。

非物质文化遗产传承的匈牙利模式——"舞蹈屋"模式（A "táncház" módszer, mint a szellemi kulturális örökség átörökítésének magyar modellje）2011年列入联合国教科文组织非物质文化遗产优秀实践名册。20世纪70年代兴起的"舞蹈屋"运动为匈牙利民间音乐、舞蹈、诗歌等民间传统艺术的复兴提供了一个十分有效的渠道。它起初只是一项公民倡议，而后逐渐制度化，存续发展到今天。"舞蹈屋"是民俗研究、公共文化教育和艺术活动等多种力量合作创建的一种传达非物质文化遗产价值的形式，传递的是一种开放的、人人可及的文化传承观念，它将非物质文化遗产融入参与者的日常生活中，使得每个人都可以通过直接实践的方式成为遗产的承载者、传播者和复制者。

基于柯达伊理念的民间音乐遗产保护（A népzenei örökség Kodály koncepció szerinti megőrzése）2016年列入联合国教科文组织非物质文化遗产优秀实践名册。柯达伊音乐

教学法是全球公认的音乐教学方法。他的音乐教学理念以匈牙利民间音乐传统为基础，他主张全民音乐教育和早期音乐教育，认为匈牙利孩子通过学习自己国家的民间音乐知识，学习"音乐母语"，可以最好地到达欧洲音乐艺术的高阶殿堂，并从一个对一切事物持开放心态的孩子成长为一个受过音乐教育的成年人。柯达伊强调当地音乐遗产重要性的音乐教育理念及其一整套教学方法不仅适用于匈牙利，同样适用于其他文化背景下的音乐传统教育。

第二节
匈牙利文化的对外传播

匈牙利十分注重民族文化的对外传播与交流。目前，外交与对外经济部是匈牙利文化对外传播的主管部门。文化部门（现为文化与创新部）也参与匈牙利海外机构的文化外交、教育和科学推广等相关任务的管理。此外，匈牙利科学院、匈牙利艺术研究院等公共文化机构以及高等院校等也是文化对外传播中的重要主体。

匈牙利文化的海外研究和传播机构的设立最早可以追溯到19世纪末奥匈帝国时期。1895年，罗马设立了第一所匈牙利历史研究中心。1916年，匈牙利在君士坦丁堡建立匈牙利科学研究所，这是匈牙利在国外建立的以普及匈牙利文化、科学以及开展研究为目的的第一个国家机构。克莱贝尔斯伯格·库诺担任匈牙利教育部长期间（1922—1931）在维也纳、柏林、罗马、巴黎等欧洲几个重要城市建立起旨在发展和传播匈牙利文化和科学的"匈牙利中心"。这几个中心目前仍在运行之中。1927年，匈牙利出台第13号法案，对国外匈牙利语机构的运营和高级学者奖学金的设立作出专门规定。1949年，匈牙利成立专门负责对外文化推广、文化政策研究的文化关系研究院。1989年，成立国际匈牙利学中心。与此同时，以推动匈牙利文化传播为宗旨的匈牙利学院陆续在世界各地设立。

进入21世纪，匈牙利将文化外交作为一大国家战略。2002年，匈牙利政府整合匈牙利学院和匈牙利中心的职能，成立鲍洛希学院（Balassi Intézet），作为保存、发展、展示和传播匈牙利语言和文化的专门机构，助力匈牙利的文化外交及其目标的实现。巴拉什学院为在匈牙利生活或临时居住的非匈牙利人教授匈牙利语，为国外匈牙利语教学点提供师资，与国际上的匈牙利研究机构开展合作，促进匈牙利语言和文化教育、研究以及匈牙利的海外研究，在匈牙利国际文化关系框架内推广匈牙利文化。2007年，匈牙利奖学金委员会办公室、海外匈牙利学院、鲍洛希语言研究所以及马尔顿·阿隆学生中心（Márton Áron Szakkollégium）等机构统一并入鲍洛希学院。

马顿·阿隆学生中心以匈牙利裔主教马尔顿·阿隆（Márton Áron，1896—1980）的名字命名，他在1938—1980年间担任天主教罗马尼亚阿尔巴尤利亚总教区的主教。学生中心建于2000年，在布达佩斯、德布勒森、佩奇和塞格德4个城市拥有独立中心，主要服务于境外匈裔学生，通过专业培训与经济援助（住宿、奖学金等），帮助他们尽快融入匈牙利社会。2007年，学生中心并入鲍洛希学院。2016年8月起，该机构并入罗兰大学。

根据匈牙利政府关于履行文化科学外交任务的政府令，鲍洛希学院相关职能被纳入国家文化外交战略，由外交与对外经济部直接管辖。截至2022年底，匈牙利已经在世界上24个国家建立了26个海外文化机构。自2021年9月1日起，这些文化机构逐步统一更名为"李斯特中心–匈牙利文化中心"。国外文化机构的设立旨在塑造匈牙利的海外形象，提高匈牙利在国外的认可度，并建立和促进居住在匈牙利境内和境外的匈牙利人之间的文化关系，其具体职责包括推广和教授匈牙利语，组织各种文化活动展示和传播匈牙利文化、教育和科学的成果以及匈牙利文化和社会的多样性，培育和发展匈牙利与所在国之间的文化外交关系，鼓励和推动国际文化、教育和科学合作等。此外，在没有设立此类文化机构的国家和地区，由匈牙利外交部门派驻的教育和文化外交官具体履行文化对外推广的职责。

为了加强对匈牙利语教育、研究和培训的支持，政府同时升级了鲍洛希·巴林特奖学金计划（Balassi Bálint ösztöndíjprogram），面向海外匈牙利语学习者、海外匈牙利人、研究人员等不同群体提供语言技能培训、语言文化研究、暑期学校、翻译培训以及面向海外匈牙利人入学和毕业预备培训等不同类型的奖学金项目。

匈牙利政府与外国政府签订文化、教育和科学公约，通过与合作伙伴国共同举办匈牙利文化周、文化季、文化年等形式宣传推广匈牙利文化，并加强与其他国家在文化艺术领域的交流与合作。文化节庆活动期间，会举办美术展览、书展、音乐会、舞

蹈和戏剧表演、电影放映、烹饪活动等一系列文化外交项目，将匈牙利文化最具代表性的一面展示给世界。此外，为了鼓励和表彰文化对外传播，匈牙利政府设立了"匈牙利文化贡献奖"（Pro Cultura Hungarica díj），授予那些在向国外介绍和传播匈牙利文化价值观以及在推动匈牙利与其他国家的文化关系方面取得杰出成就的匈牙利和外国公民。

公共文化机构、高等教育院校等制定国际化战略，承办文化推广项目，组织文化艺术活动，开展广泛的国际交流合作，在文化对外推广中扮演重要角色，承担重要任务。其中，位于裴多菲文学博物馆的裴多菲文学机构（Petőfi Irodalmi Ügynökség）是匈牙利文学海外推广的重要组织。这一机构获得公共资金支持设立裴多菲文化基金，通过国际书展、对外翻译、出版资助、举办课程、发行文学杂志等方式，在国外推广匈牙利经典文学作品和当代文学作品，推动匈牙利文学的海外出版，吸引匈牙利以外的读者对匈牙利文学的关注。除学生交流、联合办学等形式外，匈牙利大学和其他教育机构每年会举办大量的夏令营、冬令营以及文化课程、学术会议等专项活动，推动匈牙利文化在世界各地的青年人中交流和传播。

艺术、音乐、电影等发展迅猛的文化产业也成为匈牙利对外文化传播的重要通道。匈牙利每年都会举办各种国际艺术节和国际艺术比赛：如国际民间歌舞节、布达佩斯国际合唱比赛、Inter Ballet 舞蹈节、布达佩斯国际杂技节、国际军乐节、凯奇凯梅特国际动画节、布达佩斯-泰坦尼克国际电影节、匈牙利电视台国际指挥比赛等许多知名国际艺术活动，这些国际赛事也成为向世界展示匈牙利特色文化的重要平台。

匈牙利文化起源于东方而又发展于西方，其千年立国史经历了不同时期的民族融合，东西方文化在此碰撞激荡，从而造就了匈牙利文化的多元性、兼容性和开放性。匈牙利民族社会文化是在反抗压迫、追求自由的斗争中成长和发展起来的，在发展演变的过程中受到了东方文化和西欧文化错综复杂的影响，在不同的历史时期展现出不同的风格特点，但其文化传统中的追求独立和自由的民族性却从未中断。自由与民族精神是匈牙利文学、戏剧、音乐、舞蹈、绘画等各种文化形式的永恒主题。千年历史的涤荡，虽遭遇万千艰难，却始终不屈不挠，勇往直前，民族文化的血脉绵延传承。崇尚自由的匈牙利文化不断吐纳吸收、自我变革与创新，风格形式丰富而独特，善于传承而又勇于先行。新时期的匈牙利文化必将不断焕发生机，继续灿烂绽放。

课后练习

一、填空题

1. 1993年，匈牙利通过第23号法案，为支持国家和普遍价值观的创造、保存以及国内和跨境传播而设立_____，2017年起由_____统筹管理。

2. 匈牙利在法规中明确的文化遗产保护专业咨询机构有3个，分别是_____、_____、_____。

3. 文化遗产保护机构"传统之家"于2001年成立，由3个相对独立而又相互联系的部分组成：_____、_____、_____。

4. 匈牙利政府高度重视民俗文化的价值，设立若干奖项，表彰在民间艺术和传统文化方面的突出表现者，如_____、_____、_____等奖项。

5. 匈牙利民间艺术协会联合组织以维护匈牙利传统民间手工艺的价值为目标，组织开展的最具影响力的活动是每年8月在布达城堡山上举办的_____。

6. 匈牙利博物馆类型中的_____和_____以保留和还原古老民间建筑的形式展示民间文化和传统乡村生活方式。

7. 为了保护匈牙利特有的民族价值，匈牙利立法将最具匈牙利民族独特性、代表匈牙利最高品质特征的事物统称为_____；它是国家重要的形象品牌，需要对其进行_____、_____、_____。

8. _____是匈牙利第一个国家公园，拥有匈牙利最大的草原，也是欧洲最大的草原之一。

9. _____位于匈牙利东北部诺格拉德州，是世界上第一个被列为文化遗产的村庄。村庄的主要部分建立于17—18世纪，至今仍保留着匈牙利传统乡村生活最原始的风貌，这种乡村文化也被称为_____文化。

10. 截至2022年底，匈牙利已经在世界上24个国家建立了26个海外文化机构，其名称为_____。

二、判断题

1. 匈牙利国家文化基金主要来源于博彩游戏税和版权税，资源主要分配给约20个常设委员会，包括艺术类和非艺术类，基本涵盖艺术和文化所有领域。（　　）

2. 2010年起，匈牙利将每年1月的第三个周末设定为文化遗产日。（　　）

3. "传统之家"是匈牙利执行与保护民间传统有关任务的国家机构，对于从事民间传统相关工作的人员实施资格认定制度，并对民间艺术作品实行分类管理。（　　）

4. 位于德布勒森的民族志博物馆成立于1872年，是匈牙利乃至欧洲最早的民族学和民俗专题博物馆之一。（　　）

5. "匈牙利精华"主要包含物质创作以及自然或者人工创造的作品，非物质的文化与创作不包括在内。（　　）

6. 匈牙利"国家核心课程"体系中也有对文化遗产保护的相关课程要求。（　　）

7. 匈牙利国家公园中，霍尔托巴吉国家公园、费尔特–汉萨格国家公园、科洛什–马洛什国家公园3个公园位于多瑙河和蒂萨河之间的大平原地带。（　　）

8. 托卡伊世界遗产地是指历史遗留下来的地下酒窖。（　　）

9. 进入21世纪，匈牙利将文化外交作为一大国家战略。（　　）

10. 匈牙利政府设立了"匈牙利文化贡献奖"，授予推广和传播匈牙利文化价值观以及推动匈牙利与其他国家的文化关系的本国与外国公民。（　　）

三、简答题

1. 简要介绍匈牙利民间传统保护的举措与成效。
2. 简述匈牙利的国家公园体系。
3. 简述匈牙利的世界文化遗产。
4. 简要介绍匈牙利海外文化传播机构的发展历程。

四、拓展题

选择一项感兴趣的匈牙利世界非物质文化遗产，并找出一项同类别的我国非物质文化遗产进行探究，在此基础上分析论述实施非物质文化遗产保护的重要性与必要性。

附 录

附录1　客观题参考答案

第一章

一、填空题

1. 乌拉尔　2. 埃泰克兹，匈牙利公国，阿尔默什　3. 公元1000年，伊斯特万　4. 安德拉什二世；允许贵族参政，停止向外国人分地，贵族免税（写出3个即可）；中小贵族/中小地主；如果国王违背前30条内容，拥有政治权利的贵族则有权违抗国王　5. 卡罗伊·罗伯特，劳约什一世，经济和财政改革，推动商品生产与进出口贸易，统一货币制度，设立各种名目的税收　6. 日格蒙德　7. 南多费赫尔堡，胡尼奥迪·亚诺什　8. 加固南部的防御工程来防守　9.《三章法》　10. 莫哈奇

二、判断题

1. ×　2. √　3. √　4. ×　5. √　6. √　7. √　8. √　9. ×　10. √

第二章

一、填空题

1. 哈布斯堡王朝，埃尔代伊大公国，奥斯曼帝国，150　2. 边防城堡　3. 巴托里·伊斯

特万，贝特伦·加博尔，拉科齐·久尔吉一世，拉科齐·久尔吉二世   4. 博赤卡伊·伊斯特万   5. 沃什堡和约   6. 卡洛维茨和约   7. 约瑟夫二世，《农奴法令》，《教育法令》，《宽容条例》   8.1841   9. 废除农奴制，宗教与法律平等，普遍选举权，"四月法案"   10.《独立宣言》，科苏特·劳约什

二、判断题

1. ×   2. ×   3. ✓   4. ✓   5. ✓   6. ✓   7. ✓   8. ×   9. ×   10. ✓

第三章

一、填空题

1. 奥匈折中协议   2. 1873   3. 厄特沃什·约瑟夫   4. 1868   5. 秋玫瑰运动，结束战争、旧政府下台、民主化改革   6. 库恩·贝拉   7. 霍尔蒂·米克洛什   8.《特里亚农条约》，割让2/3领土，交付赔偿金，限制军队规模上限   9. 德意日法西斯同盟轴心国，考绍不明原因被轰炸   10. 匈牙利民族独立阵线

二、判断题

1. ×   2. ✓   3. ×   4. ×   5. ✓   6. ✓   7. ✓   8. ✓   9. ✓   10. ×

第四章

一、填空题

1. 匈牙利退出对苏战争并对德宣战；解除在匈的德军武装，解散国内法西斯类型的组织；根据战事为苏军提供交通等方面的便利；从捷克斯洛伐克、南斯拉夫、罗马尼亚撤军；释放战役，归还战利品，引渡战犯；向苏联、捷克斯洛伐克、南斯拉夫赔偿（写出3个即可）   2. 土地改革   3. 独立小农，蒂尔迪·佐尔坦，纳吉·费伦茨   4. 萨卡希奇·阿尔帕德，拉科西·马加什   5. 采取官僚主义的领导方法和集权统治；走极左路线，采取脱离实际的工农业发展战略；对苏联亦步亦趋，唯命是从。   6. 纳吉·伊姆雷   7. 1956年10月23，裴多菲俱乐部   8. 1968，"匈牙利模式"   9. 1989年   10.《短缺经济学》

1. × 　2. √ 　3. × 　4. √ 　5. √ 　6. × 　7. √ 　8. √ 　9. × 　10. √

第五章

一、填空题

1. 总统　2. 国会，中央政府　3. 独立管制机构，国家媒体和通讯管理局，匈牙利能源和公用事业监管办公室，国家原子能机构（写出3个即可）　4. 15，12，1　5. 最高法院；确保法律的统一适用，通过司法解释，对最终完成的案件进行法律实践分析、典型案例发布等统一裁判标准　6. 一，199　7. 匈塞铁路　8. 维谢格拉德集团，融入欧洲一体化、加入欧盟和北约，多层级的对话磋商机制　9. 向东开放，连接欧亚贸易的桥梁　10. 匈牙利，真诚的建设性伙伴关系，全面战略伙伴关系

二、判断题

1. √ 　2. √ 　3. × 　4. × 　5. √ 　6. √ 　7. × 　8. √ 　9. √ 　10. ×

第六章

一、填空题

1. 悼词，《圣母玛利亚的哀歌》　2. 考津齐·费伦茨，丰富匈牙利语言词汇内容，对匈牙利文学语言学进行系统化革新，使匈牙利语能够适应科技发展、法律应用以及文学创作等方面的新要求　3.《春天赞歌》，《边塞人颂》　4. 匈牙利科学院的建立，匈牙利语正式确立为官方语言　5. 魏勒什毛尔蒂·米哈伊　6. 米克沙特·卡尔曼　7. 恰尔达什，快板"弗里斯"，慢板"拉绍"　8. 维尔布克　9.《班克总督》，结合匈牙利本土内容创作的戏剧　10. 国家剧院

二、判断题

1. √　　2. √　　3. √　　4. ×　　5. √　　6. ×　　7. √　　8. √　　9. √　　10. √

第七章

一、填空题

1. 李斯特·费伦茨　　2. 柯达伊·佐尔坦，巴托克·贝拉　　3. 音乐应为全民所共有，发展每个孩子的音乐天赋，民歌　　4. 蒙卡奇·米哈伊，社会底层劳动人民的真实生活、遭受的苦难和革命斗争　　5. 轻歌剧，《恰尔达什公主》，《卢森堡伯爵》（写出2个即可）
6. 拉伊塔·贝拉，寇斯·卡罗伊，应用艺术博物馆，格雷沙姆宫，德布勒森市政厅
7. 民粹派　　8. 凯尔泰斯·伊姆雷　　9. 扬索·米克洛什　　10. 有机建筑，活生生的生物，马科韦茨·伊姆雷

二、判断题

1. ×　　2. √　　3. √　　4. √　　5. √　　6. √　　7. √　　8. ×　　9. √　　10. ×

第八章

一、填空题

1. 游牧　　2. 18，19，海兰德　　3. 科苏特奖，塞切尼奖　　4. 匈牙利文化日　　5. 曼加利察猪
6. 塞格德，考洛乔　　7. 面包节，葡萄酒节　　8. 塞梅尔维什·伊格纳茨　　9. 国家认证委员会　　10. 匈牙利艺术研究院

二、判断题

1. √　　2. ×　　3. √　　4. ×　　5. √　　6. √　　7. ×　　8. √　　9. √　　10. √

第九章

一、填空题

1. 公共文化质量奖　2. 塞切尼图书馆　3. Libri出版集团，中央出版集团，Móra出版集团（写出3个即可）　4. 匈牙利通讯社　5. 多瑙河媒体服务非营利公司　6. 文化小屋、文化中心、文化馆　7. 国家歌剧院，艺术宫，匈牙利剧院（写出3个即可）　8. 岛节
9. 鲁道什温泉浴场，盖勒特温泉浴场，塞切尼温泉浴场（写出3个即可）　10. 戏剧与电影大学，舞蹈大学，李斯特·费伦茨音乐大学（写出3个即可）

二、判断题

1. √　2. √　3. ×　4. √　5. ×　6. √　7. √　8. ×　9. ×　10. √

第十章

一、填空题

1. 国家文化基金，人力资源支持办理处　2. 考古遗产发掘委员会，国家建筑规划委员会，文化艺术品委员会　3. 匈牙利民乐团，民俗文献中心的图书馆和档案馆，民间艺术方法论工作坊　4. 民间艺术大师，青年民间艺术大师，马丁·久尔吉奖（写出3个即可）　5. 手工艺节　6. 露天博物馆，乡村博物馆　7. "匈牙利精华"，保护，传播，可持续开发　8. 霍尔托巴吉国家公园　9. 霍洛克古村落，帕洛茨　10. 李斯特中心—匈牙利文化中心

二、判断题

1. √　2. ×　3. √　4. ×　5. ×　6. √　7. ×　8. ×　9. √　10. √

附录2 "匈牙利精华"名录（Hungarikumok Gyűjteménye）（截至2022年底）

农业与食品工业（Agrár- és élelmiszergazdaság）

1. 帕林卡白酒	1. Pálinka
2. 果渣帕林卡白酒	2. Törkölypálinka
3. 乔堡香肠与乔堡厚香肠	3. Csabai kolbász és Csabai vastagkolbász
4. 匈牙利托卡伊葡萄酒产区的托卡伊阿苏	4. Magyarországi Tokaji borvidéken előállított Tokaji aszú
5. 填鹅制品	5. Hízott libából előállított termékek
6. 久洛香肠与久洛对肠	6. Gyulai kolbász és Gyulai páros kolbász
7. 气泡水	7. Szikvíz
8. 考洛乔辣椒粉	8. Kalocsai fűszerpaprika-őrlemény
9. 匹克冬季萨拉米肠	9. PICK télisalámi
10. 匈牙利槐花	10. Magyar akác
11. 匈牙利槐花蜜	11. Magyar akácméz
12. 赫兹经典冬季萨拉米肠	12. HERZ Classic télisalámi
13. 毛科洋葱	13. Makói hagyma
14. 塞格德辣椒粉	14. Szegedi fűszerpaprika-őrlemény
15. 匈牙利灰牛	15. Magyar szürke szarvasmarha
16. 乌尼古苦味利口酒	16. UNICUM keserűlikőr
17. 德布勒森对肠	17. Debreceni páros kolbász
18. 匈牙利鸡尾酒	18. Fröccs
19. 大平原洋甘菊花	19. Alföldi kamillavirágzat
20. 烟囱卷	20. Kürtőskalács
21. 红金辣椒酱与辣比什塔辣椒酱	21. Piros Arany és Erős Pista
22. 特利香槟酒	22. TÖRLEY pezsgő
23. 爱盖尔公牛血红酒	23. Egri Bikavér
24. 匈牙利牧羊犬和猎犬品种	24. Magyar pásztor- és vadászkutyafajták
25. 索雷格蔷薇花	25. Szőregi rózsatő
26. 森特什辣椒	26. Szentesi paprika

健康与生活（Egészség és életmód）

27. 贝莱什保健口服滴露	27. Béres Csepp és Béres Csepp Extra
28. 艾尔喜美容草药天然化妆品	28. ILCSI Szépítő Füvek natúrkozmetikai termékek
29. 匈牙利助产士服务——国际独特的传统护理体系	29. Magyar Védőnői Szolgálat, mint nemzetközileg is egyedülálló, tradicionális ellátási rendszer
30. 黑维兹湖与黑维兹湖传统医药	30. A Hévízi-tó és a tradicionális hévízi gyógyászat
31. 阿卡罗达制药公司创始人考鲍伊·亚诺什的毕生事业	31. Kabay Jánosnak, az Alkaloida gyógyszergyár alapítójának életműve

建设环境（Épített környezet）

32. 托罗茨科地区建筑遗产	32. Torockó épített öröksége

工业技术解决方案（Ipari és műszaki megoldások）

33. 库尔特数据存储服务	33. KÜRT adatmentés
34. 若纳伊瓷器与陶瓷	34. Zsolnay porcelán és kerámia
35. 冯·诺依曼在IT与计算机领域的毕生事业	35. Neumann János életműve az informatika és a számítógépek világában

文化遗产（Kulturális örökség）

36. 非物质文化遗产传承的匈牙利模式——舞蹈屋模式	36. A táncház módszer mint a szellemi kulturális örökség átörökítésének magyar modellje
37. 莫哈奇布索节——辞冬假面狂欢习俗	37. Mohácsi busójárás, maszkos télűző szokás
38. 人类活态遗产——猎鹰训练术	38. Solymászat mint élő emberi örökség
39. 马乔民间艺术——项传统的社区刺绣文化	39. A matyó népművészet – egy hagyományos közösség hímzéskultúrája
40. 布达佩斯—包括多瑙河两岸、布达城堡区和安德拉什大街	40. Budapest – a Duna-partok, a Budai Várnegyed és az Andrássy út
41. 霍洛克古村落及其周边	41. Hollókő ófalu és környezete
42. 帕农哈尔玛修道院及其自然环境	42. Az Ezeréves Pannonhalmi Bencés Főapátság és természeti környezete
43. 霍尔托巴吉国家公园——普斯陶区域	43. Hortobágyi Nemzeti Park – a Puszta
44. 佩奇（索皮阿尼亚）的早期基督教陵墓	44. Pécs (Sopianae) ókeresztény temetője
45. 费尔特湖/新锡德尔湖文化景观	45. Fertő / Neusiedlersee kultúrtáj
46. 托卡伊葡萄酒产区历史文化景观	46. A Tokaji történelmi borvidék kultúrtája
47. 海蓝德瓷器	47. Herendi porcelán
48. 匈牙利轻歌剧	48. Magyar operett
49. 考绍骑射法	49. Kassai-féle lovasíjász módszer
50. 豪洛什蕾丝	50. Halasi csipke
51. 考洛乔活态传统文化：书写、刺绣、壁画等	51. Kalocsai népművészet: írás, hímzés, pingálás
52. 国际知名的艺术传统保护实践：100人吉卜赛乐队	52. 100 Tagú Cigányzenekar - a zenekar világhírű művészi és hagyományőrző gyakorlata
53. 塞切尼·伊斯特万伯爵的知识遗产	53. Gróf Széchenyi István szellemi hagyatéka
54. 传统匈牙利音乐曲谱	54. Klasszikus magyar nóta
55. 若纳伊文化区	55. Zsolnay Kulturális Negyed
56. 匈牙利黑管	56. Tárogató
57.《圣经》卡罗伊译本	57. Vizsolyi Biblia
58. 9—11世纪的匈牙利弓	58. IX-XI. századi magyar íj
59. 匈牙利扬琴	59. Magyar cimbalom
60. 柯达伊音乐教学法	60. Kodály-módszer
61. 匈牙利骑兵	61. A magyar huszár
62. 匈牙利农场	62. A magyar tanya
63. 霍洛哈兹瓷器	63. Hollóházi porcelán
64. 匈牙利帕罗什修道院	64. Magyar Pálos Rend
65. 苏穆莱乌村五旬节活动与朝圣地	65. Csíksomlyói pünkösdi búcsú és kegyhely
66. 匈牙利民间故事动画系列	66. Magyar népmesék rajzfilmsorozat
67. 玛利亚波齐镇国家朝圣地与朝圣活动	67. Máriapócs Nemzeti Kegyhely és a pócsi búcsúk
68. 1568年《宗教自由法案》	68. Vallásszabadság törvénye (1568)
69. 环形马鞭	69. Karikás ostor
70. 匈牙利羊皮披风	70. Magyar cifraszűr
71. 喀尔巴阡山盆地传统木雕	71. Hagyományos fejfák a Kárpát-medencében
72. 上蒂萨河地区贝雷格十字绣	72. Felső-Tisza-vidéki beregi keresztszemes hímzés
73. 弗莱德地区安娜节舞会	73. Füredi Anna-bál
74. 赫韦伊蕾丝	74. Höveji csipke

运动（Sport）	
75. 普斯卡什·费伦茨的毕生事业	75. Puskás Ferenc világszerte ismert és elismert életműve
76. 匈牙利古典击剑传统	76. A klasszikus magyar szablyavívás hagyománya
77. "台科博" 桌球运动	77. Teqball mint sport

自然环境（Természeti környezet）	
78. 阿格泰莱克洞穴与斯洛伐克溶洞	78. Az Aggteleki-karszt és a szlovák-karszt barlangjai
79. 蜂巢石与比考尧地区石头文化	79. Kaptárkövek és a bükkaljai kőkultúra
80. 蒂萨河蜉蝣与蒂萨河蜉蝣花季	80. Tiszavirág és tiszavirágzás

旅游与餐饮（Turizmus és vendéglátás）	
81. 考尔曹格炖羊肉	81. Karcagi birkapörkölt
82. 贡戴尔酒店与贡戴尔·卡罗伊的美食遗产	82. Gundel örökség - Gundel Károly gasztronómiai és vendéglátóipari öröksége és a Gundel Étterem
83. 包姚鱼汤	83. Bajai halászlé
84. 蒂萨河鱼汤	84. Tiszai halászlé
85. 匈牙利土豆牛肉汤	85. Magyar gulyásleves
86. 多柏思蛋糕	86. Dobostorta
87. 波若尼羊角小面包	87. Pozsonyi kifli

附录3　匈牙利国家级非物质文化遗产名录（截至2022年底）

项目名称	Címek	入选年份
"民间艺术大师奖"获得者的知识与活动	A Népművészet Mestere díj kitüntetettjeinek tudása és tevékenysége	2008年
莫哈奇布索节——辞冬假面狂欢习俗	Busójárás Mohácson - maszkos farsangvégi télűző szokás	
昆萨格地区考尔曹格城市炖羊肉传统	A kunsági birkapörkölt karcagi hagyománya	2009年
考洛乔活态传统文化：刺绣、服饰、壁画、舞蹈等	Élő hagyományok Kalocsa kulturális terében: hímzés, viselet, pingálás, tánc	
迈泽图尔制陶工艺	Mezőtúri fazekasság	
匈牙利猎鹰术	A magyar solymászat	2010年
豪洛什蕾丝制作活态传统	A halasi csipkevarrás élő hagyománya	
马乔遗产：刺绣、服装、民间文化传承	Matyó örökség – a hímzés, viselet, folklór továbbélése	
门德五旬节教堂装饰	Pünkösdi templomdíszítés Mendén	2011年
莫哈假面狂欢习俗	Tikverőzés Mohán. Maszkos, alakoskodó, farsangi szokás	
博伊镇的以马忤斯聚会复活节习俗	Emmausz Bólyban. Húsvéthétfői népszokás	
包尔绍德纳道什德地区节日烤面包传统	A molnárkalács borsodnádasdi hagyománya	2012年
沙尔克兹地区民间艺术：编织、刺绣、串珠、服饰	Sárköz népművészete: szövés, hímzés, gyöngyfűzés, viselet	
克塞格地区"葡萄来临"节	A kőszegi "Szőlő Jövés" ünnepe	2013年
塔佩香蒲毯编织术	Gyékényszövés Tápén	
萨特玛尔–贝拉格地区李子果酱制作传统	A szilvalekvár főzés szatmár-beregi hagyománya	
布科维纳–塞克伊地区耶稣降生戏剧表演传统	Csobánolás - bukovinai székely betlehemes játék	
匈牙利多瑙河下游地区传统捕鱼术	Hagyományos halászat a Duna magyarországi alsó szakaszán	
采格莱德市科舒特崇拜传统	A Kossuth-kultusz ceglédi hagyománya	2014年
爱盖尔城市调解员的世代传承传统	Az egri fertálymesterség élő hagyománya	
马扎尔松波特法村的制陶工艺	Magyarszombatfai fazekasság	
谢尔梅茨学生传统：谢尔梅茨矿业与林业学院学生传统的传承	Selmeci diákhagyományok – a selmecbányai Bányászati és Erdészeti Akadémia diákhagyományainak továbbélése a jogutód intézményekben	
匈牙利蓝印花布印染传统	A magyarországi kékfestés hagyománya	2015年
拉包地区斯洛文尼亚族原木搬运习俗	A rábavidéki szlovének rönkhúzása	

项目名称	Címek	入选年份
匈牙利玛利亚崇拜的朝圣与告别传统	A Mária-tisztelet zarándok és búcsú hagyománya Magyarországon	2016年
豪伊杜多罗格基督教士兵传统：希腊天主教信仰城市中的佩剑男青年	Krisztus-katonák Hajdúdorogon - Kardos legények a "Görögkatolikus hitéhez leghűségesebb város"-ban	
匈牙利马戏艺术	Magyar cirkuszművészet	
匈牙利风笛传统	Magyarországi dudahagyomány	
诺沃伊假面狂欢节传统	A remélés - alakoskodó, farsangi szokás - Novajon Maszkos, alakoskodó, farsangi szokás	
纳吉艾彻德的匈牙利与吉卜赛舞蹈习俗	Nagyecsedi magyar és cigány tánchagyományok	2017年
赫韦伊蕾丝制作活态传承	Höveji csipkevarrás élő hagyománya	
毛格洛德的五旬节教堂装饰：福音派迎接春天的宗教习俗	Pünkösdi templomdíszítés Maglódon – Evangélikus tavaszköszöntő egyházi szokás	2018年
匈牙利狩猎传统	Magyar vadászati hagyományok	
塞格德拖鞋制作与穿着活态传承	A szegedi papucs készítésének és viselésének élő hagyománya	
匈牙利利皮扎马的育种传统	A lipicai lótenyésztés Magyarországon	
恰尔达什舞蹈传统	A csárdás tánc hagyománya	2019年
维尔布克舞蹈传统	A verbunk tánc hagyománya	
匈牙利民间弦乐团活态传承	A magyar népi vonós zenekari formáció élő hagyománya	
匈牙利鸡蛋彩绘活态传承	A tojásírás élő hagyománya Magyarországon	
纳吉昆萨格地区羊毛线刺绣活态实践	A nagykunsági gyapjúhímzés élő gyakorlata	
布扎克村活态传统：刺绣、雕刻与民间艺术	Buzsák élő hagyományai: hímzés, faragás és folklór	2020年
巴克尼与巴拉顿高地村庄日耳曼村庄的圣诞颂歌民间传统	Karácsonyi énekes népszokás a Bakony és a Balaton-felvidék németek lakta falvaiban	
包姚鱼汤烹饪活态传承	A bajai halászléfőzés élő hagyománya	2021年
贝凯什州刺绣活态传承	Békés megyei szűcshímzés élő hagyománya	
匈牙利玻璃制作工艺	Magyarországi üvegművesség	
霍尔托巴吉牧人传统技能	A hortobágyi pásztorok hagyományos tudása	2022年
梅赫克雷克罗马尼亚族舞蹈传统	A méhkeréki román néptánchagyományok	
男士刺绣传统与当代刺绣工坊中的传承	Az úrihímzés hagyománya és kortárs hímzőműhelyekben való továbbélése	

附录 4　匈牙利国家级非物质文化遗产优秀实践名册
（截至 2022 年底）

项目名称	Címek	入选年份
非物质文化遗产传承的匈牙利模式——舞蹈屋模式	A "táncház" módszer, mint a szellemi kulturális örökség átörökítésének magyar modellje	2011 年
考绍骑射法	Kassai-féle lovasíjász módszer	2012 年
巴拉顿恩德雷德村蕾丝制作传统在学校教学中的传承	A balatonendrédi vert csipke hagyományának megőrzése az iskolai oktatásban	2014 年
德布勒森耶稣诞生戏剧表演传统继承实践	Debreceni betlehemes találkozók hagyományátörökítési gyakorlata	2015 年
拉伊科模式：罗姆儿童的音乐进阶培训——从零基础到成为表演艺术家	Rajkó-módszer: tehetséges roma gyerekek zenei képzése az alapoktól a színpadi előadóművésszé nevelésig	2016 年
基于柯达伊理念的民间音乐遗产保护	A népzenei örökség Kodály koncepció szerinti megőrzése	
民间艺术联合协会活动中的民间手工艺术知识传承模型	A népi kézműves szakmai tudás átörökítésének modellje a Népművészeti Egyesületek Szövetsége tevékenységében	2019 年
"应该这样走……"：民间游戏与民间舞蹈体验教学法	„Így kell járni..." – Az élményalapú népi játék és néptánc oktatásának pedagógiai módszere	2020 年
传统之家的"匈牙利民间故事与传统口述模式"课程方法论——传统口述模式传承实践	A „Magyar népmese – hagyományos mesemondás" című tanfolyam módszertana, a hagyományos mesemondás átörökítési gyakorlata a Hagyományok Házában	2021 年

附录5　匈牙利高校名单（截至2022年）

	学校名称	Név
1	安德拉什大学（德语）	Andrássy Gyula Budapesti Német Nyelvű Egyetem
2	布达佩斯兽医大学	Állatorvostudományi Egyetem
3	布达佩斯考文纽斯大学	Budapesti Corvinus Egyetem
4	布达佩斯技术与经济大学	Budapesti Műszaki és Gazdaságtudományi Egyetem
5	德布勒森大学	Debreceni Egyetem
6	德布勒森新教大学	Debreceni Református Hittudományi Egyetem
7	厄特沃什·罗兰大学	Eötvös Loránd Tudományegyetem
8	埃斯泰尔哈兹·卡罗伊天主教大学	Eszterházy Károly Katolikus Egyetem
9	路德宗神学大学	Evangélikus Hittudományi Egyetem
10	卡罗伊·加斯帕尔新教大学	Károli Gáspár Református Egyetem
11	中欧大学	Közép-európai Egyetem
12	李斯特·费伦茨音乐大学	Liszt Ferenc Zeneművészeti Egyetem
13	匈牙利农业与生命科学大学	Magyar Agrár- és Élettudományi Egyetem
14	匈牙利美术大学	Magyar Képzőművészeti Egyetem
15	匈牙利舞蹈大学	Magyar Táncművészeti Egyetem
16	匈牙利体育大学	Magyar Testnevelési és Sporttudományi Egyetem
17	米什科尔茨大学	Miskolci Egyetem
18	莫霍伊·纳吉艺术大学	Moholy-Nagy Művészeti Egyetem
19	国家公共服务大学	Nemzeti Közszolgálati Egyetem
20	国家犹太大学	Országos Rabbiképző - Zsidó Egyetem
21	欧布达大学	Óbudai Egyetem
22	潘诺尼亚大学	Pannon Egyetem
23	帕兹玛尼·彼得天主教大学	Pázmány Péter Katolikus Egyetem
24	佩奇大学	Pécsi Tudományegyetem
25	塞梅尔维斯大学	Semmelweis Egyetem
26	肖普朗大学	Soproni Egyetem
27	塞格德大学	Szegedi Tudományegyetem

	学校名称	Név
28	塞切尼·伊斯特万大学	Széchenyi István Egyetem
29	戏剧与电影大学	Színház- és Filmművészeti Egyetem
30	布达佩斯经济大学	Budapesti Gazdasági Egyetem
31	布达佩斯城市大学	Budapesti Metropolitan Egyetem
32	多瑙新城大学	Dunaújvárosi Egyetem
33	教育大学	Edutus Egyetem
34	加博尔·德内斯大学	Gábor Dénes Egyetem
35	加尔·费伦茨大学	Gál Ferenc Egyetem
36	科多拉尼·亚诺什大学	Kodolányi János Egyetem
37	米尔顿·弗里德曼大学	Milton Friedman Egyetem
38	冯·诺依曼大学	Neumann János Egyetem
39	尼赖吉哈佐大学	Nyíregyházi Egyetem
40	托卡伊–海加尔大学	Tokaj-Hegyalja Egyetem
41	布达佩斯佛学院	A Tan Kapuja Buddhista Főiskola
42	佩采尔神学院	Adventista Teológiai Főiskola
43	阿波尔·维尔默什天主教学院	Apor Vilmos Katolikus Főiskola
44	浸会神学院	Baptista Teológiai Akadémia
45	布达佩斯印度教学院	Bhaktivedanta Hittudományi Főiskola
46	布伦纳·亚诺什神学院	Brenner János Hittudományi Főiskola
47	布达佩斯现代舞学院	Budapest Kortárstánc Főiskola
48	爱盖尔神学院	Egri Hittudományi Főiskola
49	厄特沃什·约瑟夫学院	Eötvös József Főiskola
50	埃斯泰尔戈姆神学院	Esztergomi Hittudományi Főiskola
51	IBS国际商学院	IBS Nemzetközi Üzleti Főiskola
52	帕波神学院	Pápai Református Teológiai Akadémia
53	佩奇神学院	Pécsi Püspöki Hittudományi Főiskola
54	五旬节神学院	Pünkösdi Teológiai Főiskola

	学校名称	Név
55	智慧神学院	Sapientia Szerzetesi Hittudományi Főiskola
56	沙罗什堡道克神学院	Sárospataki Református Teológiai Akadémia
57	比奥托尔巴吉神学院	Sola Scriptura Teológiai Főiskola
58	尼赖吉哈佐东正教神学院	Szent Atanáz Görögkatolikus Hittudományi Főiskola
59	齐尔茨神学院	Szent Bernát Hittudományi Főiskola
60	圣帕尔学院	Szent Pál Akadémia
61	托莫里·帕尔学院	Tomori Pál Főiskola
62	维斯普雷姆神学院	Veszprémi Érseki Főiskola
63	维克勒·山多尔商学院	Wekerle Sándor Üzleti Főiskola
64	韦斯雷·亚诺什神学院	Wesley János Lelkészképző Főiskola